Herta Haupt-Cucuiu

Eine Poesie der Sinne
Herta Müllers „Diskurs des Alleinseins" und seine Wurzeln

LITERATURWISSENSCHAFT

Haupt-Cucuiu, Herta:
Eine Poesie der Sinne. Herta Müllers „Diskurs des Alleinseins".

1. Auflage 1996 | 2. Auflage 2011
ISBN: 978-3-86815-552-5
© IGEL Verlag Literatur & Wissenschaft, Hamburg, 2011
Alle Rechte vorbehalten.
www.igelverlag.com

Printed in Germany

Igel Verlag Literatur & Wissenschaft ist ein Imprint der Diplomica Verlag GmbH
Hermannstal 119 k, 22119 Hamburg
Printed in Germany

Die Deutsche Bibliothek verzeichnet diesen Titel in der Deutschen Nationalbibliografie.
Bibliografische Daten sind unter http://dnb.d-nb.de verfügbar.

Herta Haupt-Cucuiu

Eine Poesie der Sinne

Herta Müllers „Diskurs des Alleinseins" und seine Wurzeln

LITERATURWISSENSCHAFT

INHALT

Einleitung 5

I. Sprachliche Gestaltung der Texte 10

1 Über den Kopf der Weinreben 10
2 Die kleine Utopie vom Tod 23
3. Der Fuchs war damals schon der Jäger 40
4. Gesicht ohne Gesicht 53

II. Stilistische Eigenheiten 63

III Herta Müllers "Diskurs des Alleinseins" und seine "Wurzeln" 77

1. Außersprachliche Wirklichkeit 77
   1.1 Das Dorf - ein hermetisch abgeschlossener Lebensraum 77
   1.2 Das Land - ein besonderer Käfig im Ostblock-Zoo 94

2. Sprachliche Einflüsse 106
   2.1 Der "utilitäre Jargon" des Dorfes 106
   2.2 Die Sprache der Diktatur 117

3. Literarische Einflüsse 132
   3.1 Paul Celan 132
   3.2 Thomas Bernhard 145
   3.3 Rumäniendeutsche Literatur der 70er und 80er Jahre 154

Literaturverzeichnis 178

Anhang 184

Einleitung

Herta Müllers Texte bestechen durch ihre Sprachgewalt, Bildhaftigkeit und Intensität. Darin sind sich fast alle Rezensenten und Kritiker einig, unabhängig von ihrer Reaktion auf die Texte, die sich sehr breit spannt: von Faszination und Bewunderung über Ratlosigkeit oder Anziehung bei gleichzeitiger Abneigung bis hin zu vehementer Ablehnung, ja Anklage zuweilen.

Für die negativen Reaktionen gibt es m.E. zwei Erklärungen: entweder haben die Leser die Texte nicht oder mißverstanden (so z.b. eine Rezensentin, die Biologielexika bemüht, um zu zeigen, daß der Käfer X bei Herta Müller das und das fresse, was laut Biologielexikon nicht der Fall sei) oder aber haben sie Seiten der Leser berührt, die diese nicht wahrhaben wollen, derer sie sich aber bei der Lektüre der Texte halb oder ganz bewußt werden oder beides gleichzeitig. Denn die Texte rütteln nun mal auf, mit der Schärfe eines Seziermessers greifen sie ein, legen Verschüttetes, Verborgenes absichtlich geheim Gehaltenes bloß. Und das mit Absicht, programmatisch sogar, wollte doch Herta Müller "das Gedärm unter der Oberfläche" (Müller 1991, S. 17) ins Blickfeld rücken, der sinnlichen Wahrnehmung zugänglich machen. Dabei wurde ihr Blick, ihre Sprache schonungslos, scharf und hart. Angesichts der Verkrustungen, Verknöcherungen der Gemeinschaft bzw. Gesellschaft, in der sie lebte, waren es die einzigen Mittel, um etwas in Bewegung zu setzen. Doch bei aller Härte, Monotonie und Starre, die ihren Texten zu recht bescheinigt wird, sind sie gleichzeitig bildhaft, unheimlich, poetisch, lyrisch. Aus diesen und anderen vermeintlichen Gegensätzen erwächst ihre Intensität und die Irritation beim Leser. Wer sich auf die Texte einläßt, wird - gleichgültig, ob fasziniert oder geschockt, angezogen oder abgestoßen - mit Gänsehaut reagieren, den Kopf schütteln, sich erdrückt, ja überwältigt fühlen. Denn bei aller Schonungslosigkeit, bei allem Willen zur Wahrheit, zur eigenen, subjektiven Wahrheit, die für Herta Müller die einzig authentische ist, sind die Texte rätselhaft, verschlüsselt, zuweilen dunkel und unheimlich.

Doch diese Atmosphäre in den Texten und die daraus fließende Wirkung auf den Leser sind kein Zufallsprodukt, so meine These. Die Texte Herta Müllers semantisieren auf sprachlicher Ebene, ich werde sie Metaebene nennen, das Verschüttete, Ungesagte, weil oft Unsagbare. Auf inhaltlicher Ebene sind Zusammenhänge weitgehend in den Hintergrund gestellt, das Bild, das Detail, das, was den Sinnen unmittelbar zugänglich ist, nimmt den Raum ein. Die Texte kommen inhaltlich einer Collage gleich, nicht selten einer Demontage. Das Wahrnehmbare, mit den Sinnen Erfaßbare wird "erzählt", "gezeichnet", für das Erahnte, Unsagbare fehlen die Worte, es kann nur erfühlt, angedeutet oder durch andere Zeichen semantisiert werden. Im Sprachsystem, in der Syntax, Semantik und Kombinatorik fand die Autorin Mittel, aus denen sie ihre Metaebene schuf. Wie sie funktioniert, wie das Ungesagte, Unheimliche, Unsagbare zu Wort kommt, möchte ich mit dieser Arbeit aufzeigen. Um die Texte zu verstehen, reicht es aber nicht nur zu wissen, <u>wie</u> sie funktionieren, <u>welchen</u> Prinzipien sie folgen, ein Blick auf die sozialen, historischen und literarischen Umstände und Einflüsse, in und unter denen sie entstanden, ist unabdingbar. Denn man kann besser verstehen, wogegen sie anschreibt, was demontiert, seziert und was semantisiert, offengelegt, zugänglich gemacht werden soll, wenn man ein Bild von dieser Wirklichkeit hat, vom Seienden, von den tatsächlichen Verhältnissen.

Bei aller Subjektivität in der Wahrnehmung kann die Existenz des Seienden, des unabhängig von der Wahrnehmung Existierenden nicht geleugnet werden. Das räumen sowohl die Phänomenologen (vgl. auch Schütz/Luckmann 1979) als auch Herta Müller (vgl. Paderborner Universitätsreden, S. 4) ein. Herta Müller sagt dort noch mehr; nicht nur, daß es das Seiende, die Gegenstände und Gesetzmäßigkeiten gibt, die einen umgeben, die die "Lebenswelt" (vgl. Schütz/Luckmann 1979, S. 28) des Individuums ausmachen, sondern daß sie das Individuum formen. Herta Müller beschreibt diesen Vorgang so:

"Autobiographisches, selbst Erlebtes. Ja, es ist wichtig. Aus dem, was man erlebt hat, sucht sich der Zeigefinger im Kopf auch beim Schreiben die Wahrnehmung aus, die sich erfindet. <u>Äußere Umgebung prägt. Dorfmenschen sind anders als Stadtmenschen</u>" (Paderborner Universitätsreden, S. 9, Hervorhebg. von mir - H.H.C.).

Auch wenn das subjektiv Wahrgenommene die Grenzen des Seienden überschreitet, verwischt, so ist das ontologisch Gegebene trotzdem vielfältig im subjektiven Bild enthalten: zum einen konkret, als Gegenstand der äußeren Wahrnehmung, zum anderen in den kulturell vermittelten "Sinnschichten" (Schütz/Luckmann, a.a.O.), den Normen, Regeln, Gesetzmäßigkeiten, den Vorstellungen von Gegenständen, die ein Individuum sich gesellschaftlich angeeignet hat. Aus diesem Blickwinkel sollen auch die Einblicke in die außersprachliche, sprachliche und literarische Wirklichkeit verstanden werden.

Der Leitfaden der Arbeit folgt dem Erkenntnisvorgang, ist induktiv, denn es geht mir vornehmlich darum zu zeigen, wie <u>die Texte</u> wirken, weshalb sie so wirken, um dann, von der Irritation des Lesers ausgehend und mit ihm zusammen, in der Lebenswelt Herta Müllers nach möglichen Erklärungsmustern für die bei der Lektüre aufgekommenen Fragen zu suchen. Folgenden Fragen soll sukzessiv nachgegangen werden: Wie wirken die Einzeltexte auf den Leser?

Welche Mittel ziehen sich durch die Texte bzw. das Werk Herta Müllers, die für die Wirkung verantwortlich sind? Kann man von einem Herta-Müller-Stil sprechen? Wenn ja, worin besteht er? Wie kam es zu den stilistischen, sprachlichen, narrativen Eigenheiten, welche Einflüsse stecken dahinter?

Um zu zeigen, wie die Texte in ihrer Mikro- und Makrostruktur funktionieren, welche sprachlichen Mittel wo und mit welcher Wirkung eingesetzt werden, bietet sich als Methode die funktionale Grammatik an. Als Grundlage dienen mir dabei die Grammatiken von Hennig Brinkmann (insbesondere was die Syntax anbelangt), Harald Weinrich (vor allem bezüglich der Metaphorik grammatikalischer Kategorien), die Duden-Grammatik und stellenweise die Dependenzgrammatik. Auf strukturalistische Ansätze werde ich nur dort zurückgreifen, wo es darum geht, die Stil-Frage zu beantworten. Die semantischen Betrachtungen lehnen sich an Hans Martin Gauger an, ebenso schwingt seine Auffassung von Stil in dieser Arbeit mit.

Dort, wo die Arbeit in den literaturwissenschaftlichen Bereich hinübergleitet (was angesichts der Thematik unerläßlich ist), wird zunächst werkimmanent vorgegangen, wobei mit dem Fortschreiten der Arbeit der sozial-historische Ansatz immer mehr Raum einnehmen wird.

Hierzu muß gesagt sein, daß es zur jüngeren und jüngsten rumänischen und rumäniendeutschen Geschichte keine ernstzunehmende zusammenhängende Abhandlung gibt. So war ich auf Aufsätze und in vielen Fällen auf Empirie angewiesen. Auch gibt es keine rumäniendeutsche Literaturgeschichte, die sich mit der deutschen Literatur in Rumänien nach 1945 befaßt. Glücklicherweise konnte ich in diesem Bereich auf Peter Motzans äußerst fundierte Studie "Die rumäniendeutsche Lyrik nach 1944" zurückgreifen.

Übrigens: auf meiner Suche nach Ansatzpunkten, nach Bestätigungen für meine These(n), war ich oft wenig erfolgreich. Über Herta Müller gibt es bislang keine Veröffentlichungen, außer der von Norbert Otto Eke 1991 herausgegebenen Sammlung literaturwissenschaftlicher Aufsätze "Wie Wahrnehmung sich erfindet". Erst im Oktober 1994, als meine Arbeit vor dem Abschluß stand, kam aus den Reihen der Literaturkritiker eine Bestätigung: Walter Hinck formulierte sie in seiner "Laudatio", die er anläßlich der Kleist-Preis-Verleihung an Herta Müller vortrug.

Bezogen auf den Roman "Der Fuchs war damals schon der Jäger" sagt Walter Hinck:

„Dieser Kamerablick und der unerhörte Bilderreichtum der Prosa Herta Müllers haben unmittelbar miteinander zu tun. In den 'Gedanken zum Schreiben' heißt es: 'Daß wir im Aufblitzen und Abtauchen leben, ich glaube, das zeigt am besten der Film. Seine Mittel sind die Mittel der Bilder. Ich habe oft den Eindruck, alles besteht aus einzelnen Bildern. Auch das Schreiben vollzieht

sich in Bildern.' Damit wäre also die Sehweise des Films und das filmhafte Schreiben eine angemessene künstlerische Optik auch für die Lebensstrategie, sich dauernder Beleuchtung, dauernder Aufmerksamkeit zu entziehen, sich nach Momenten der Selbstoffenbarung sofort wieder zu verschließen (...) Oft reißt im Roman 'Der Fuchs war damals schon der Jäger' die Kurzbelichtung filmhaften Schreibens Situationen nur an, hält Informationen zurück, die sich erst später aus dem Zusammenhang erschließen lassen; für den Augenblick entsteht Orientierungslosigkeit. <u>So spielt dieser Roman in der Form auf sein Thema an</u>: auf jene Verunsicherung aller, die in Rumänien ein Herrschaftsinstrument der Diktatur war" (Hinck 1994, S. 144, Hervorh. von mir - H.H.C.).

Bei Walter Hinck kommt die These doppelt eingeschränkt daher: einerseits nur auf den Roman bezogen, nicht auf die Texte Herta Müllers schlechthin, andererseits nur auf die narrative Komposition, was er wohl meint, wenn er "Form" sagt. Daß die Form (gemeint ist hier nicht nur die narrative Komposition, sondern und vor allem die sprachliche Gestaltung) aber nicht nur in diesem Raum ein eigenes Zeichengeflecht - über ihren Benennungscharakter hinaus - ergibt, sondern daß sie im Gesamtwerk Herta Müllers zur zweiten aber nie sekundären Semantisierungsebene wird, soll im folgenden aufgezeigt werden.

Zu diesem Zweck werden zunächst (kleinschrittig) zwei Erzählungen sprachlich analysiert, danach zwei Auszüge aus dem o.g. Roman. Dabei wird, um dem Leser die aufgestellte These nachvollziehbar zu machen, auf jene sprachlichen, stilistisch-rhetorischen Mittel besonders eingegangen, die sich durch die Texte ziehen, die häufig und systematisch vorkommen, die somit auch auffällig und - nicht zuletzt - zu stilistischen Eigenheiten werden.

Doch bevor zur Textbeschreibung übergegangen wird, noch ein Kommentar zu Hincks Behauptung, das filmhafte Schreiben sei eine angemessene künstlerische Optik auch für die Lebensstrategie, sich dauernder Beleuchtung, dauernder Aufmerksamkeit zu entziehen, sich nach Momenten der Selbstoffenbarung sofort wieder zu verschließen. Daß die Filmtechnik, die Schnittechnik, die Technik des Vorenthaltens von Informationen Formelemente sind, die auf die beschriebene Lebensstrategie verweisen, ist <u>eine</u> haltbare Deutung, aber nicht die einzige. In gleichem Maße semantisieren sie die Unfähigkeit des Individuums, in dieser Gesellschaft des Scheins Zusammenhänge wahrzunehmen, sich ein Bild von den tatsächlichen Verhältnissen zu machen. Die ontologische Wirklichkeit offenbart sich dem mit allen Sinnen Wahrnehmenden nur bruchstückhaft, spontan und oft heimlich. Das Individuum hat Mühe, sie festzuhalten, oder hat Angst davor oder aber es fehlen ihm die Mittel, die Worte, die Zusammenhänge. Das wäre ein weiterer sozialer Aspekt, auf den die o.g. Formelemente verweisen (können). Doch es gibt auch eine dritte Möglichkeit: daß Herta Müller mit der Filmtechnik ihre Abneigung gegenüber der Ordnungsliebe und dem Ordnungskult der Banater Schwaben semantisiert - wahrscheinlich unbewußt. Die Techniken zeigen nämlich, daß nichts so geordnet, überschaubar, so harmonisch ist, wie die Banater Schwaben es zu sehen glaubten. Die vorgegebene Ordnung entpuppt sich so als ein Artefaktum, das - über die Wirklichkeit gestülpt - alles Lebendige, Fließende erstarren läßt, ja erstickt.

Es wäre somit eine grobe Vereinfachung, ja eine Vergewaltigung der Texte von Herta Müller, ein Vergehen auch an den eigenen Sinnen, wollte man sie über einen Deutungsleisten schlagen. Deshalb möchte ich, bevor Herta Müller zu Wort kommt, verstärkt darauf hinweisen, daß der hier gewählte Zugang nur als einer der vielen möglichen zu sehen ist, der der Vielschichtigkeit der Texte Rechnung zu tragen versucht, aber nie exhaustiv werden kann.

I. Sprachliche Gestaltung der Texte

Um zu zeigen, wie Herta Müllers Texte komponiert sind, werde ich nun Einzeltexte beschreiben. Als grundlegende Methode wurde die funktionale Grammatik von Hennig Brinkmann gewählt, ergänzt durch semantische Betrachtungen (in Anlehnung an Hans Martin Gauger).

1 Über den Kopf der Weinreben

"Über den Kopf der Weinreben"

hinweg wollte Karl dieses Land verlassen.
In den Weidenzaun blies der Wind. Die Blätter taten sich auf. Es kam Feld in den Hof.
Wenn die Gewitter vorüber waren, rauchten die Bäume. Der Nußbaum blieb kühl. Nachts fielen Nüsse aufs Dach und schlugen sich die Schädel ein. Nachts rollte der Stechapfel die weißen Grammophone auf. Er roch wie Unglückshaut verlaßner Frauen. Der Iltis würgte rasch das Huhn.
Morgens lagen zwischen grünen Schalen nackt die Gehirne der Nüsse auf dem Pflaster.
Die Zinnien hatten jeden Sommer ein anderes Geschau. Karl sah sie nachts zu andren Blumen gehn.
Die Kartoffeln blühten mit Schleierbündeln. Die Reihen waren gezählt. Spät im Sommer hielt der Wagen vor dem Haus. Die Pferde fraßen Gras. Ein Mann lud die Kartoffeln auf und lieferte sie dem Staat.
Die Hühnereier waren eingetragen auf der Liste der Konsumgenossenschaft.
Die Rüben hatten grüne Ohren. Sie mußten im Herbst an die Zuckerfabrik geliefert werden.
Die Pflaumenbäume waren aufgeschrieben. Sie gehörten der Gemeinde.
Die Besenreiser mit den spröden Schnurrbärten gehörten der Handwerksgenossenschaft.
Karl wollte vor drei Jahren ins Gebirge fahren. Als er aus dem Dorf nachhause kam, hatte sein Vater sich in der Scheune erhängt. Karl sah die Schuhe seines Vaters vor dem Brunnen stehn. Kurz vor dem Tod dachte der Erhängte noch, er würde sich ertränken.
Vor zwei Jahren wollte Karl ans Meer fahren. Der Briefträger warf jeden Tag die Zeitungen übers Tor. Er brachte Karls Rente nicht.
In vergangenen Jahr waren die Steuern so groß, daß Karls Rente nicht reichte. Zwanzig Jahre Schraubenstanzen reichten nicht für einen Urlaub.
Letztes Jahr gehörte der Garten dem Volksrat.
Dann kam der Mann vom freiwilligen Arbeitseinsatz. Dann kam die Stromrechnung. Dann kam der Mann vom Leichenverein.
Karls Sparbuch war leer wie der Schnee, und das Geld war im Holz für den Winter.

Als der Schnee schmolz, rief der Zigeuner im Hof. Er wollte Kochgeschirr für alte Federn tauschen. Er nahm Karls Brille mit.
Karl wollte dieses Land verlassen. Er schrieb ein Gesuch an die Behörden.
Im Sommer kam Karls Bruder und brachte achttausend Mark. Und nochmal so viel bezahlte für Karl die Regierung des Wohlstands den armen Behörden.
Im Spätherbst kamen die Landvermesser aus der Stadt. Sie verwandelten das Haus in Geld wie zweimal ein Gehalt. Karl zählte nach. Karls Lungen trieben Zorn ins Herz.
Karl nahm das Geld für das Haus und kaufte sich dafür einen Wintermantel.
Karl nahm die Axt aus der Scheune. Im Hof fiel zögernd der Schnee. Karl hackte in seinem Wintermantel die Wurzeln der Weinreben aus. Karl hackte bis tief in die Nacht.
Karl hackte sich im zögernden Schnee aus den Weinreben hinaus.
Über den Kopf der Weinreben hat Karl dieses Land verlassen."[1]

Diese Erzählung bietet sich für den Einstieg an, da sie kurz und überschaubar ist und trotzdem die wichtigsten sprachlichen Gestaltungsmittel aufweist, die Herta Müllers Stil ausmachen. Zudem eignet sich auch das Thema für den Einstieg: es geht hier um Karl, einen Banater Schwaben - wie es sich im Laufe der Erzählung herausstellt -, der von äußeren Umständen zur Auswanderung getrieben wird, obwohl sein Inneres sich dagegen sträubt. All das wird im Text nicht 'gesagt', es wird zuerst ein Gewitter beschrieben, um dann, die Schnittechnik einsetzend, auf Karl zu kommen, auf eine punktuelle Darstellung seines Umfeldes und seiner Handlungen. Aus diesen sehr eindringlichen Bildern muß/darf der Leser sich die Zusammenhänge erschließen. Wie das geschieht, soll nun gezeigt werden. Wir werden dem Blick des naiven, unwissenden Lesers folgen, um zu zeigen, wie der Text funktioniert, wie er auf den Leser wirkt.

Zunächst eine allgemeine Betrachtung: Was fällt bei der (Erst-)Lektüre dieses Textes auf?

- einfache Sätze (manchmal zu Satzreihen zusammengefügt) herrschen vor; es gibt (fast) kein Satzgefüge;
- alle Sätze sind ihrer Art nach 'Mitteilungssätze'[2], 'Partnersätze'[3] tauchen nicht auf;

---

1 aus: Barfüßiger Februar, S. 24f.
2 'Mitteilungssätze' sind, laut Brinkmann, Sätze mit Zweitstellung der Personalform (Glinz - 1973- nennt sie "Kernsätze"). Ich bevorzuge aber Brinkmanns Bezeichnung, da sie die Funktion dieser Satzarten mitbenennt. Brinkmann beschreibt sie wie folgt: *„Sätze mit Zweitstellung der Personalform dienen dem Austausch von Mitteilungen. Sie erlauben situationsfreie Rede, d.h. einen Gedankenaustausch, der unabhängig von der jeweiligen Situation ist. (...) Dadurch aber, daß die Besetzung der ersten Stelle offen gehalten ist, können auch 'Mitteilungssätze' (mit Zweitstellung der Personalform) der Situation und Rede angepaßt werden"* (S. 473).

- schaut man sich die Sätze etwas näher an, so stellt man fest, daß sie (fast) nur aus 'obligatorischen' Satzgliedern[4] bestehen;
- der erste und der letzte Satz sind bis auf die Personalform identisch und legen einen Rahmen fest:

"Über den Kopf der Weinreben hinweg **wollte** Karl dieses Land **verlassen**."
"Über den Kopf der Weinreben hinweg **hat** Karl dieses Land **verlassen**."

Was bewirkt der erste Satz?

Es fällt auf, daß das einzige 'fakultative' Satzglied[5] im Vorfeld steht. Es ist eine Umstandsbestimmung, die eine situative Einbettung vornimmt ("Weinreben" - 'ländliches Milieu') und zugleich durch die Verbindung der Redewendung 'über die Köpfe hinweg' mit "Weinreben" Spannung erzeugt. 'Über die Köpfe hinweg' bedeutet nämlich 'ohne jemanden Bestimmtes zu fragen, zu informieren (Gr. Duden, Bd. 4, 1994), folglich ist hier eine unerlaubte, unerwünschte Handlung, eventuell eine Zuwiderhandlung angedeutet. Hinzu kommt - und das erhöht die Spannung - die semantische Inkongruenz der Redewendung mit dem Substantiv "Weinreben", die Redewendung ist dem Bereich menschlichen Handelns zuzuordnen, nicht dem der Natur. Es liegt hier gleich am Anfang ein Verstoß gegen die Normen der Sprache vor.

Durch das Verb/Prädikat wird die erzeugte Spannung noch verstärkt. Es ist eines der wenigen zweigliedrigen Prädikate im Text. Das Modalverb "wollte" deutet darauf hin, daß es sich um eine Erinnerung handelt (Imperfekt) und zugleich, daß jemand eine Absicht hat, welche Absicht, wird erst mit dem Infinitum "verlassen" deutlich. Vorher erfahren wir aber, wer diese Absicht hat (Karl) und worauf sie sich bezieht („dieses Land").

Die Erwartungshaltung beim Leser ist somit erzeugt, er/sie erwartet, daß nun erzählt wird, wie Karl das gemacht hat, ob es ihm gelungen ist usw. Das löst der Text aber nicht ein. Der Blick wird auf Dinge und Vorgänge gerichtet, ein Zusammenhang zwischen dem ersten Satz und den darauffolgenden ist vorerst nicht zu erkennen.

---

3 Dieser Begriff wird ebenfalls von Brinkmann verwendet. Er meint die Sätze mit Spitzenstellung des Verbs ("Stirnsätze" nach Glinz). Ihre Funktion laut Brinkmann: „*Sie suchen mit dem Partner eine Gemeinschaft, eine Gemeinschaft des Handelns oder des Wissens*" (S. 473).
4 Gerhard Helbig (1969) bezeichnet damit die in Zahl und Art an die Valenz des Verbs gebundenen notwendigen Satzglieder.
5 Gegensatz zu "obligatorisches" Satzglied.

Dabei sind die Sätze auf ihre Grundmodelle[6] reduziert. Sätze, die von den Grundmodellen abweichen, fallen in diesem Umfeld auf und haben eine zusammenfassende, zusammenfügende Funktion (dies eine Vorwegnahme, die die weitere Betrachtung des Textes stützen soll).
Zurück zum Text. Auf den ersten Satz folgen drei Vorgangssätze:

"In den Weidenzaun **blies** der Wind."   Vorgang
"Die Blätter **taten sich auf.**"
"Es **kam** Feld in den Hof."   Ergebnis

Durch die Voranstellung des "es" wird das Ereignis in den Vordergrund gerückt. Das Verb "kam" kongruiert semantisch mit Lebewesen, das Substantiv "Feld" in Verbindung mit "kam" ist somit wieder ein Bruch mit sprachlichen Normen bzw. Lesererwartungen. Was könnte hier beabsichtigt sein? Die Personifizierung könnte ein Mittel der Lebendigkeit sein, auf eine subjektive Sichtweise (einer Person) verweisen, die alles belebt, die Umwelt als bedrohlich empfindet. Somit ist eine bestimmte Atmosphäre geschaffen. Worauf sich diese Beschreibung bezog, steht erst im nächsten Satz. Die Spannung wurde bisher aufrechterhalten, da man sich fragt: Was ist jetzt los mit 'Feld', 'Hof'? Wo bleibt Karl? Die erste Frage kann man sich gleich beantworten, die zweite bleibt (noch länger) offen.

"**Wenn die Gewitter vorüber waren,** rauchten die Bäume."

Es wurde also ein Gewitter beschrieben, die vorherigen Vorgänge werden hier in einen Zusammenhang eingebettet, die Spannung müßte sich lösen. Das geschähe, wenn dieser Satz ebenfalls ein Mitteilungssatz wäre:
"Die Gewitter waren vorüber."
Das wird aber in einem Gliedsatz (Konditional-/Temporalsatz) zum Ausdruck gebracht, die Folge des Gewitters dann im Hauptsatz dargestellt:
"Wenn die Gewitter vorüber waren, **rauchten die Bäume**."

Der Blick wird auf "die Bäume" gelenkt, denen wieder ein ungewöhnlicher Vorgang zugeschrieben wird: "rauchen". Denkbar wäre hier eine Assoziation mit dem Organischen (wie bei 'Feld' - 'kam'). Doch wie immer man das deuten mag, wichtig ist, daß erneut mit den Lesererwartungen gebrochen wird und die Spannung steigt, statt sich zu lösen. Nun erwarten wir, daß eventuell erzählt wird, weshalb die Bäume rauchen oder was Karl mit dem Gewitter zu tun hat.

---

6 Gemeint sind hier Sätze, die nur der Obligatorik folgen. Sie entsprechen im großen und ganzen den Satzbauplänen 1-9 laut Duden 1984, Bd. 4, S. 635

Nichts dergleichen geschieht. Der Blick wird von 'die Bäume' auf den Baum, "der(n) Nußbaum", gelenkt. Er ist Subjekt des nächsten Satzes, über ihn soll etwas ausgesagt werden. Das wird in einem Satz, der eine Stellungnahme ausdrückt, vollzogen:

"Der Nußbaum **blieb** kühl."

Auch über den Nußbaum wird nicht das ausgesagt, was wir als Leser erwarten würden. Es besteht keine semantische Kongruenz zwischen 'Nußbaum' und dem adjektivischen Aufschluß 'kühl'. 'Kühl' wird mit Menschen oder Witterung verbunden, nicht mit Dingen. Somit liegt wieder eine Überführung ins Organische vor (wie bei 'Feld' - 'kam' und 'Bäume' - 'rauchten').

Die gleiche Methode finden wir im nächsten Satz "Nüsse" - "schlugen sich die Schädel ein".

An dieser Stelle drängen sich Fragen auf, wie: Wer nimmt das so wahr? Karl? Die Erzählerin? Eine andere Person? Es ist offensichtlich eine eigenwillige Art der Wahrnehmung, die sich hier verbirgt. Diese Fragen bleiben aber offen.

Bevor der Text weiter verfolgt wird, muß erwähnt werden, daß das Adjektiv 'kühl' durch das Verb 'blieb' mit dem Subjekt verknüpft wird, welches inhaltlich 'Stillstand', 'Unverändertheit', 'mangelnde Bewegung', 'Zurückhaltung' oder 'Passivität' (mögliche spätere Assoziation: Karl = Nußbaum) ausdrücken kann, das, was eigentlich durch die Syntax schon heraufbeschworen wurde. Demzufolge, nach dem Umfeld zu urteilen, wäre 'kühl' in seiner übertragenen Bedeutung 'zurückhaltend' aufzunehmen.

Anaphorisch folgt auf den 'Nußbaum'-Satz:

"Nachts **fielen** die Nüsse und schlugen"

"Nachts **rollte** der Stechapfel die weißen Grammophone auf".

Die zwei Vorgangssätze werden vom Temporaladverb "nachts" eingeleitet. Durch die Wiederholung prägt sich das 'nachts' ein und erweckt zugleich die Erwartung des 'morgens', als Gegensatz. Diese Erwartung wird diesmal erfüllt, aber noch nicht gleich. Zwei Sätze werden zwischen den 'Stechapfel'-Satz und den 'Morgens'-Satz eingeschoben. Der eine beschreibt den Stechapfel näher, mit Hilfe eines Vergleiches, der eine andere sinnliche Komponente, den Geruchssinn, miteinbezieht (zum Sehen dazu).

"Er **roch** wie Unglückshaut verlassener Frauen." (Vergleich aus dem anthropologischen Bereich)

Die visuelle (die Blüte des Stechapfels als weißes Grammophon gesehen) und die olfaktive Komponente ("Unglückshaut"...) stehen hier nebeneinander.

Zudem denkt man beim Wort "Stechapfel" auch gleich an Gift. Die Zusammenhänge lassen sich aber an dieser Stelle (noch) nicht erschließen.

Scheinbar zusammenhangslos wird im nächsten Satz "der Iltis" erwähnt, der das Huhn würgt. Damit ist ein Handlungssatz eingebaut worden. Das Adverb "rasch" läßt aufhorchen, es ist das einzige fakultative Satzglied und fällt dadurch auf. Warum rasch? - fragt man sich. Im nächsten Satz finden wir die Antwort. Weil der Morgen kommt, das Licht, und jetzt, rückwirkend, weiß man, daß all das, was vorher passiert ist, in der Nacht geschieht; das verbindet die Nüsse, die Frauen und das Huhn als Opfer, die verschiedene Formen von Gewaltanwendung bis hin zur Zerstörung erfahren. Die Verben 'fielen', 'schlugen sich auf', 'rollte auf', 'verlassen', 'würgte' weisen darauf hin: sie haben alle etwas mit Verletzung zu tun. Die Täter werden, bis auf den Iltis, nicht genannt. Der Iltis beeilt sich aber, um nicht vom Morgen überrascht und somit entdeckt zu werden. Und der 'Morgen' wird dann tatsächlich im nächsten Satz erwähnt. Was er zutage bringt, scheint sehr wichtig zu sein, denn zum ersten Mal steht hier ein Satz mit mehreren fakultativen Satzgliedern.

"Morgens **lagen** zwischen grünen Schalen nackt die Gehirne der Nüsse auf dem Pflaster".

Es ist ein Zustandsverb, das den Kern dieses Satzes bildet. Passivität, Stillstand kehren wieder, die Ergebnisse der nächtlichen Zerstörung breiten sich vor den Augen des Lesers aus. Das Subjekt, "die Gehirne der Nüsse", steht nicht an seiner gewohnten Stelle im Satz (I. oder III.), es wird somit syntaktisch auffallen. Es führt die Metapher "schlugen sich die Schädel ein" weiter. Nicht 'Nußkerne', wie erwartet "lagen (...) auf dem Pflaster", sondern "die Gehirne der Nüsse"[7]. Es ist das gleiche Verfahren wie 'Feld' - 'kam'. Doch diese Überführung in den organischen Bereich wird noch durch das Adverb 'nackt' verstärkt und bringt zur Zerstörung/Demontage, zum Vordringen ins Innere eine neue Dimension: das Bloßlegen, Entblößen. Die "grünen Schalen" werden als fakultatives Satzglied eingebaut, als Umstandsbestimmung, die unmittelbar auf die Personalform folgt. Der Blick wandert so von den "Schalen" zu dem, was sie verbergen, was jetzt aber offengelegt wurde, zu den "Gehirne(n) der Nüsse". Auf sie konzentriert sich die Aufmerksamkeit des Lesers. Die Stellung des Subjekts erzeugt Spannung. Dort, wo er vom Satz als Spannungsgefüge spricht, bemerkt Brinkmann, daß "ans Ende des zeitlichen Ablaufs kommt, was noch unbekannt ist und darum für die Mitteilung an einen anderen besondere Bedeu-

---

[7] Die Verbindung 'Walnuß' - 'Gehirn' kommt bereits bei Foucault vor (in: Die Ordnung der Dinge), was nicht heißt, daß Herta Müller sie übernommen haben muß, was aber zeigt, daß sie naheliegt.

tung hat" (Brinkmann 1962, S. 488). Was unter den Schalen lag, rückt ins Blickfeld (welche Bedeutung könnte diese Gegenüberstellung Nacht - Morgen/Tag haben? In der Nacht, im Dunklen, im Verborgenen, im Inneren spielt sich **einiges** ab, ans Tageslicht kommen nur die Ergebnisse, die Zerstörung).

Nachdem die Ergebnisse des Gewitters dargelegt wurden, die Spannung damit gelockert ist, wird der Blick auf "die Zinnien" gelenkt. Das tragende Wort des substantivischen Aufschlusses "Geschau" ist ein ungewöhnliches Wort[8], das erneut Spannung und Irritation erzeugt. Hinzu kommt noch, daß der ganze Satz scheinbar zusammenhanglos hier eingeschoben wurde. Das Wort "Geschau" allerdings irritiert und prägt sich ein. Mögliche Deutungen des Satzes: 'Die Zinnien sahen jeden Sommer anders aus' oder 'Die Zinnien hatten jeden Sommer eine andere Art zu schauen'. Beide Möglichkeiten sind im Wort "Geschau" verschmolzen. Die Belebung/Personifizierung, die der zweite Bedeutungssatz impliziert, wird auch bestätigt. Der Satz, der nun folgt, faßt die bisher aufgebauten Spannungsbögen/Themen/Leitmotive auf und rückt wieder **Karl** in den Mittelpunkt, als Subjekt.

"**Karl** sah sie nachts zu anderen Blumen gehen."

Durch das Pronomen "sie" wird auf den vorhergehenden Satz ("Die Zinnien...") rückverwiesen, "nachts" erinnert an die "Nußbäume", "die Gehirne der Nüsse" usw. Das Verb "**sah**" legt die Vermutung nahe, daß alles bisher Dargestellte aus Karls Perspektive geschildert wurde, daß es seine subjektive Wahrnehmung, möglicherweise eine Projektion seines Zustandes in die Naturphänomene war. Erneut wird belebt, diesmal sind es "die Zinnien", die "gehen", die in der Nacht "gehen", um nicht gesehen, nicht ertappt zu werden. Wer steckt hinter den Blumen - ist die Frage, die sich hier unweigerlich ergibt. Sie wird aber offen gelassen, genauso wie die Frage nach Karl, dem Nußbaum. Gewiß ist nur, daß **etwas** passiert, **im Verborgenen**, was es ist, kann man (noch nicht) erahnen.

Das Subjekt der Betrachtung wechselt auch wieder, von den Blumen zu den "Kartoffeln". Die Umstandsbestimmung "mit Schleierbündeln" tritt (syntaktisch) hervor, sie bestärkt den eben erwähnten Eindruck, daß sich etwas im Verborgenen abspielt (Schleierbündel gehört zum Wortfeld 'verschleiern'). Was könnte das wohl sein? Einen Schritt näher zur Lösung des Rätsels wird der Leser mit den nächsten Sätzen gebracht.

---

8 Ich konnte es in keinem Wörterbuch finden, Prof.Dr. Herrmann versicherte mir aber, daß er es aus dem Sächsischen kenne. Hier werde es im Sinne von 'Blick', 'Gesichtsausdruck' verwendet.

"Die Reihen **waren gezählt**" eröffnet eine Reihe von Mitteilungssätzen mit dem Verb im Passiv.
"Die Rüben (...) **mußten** (...) **geliefert werden**."
"Die Pflaumenbäume **waren aufgeschrieben**."
All diese Sätze haben das Patiens als Subjekt, das Agens wird nicht genannt. Erneut der Eindruck: es spielt sich etwas im Verborgenen ab, die Täter sind nicht greifbar. Das Subjekt ist ausgeliefert.
Bei diesem vorläufigen Ergebnis darf der Leser aber nicht verweilen: das Passiv wird erneut durch das Aktiv ersetzt.
"**Karl wollte** vor drei Jahren ins Gebirge **fahren**."
Wie im ersten Satz der Erzählung drückt die Personalform hier eine Absicht aus, die einen Kontrast zum o.g. herstellt. Doch dieser 'Anflug' von Initiative wird gleich im folgenden zunichte gemacht. Es folgt ein Satzgefüge - eine Ausnahme im syntaktischen Gefüge der Erzählung (wie oben schon erwähnt) und ein eingreifendes Ereignis wird dargestellt. Subjekt des Satzes ist "der Vater", Infinitum "erhängt". Karl wird somit wieder in seine passive Haltung gezwungen, die des Schauenden, dem nichts anderes übrig bleibt, als das Geschehene hinzunehmen.
"Karl **sah** die Schuhe seines Vaters vor dem Brunnen stehen."
Der gleiche Mechanismus trifft auch auf den nächsten Absatz zu, der wieder durch einen "Wollen"-Satz eingeleitet wird.
"Vor zwei Jahren **wollte** Karl ans Meer **fahren**."
Das Vorfeld ist diesmal nicht durch das Subjekt, sondern durch die Temporalbestimmung "vor zwei Jahren" besetzt. Weshalb, erfahren wir beim Weiterlesen. Auf die zwei Sätze, die zeigen, daß Karls letzte Initiative, "ans Meer (zu) fahren", erstickt wurde (diesmal tritt wieder eine andere Person als Subjekt auf - so wie vorhin der Vater -, die als Gegenspieler zu verstehen ist), folgen drei Sätze mit jeweils einer Temporalbestimmung im Vorfeld:
"Im vergangenen Jahr **waren** die Steuern so groß, ..."
"Letztes Jahr **gehörte** der Garten dem Volksrat."
Durch diese Temporalbestimmungen wird eine Steigerung erzielt, die beim Leser eine Erwartungshaltung hervorruft. Verstärkt wird die Erwartung, daß etwas geschehen wird/muß auch durch die Verben: Passivform im ersten Satz, "gehören"[9] im zweiten. Diese Verben bzw. Verbformen weisen auf den Abschnitt zurück, der dem ersten "Wollen"-Satz vorausgeht. Vergleicht man die

---

9 Semantik konnotiert 'Enteignung'

beiden Abschnitte, so kann man auch vom ersten 'Passiv'-Abschnitt zum zweiten eine Steigerung erkennen. Wenn es vorhin nur "die Pflaumenbäume" und "die Besenreiser" waren, die jemandem "gehörten", so ist es nun "der Garten" als Ganzes, nicht nur das, was er hergibt.

In rasantem Tempo wird die Steigerung weitergeführt, der Leser dem Ergebnis der beschriebenen Prozesse zugeführt. Drei durch "dann" eingeleitete Mitteilungssätze, mit dem Verb "kam" als Prädikat und jeweils einem Subjekt, in welchem Karls 'Gegenspieler' oder die Ursachen seines Verhängnisses genannt werden:

"Dann **kam** der Mann vom freiwilligen Arbeitseinsatz."
"Dann **kam** die Stromrechnung."
"Dann **kam** der Mann vom Leichenverein."

Das Adverb "dann", welches hier die Anschlußstelle besetzt, verweist auf das Vorangegangene zurück und drückt gleichzeitig aus, daß mit dem Satz, den es einleitet, etwas Neues hinzukommt[10]. Somit werden die Bedrohungen summiert, Karl steht (was hier nicht explizit genannt wird, was der Leser aber weiß) im Mittelpunkt dieser Geschehnisse, die auf ihn einwirken, ja geradezu einstürmen. Der Parallelismus der Sätze trägt zu diesem Eindruck bei, verstärkt ihn. Wenn die äußeren Umstände sich bisher passiv verhielten, so werden sie jetzt aktiv. Das Ergebnis all dieser summierten Geschehnisse steht dann im nächsten Satz, einer Satzreihe,

"Karls Sparbuch **war** leer wie der Schnee, und das Geld **war** im Holz für den Winter".

Diese Satzreihe ist aus zwei Gründen als Parallele zum Satz "Morgens lagen zwischen grünen Schalen(...)" zu sehen:

- sie bringt auch das Ergebnis der vorher beschriebenen Prozesse.
- sie verweist durch den Vergleich "wie der Schnee" auf den Bereich der Natur zurück, der im ersten Teil beschrieben wurde. Der Vergleich "wie Unglückshaut verlaßner Frauen" verwies von der Natur in den Bereich des Menschlichen.

Somit verknüpft sich hier der erste Teil, die Darstellung des Gewitters, mit dem zweiten Teil, mit der Darstellung von Karls Schicksal. Die Verknüpfung Natur - Mensch wird auch im Rückblick durch den ersten, im Text vorkommenden Vergleich "wie Unglückshaut verlassener Frauen" bestätigt, der aus

---

10 vgl. Brinkmann, S. 496

dem Bereich der Natur in den des Menschen verweist, genauso wie der zweite, "wie der Schnee", in die entgegengesetzte Richtung blicken läßt. Hinzu kommen die Personifizierungen, die Kopplung von semantisch nicht kongruenten Begriffen, die aus der Natur bzw. dem Bereich des Menschen stammen:

"Feld"   - "kam"
"Nußbaum" - "kühl"
"Blumen"   - "gehen"

Welche Bedeutung kommmt dieser Verknüpfung zu? Was semantisieren die Geschehnisse in der Natur? Um das herauszufinden, muß der Text weiter verfolgt werden. Der (ein) Höhepunkt wurde in dem oben zitierten Ergebnissatz erreicht, das Geschehene zwingt eine Lösung herbei:

"Karl **wollte** dieses Land **verlassen**."

Die Parallelität zum ersten Satz der Erzählung ist offensichtlich. In der Besetzung des Vorfelds unterscheiden sich die Sätze jedoch. Während durch die Voranstellung der Adverbialbestimmung "über den Kopf" das **wie** betont wird, wird im vorliegenden Satz erstmalig Karls Absicht betont. Das **wie** bleibt noch offen. Ebenso die Frage, ob es ihm gelingt, denn bisher ist alles, was er "wollte", gescheitert.

Syntaktisch wird ein Gelingen gleich danach angedeutet. Zum ersten Mal ist Karl das Subjekt eines Handlungssatzes:

"**Er** schrieb ein Gesuch an die Behörden."

Dieser Handlungssatz leitet eine Reihe von Handlungssätzen ein:

"**Karl zählte** nach."
"**Karls Lungen trieben** Zorn ins Herz."
"**Karl nahm** das Geld (...) und **kaufte**".
"**Karl nahm** die Axt".
"**Karl hackte** in seinem Wintermantel die Wurzelstöcke der Weinreben **aus**."
"**Karl hackte** bis tief in die Nacht."
"**Karl hackte sich** im zögernden Schnee aus den Weinreben **hinaus**."

Daß die Handlungssätze einen Gegensatz zum Passivabschnitt zeichnen, liegt auf der Hand. Was sagen sie aus?

1. Semantisch gesehen ist die Steigerung besonders durch die Verben "schrieb", "zählte nach" ausgedrückt (Gradation). Mit dem "trieben"-Satz steht zum ersten Mal im Text ein Hinweis auf Gefühlsregungen. Diese werden aber

ins Innere, auf die Organe verlegt ("Lungen", "Herz"), die (zufällig) Karl gehören. Damit können zwei Deutungen verbunden werden: Karl spaltet seinen Zorn ab, indem er Organe dafür verantwortlich macht, er will sich diesen Gefühlsausbruch nicht eingestehen, oder sie sitzen tief in ihm drin, sind vielleicht noch nicht zum Ausbruch gekommen. (Mögliche Assoziation mit "Gehirne der Nüsse", die nur nach Gewitter, Fallen, Gewalteinwirkung zutage treten.)

Für letztere Deutung sprechen die Sätze, in denen die Handlungen noch affektfrei, alltäglich sind: "nahm (...) Geld", "kaufte(...)". Doch gleich darauf wird die Wut bedrohlich, diesmal nimmt er nicht "Geld", sondern "die Axt". Dieses Nomen, das in den parallel gebauten Sätzen das Akkusativobjekt "das Geld" ablöst, ruft die Assoziation 'Zerstörung' auf (somit ein Rückverweis auf die erste Zerstörungsphase im Text, das Gewitter).

Erwartungsgemäß "hackt" Karl im nächsten Satz, er "hackt(e)" "die Wurzelstöcke der Weinreben aus", eine möglicherweise noch alltägliche, affektfreie Handlung. Die Temporalbestimmung im folgenden Satz, "bis tief in die Nacht", zeigt aber schon an, daß es keine alltägliche Verrichtung ist. Auch hier ist ein Rückverweis auf die Gewitternacht erkennbar. Ungewöhnlich, mit der Grammatik und der Semantik brechend, erscheint das Verb dann im letzten Satz, "hackte sich hinaus". Gebräuchlich wäre 'hackte sich z.B. in den Finger' oder 'hackte aus'. Erneut eine Wortschöpfung, die die Ausnahmesituation, die Affektgeladenheit zum Ausdruck bringt. Soweit die Semantik dieser Sätze.

2. Syntaktisch ist die Parallelität im Satzbau auffallend, wobei das Subjekt immer das gleiche bleibt, die Verben und Objekte variiert werden. Das bewirkt sowohl die Intensität der Passage, als auch die Steigerung der Spannung bis zum Höhepunkt hin (zum letzten hier aufgelisteten Satz). Es sind hier die Mittel der Musik, die zu den sprachlichen hinzukommen (Wiederholung mit Variation) und eine Verstärkung der Intensität bewirken. Der letzte Satz bringt dann die Zusammenfassung, das Ergebnis von Karls Handlungen.

"Über den Kopf der Weinreben **hat** Karl dieses Land **verlassen**".

Die Personalform 'wollte' ist hier durch 'hat' ersetzt. Das, was er beabsichtigt hat, ist ihm letztendlich gelungen. Wie das Verlassen war, auf ihn wirkte, wird in der Umstandsbestimmung "über den Kopf der Weinreben" zusammengefaßt. Was hiermit gemeint ist, wissen wir nun, beim ersten Satz war das noch nicht klar. Wir wissen, daß Karl mit den Weinreben symbolisch seine eigenen Wurzeln ausgehackt hat. Die Vorgänge in der Natur "tragen" seine inneren Regungen, die er sich nicht eingesteht oder eingestehen kann (warum, soll später noch gezeigt werden, Kap. III. 1.). Die Adverbialbestimmung "Über den Kopf der Weinreben..." deutet somit an, daß er - seinem Inneren zuwiderhandelnd - dieses Land verlassen hat. Somit schließt sich der Bogen, die Spannung wird auf-

gelockert, die Verzweiflung schwingt aber noch nach. Der letzte Satz fungiert nämlich nicht nur als Rahmen und als Lösung einiger der Rätsel, die der Text aufwarf, er beinhaltet zugleich ein "Tempus-Metapher"[11], wie Harald Weinrich einen derartigen Tempus-Übergang bezeichnet. Diese Metapher bewirkt laut Weinrich "einen Zuwachs an (End-) Gültigkeit" und gleichzeitig "die definitive Grenzmarkierung"[12].
Was kann nach dieser Analyse zusammenfassend gesagt werden?

1 Auffallend ist die Syntax: es kommen nur Mitteilungssätze, durchgehend einfache Sätze, selten Satzreihen und noch seltener Satzgefüge vor. Diese stehen nur an Schlüsselstellen im Text. Die einfachen Sätze (Grundmodelle) werden auch nur an Schlüsselstellen um fakultative Satzglieder bereichert.
2 Die Sätze und Satzglieder werden oft durch Rückverweise verbunden, das erhöht die Spannung (da beim Lesen aufkommende Fragen erst an einer späteren Stelle im Text beantwortet werden) und schließt die oft auf den ersten Blick zusammenhanglosen Teile zu einem Ganzen, einem Bedeutungsgefüge zusammen.
3 Es wird viel mit den Mitteln der Musik gearbeitet:
  1 Parallelität
  2 Wiederholung
  3 Wiederholung mit Variation
  4 Steigerung
Diese Mittel erhöhen die Lebendigkeit, Eindringlichkeit und Intensität der Texte.
4 Auf semantischer Ebene wird oft mit den Erwartungen des Lesers gebrochen.
5 Begriffe, die in den Bereich der Dinge und Pflanzen gehören, werden in den Bereich des Menschen übertragen (durch Personifikation, Metaphern, Vergleiche).
6 Die Zusammenhänge werden nur angedeutet, nie direkt formuliert, daraus erwächst die Offenheit des Textes, Freiraum für Assoziationen. Der Blick des Lesers wird von einem Betrachtungsgegenstand zum anderen geführt, meistens ohne sichtlichen Übergang oder Zusammenhang (Schnittechnik).
7 Es wird mit Kontrasten gearbeitet, Aktiv - Passiv, Täter - Opfer. Karl kann man als Opfer sehen, als Opfer des Staates, der Geschichte und nicht zuletzt seiner eigenen Unfähigkeit zu agieren, sich zu wehren. Somit kann man nicht

---

11 Harald Weinrich: Tempus. Stuttgart 1971, S. 191
12 ebd., S. 194

von **dem** Täter, sondern eher von inneren und äußeren Umständen sprechen, die für etwas verantwortlich sind.

8 "Verstöße" gegen Sprachnormen sind nicht zufällig, sondern systematisch eingesetzt, sowohl in der Folge als auch im Bereich. Über die Intention soll an dieser Stelle noch nichts gesagt werden.

2 Die kleine Utopie vom Tod

Um zu beweisen, daß die sprachlichen Mittel, die in der Erzählung "Über den Kopf der Weinreben..." aufgezeigt wurden, systematisch bei Herta Müller vorkommen, müssen weitere Texte genau betrachtet werden. Zunächst wird - ebenfalls kleinschrittig - eine weitere Erzählung (auszugsweise) analysiert, um anschließend Passagen aus dem Roman "Der Fuchs war damals schon der Jäger" zu beschreiben.

Die Erzählung "Die kleine Utopie vom Tod" habe ich deshalb ausgesucht, weil sie thematisch die Karl-Erzählung ergänzt: ging es dort um Auswanderung, so blickt diese Erzählung auf die Vergangenheit zurück, auf das Leben im Dorf vor der Enteignung nach 1945. Es geht hier um zwischenmenschliche Beziehungen, um Familienverhältnisse und um den Tod - ein frequentes Motiv bei Herta Müller.

Doch diese thematische Ergänzung ist nicht der primäre Grund für meine Wahl. Es ist vor allem die Tatsache, daß sich hier (wie in den anderen Texten) sprachliche Mittel wiederholen (so z.B. was den Satzbau, die Satzarten, die semantischen Inkongruenzen, die Prinzipien der Musik anbelangt). Was die Kontraste anbelangt, kommt aber ein wichtiges Mittel hinzu; der Wechsel und in einem gewissen Maße die Kontrastierung der Tempora: Präsens - Präteritum. Laut Weinrich hätten wir es hier mit einer Tempus-Metapher zu tun (vgl. Anmerkung 11). Welches ist ihre tiefere Bedeutung, worauf verweist sie? Um diese Frage beantworten zu können, soll der Text näher betrachtet werden.

Er handelt von einer Enkelin, die, am Grab der Großmutter stehend (was wir erst am Ende erfahren), sich deren Lebensgeschichte und ihre daraus erwachsene Todessehnsucht vergegenwärtigt. Die Art der Darstellung bewirkt aber, daß der Leser diese Zusammenhänge erst am Ende der Erzählung erkennt. Er wird bis zum letzten Satz in höchstem Maße miteinbezogen und in Atem gehalten. Nur dem aufmerksamem Leser erschließt sich nach und nach, welches die "zauber- und märchenhafte(n) Welt"[13] bzw. die Welten sind, zu der die Großmutter den/die Schlüssel besitzt: es ist zum einen die Vergangenheit, die Familiengeschichte für die Enkelin, zum anderen die sichere Zukunft, das Reich des Todes. Wie diese zusammenhängen, wo die Protagonistinnen zwischen diesen

---

13 Walter Hinck sagt in seiner "Laudatio" zur Verleihung des Kleist-Preises an Herta Müller, im Oktober 1994: "Immer besitzen nach alter Überlieferung in den Geschichten die Großmütter den Schlüssel zu einer zauber- und märchenhaften Welt" (zitiert nach: "Sinn und Form" [37], H. 1, 1995, S. 142)

zwei Welten stehen und vor allem, wie Herta Müller das darstellt, soll nun gezeigt werden.

Zunächst der Textauszug:

„Die kleine Utopie vom Tod

Wenn ich über den Feldweg ging, dann war mein Körper leer.
Der Wind bringt einen Erdhauch übers Grab.
Wenn ich über den Feldweg ging, flatterten meine Röcke vom Gehen. Über den Feldern war kein Wind, sagt Großmutter. Ich ging durch die grünen Rinnsale der Pflanzen. In meinen Ohren rauschte es und mein Gehirn war schwer, weil ich so arm war, vor den großen Feldern meines Mannes, weil ich die Hände krümmte und an den Fingern nur die Knochen spürte, weil ich an diesen Knochen klebte, wenn ich ging.
Großmutters Grabstein trägt ein Bild von ihr.
Mein Hochzeitsrock war schwarz und schwarze Bänder hatte meine Bluse. Und der Altar war groß und kalt, sagt Großmutter. Das Opfergeld fiel aus den krummen Händen und klimperte im Teller. Da trug ich schon das glatte Gold als Ring um meinen ahnungslosen Finger. Drei Wochen lang mußte noch Zeit vergehen, bis ich sechzehn war. Großvater stand neben mir mit nassem Stahl im Blick und schaute in die menschenvolle Kirche, als schaue er über sein Feld.
Hinter den Gräbern sind die Felder flach und weit.
Als der Hochzeitszug über die Straßen ging, war es kein Menschenzug. Großvaters Stallknecht hatte einen viel zu kleinen Anzug an. Seine Handgelenke waren nackt, sagt Großmutter. Er schlug mit kurzen und zerplatzten Ärmeln hinter mir die dicke Trommel. Großvater ging neben mir und war mir doch drei Schritte voraus. Wir gingen eingehängt. Mein stiller Arm reichte schon damals nicht für seine Schritte. Sein Rock war schwarz, sein Rücken war so breit, daß ich dachte: Der verdeckt mich ganz, der frißt mir beide Brüste und den Hals. Der frißt mir beide Wangen, wenn er mich berührt. (...)"

Schon der Titel wirft Fragen auf und erzeugt somit eine Erwartungshaltung beim Leser. In welcher der zwei möglichen Bedeutungen ist das Nomen <u>Utopie</u> hier gebraucht. Als 'Schilderung eines zukünftigen Lebens oder Zustandes' oder als 'Wunschtraum'[14]? Das Adjektiv „kleine", das zum Substantiv hinzutritt, scheint die Ausmaße dieses 'Zukunftsbildes' oder 'Wunschtraumes' zu diminuieren. In welcher Weise kann man aber noch nicht erfahren. Auf jeden Fall scheint sie bekannt zu sein, darauf deutet der bestimmte Artikel hin. Oder soll es eine besondere 'Utopie' sein, "<u>die</u> kleine Utopie"? Laut Harald Weinrich[15] verweist der bestimmte Artikel auf eine Vorinformation, er ist ein Signal für den Hörer. Es kann sich hier aber nicht um eine schon im Text erwähnte Sache handeln, die Stellung des Artikels (erstes Wort des Titels) schließt das aus.

---

14 vgl. Großer Duden 1991
15 Harald Weinrich: Tempus. Stuttgart 1971, S. 31

Folglich kann nur etwas gemeint sein, was dem Leser vertraut ist. Er wird ja in den Kommunikationsprozeß miteinbezogen, seine Vorerfahrungen sind gefragt. Es wird ihm aber nicht nur eine Richtung gewiesen, die ihm beim Entschlüsseln des Textes behilflich sein soll, sondern, zieht man Bühler[16] hinzu, so wird ihm auch ein Hinweis über den „Wahrnehmungsraum der sprechenden Person"[17] gegeben. Bühler identifiziert nämlich das Zeigfeld, welches durch grammatische Signale wie den Artikel konstituiert wird, mit dem Wahrnehmungsraum der sprechenden Person.

Was den Inhalt des 'Zukunftsbildes' oder 'Wunschtraumes' ausmacht, wird ebenfalls im Titel angesprochen: "Tod". Das Subjekt, die betroffene Person, wird allerdings nicht genannt.

Im ersten Satz des Textes tritt es in Erscheinung:

"Wenn ich über den Feldweg ging, dann war mein Körper leer."

Wer dieses ich ist, erfahren wir noch nicht, hingegen einiges über seine (körperliche) Befindlichkeit ("war ... leer"). Was soll mit diesem adjektivischen Aufschluß, der zum ontologischen Verb "sein" hinzutritt, angedeutet werden? "Körper" und "leer" sind semantisch nicht kongruent. Im wörtlichen Sinne verbindet sich "leer" mit Dingen, im übertragenen sind die Kombinationen 'leerer Kopf', 'eine Leere in sich spüren' geläufig. Das eine bezieht sich auf einen geistigen Zustand, das andere auf einen seelischen. Welche Bedeutungskomponente wird hier wohl aktualisiert? Die Frage nimmt der Leser auf seinem Weg durch den Text mit.

Bevor wir zum nächsten Satz übergehen, sei noch erwähnt, daß die Personalformen "ging" und "war" darauf hinweisen, daß es sich um eine Erinnerung handelt (Imperfekt)[18] und daß die Aussage für einen Gesprächspartner bestimmt ist (I. Person). Wer ist das "Du", das zuhört? Ist es der Leser oder eine Person im Text? Auch diese Frage bleibt zunächst offen.

Stattdessen wird (wieder) "der Wind" ins Blickfeld geschoben, er ist Subjekt des zweiten Satzes (wie in "Über den Kopf der Weinreben..."), eines Handlungssatzes mit der Personalform im Präsens ("bringt"). Eine neue zeitliche Ebene wird in den Text eingebracht, mit welcher Absicht, läßt sich noch nicht erkennen. Die Lokalbestimmung "übers Grab", die sowohl durch ihre Endstellung als auch durch die Tatsache, daß sie das einzige 'fakultative' Satzglied im Text ist, auffällig wird, ermöglicht eine vorläufige Einordnung des Geschehens:

---

16 s. Weinrich 1971, S. 32
17 ebd.
18 "erzählte Welt" laut Weinrich

jemand ist tot, jemand erinnert sich, jemand steht im Friedhof. Wer erinnert sich aber?

Statt einer Antwort finden wir im nächsten Abschnitt ein Fortführen der Erzählung. Der Temporalsatz ist der gleiche, im Hauptsatz wird ein Gegensatz zum ersten angedeutet.

"Wenn ich über den Feldweg ging, dann <u>war mein Körper leer</u>."
"Wenn ich über den Feldweg ging, <u>flatterten meine Röcke</u> beim Gehen."

Die innere Leere wird der Hülle, 'den Röcken' gegenübergestellt. Diese "flatterten", haben etwas Luftig-leichtes an sich, doch immerhin Substanz. Die Diskrepanz 'innere Leere' - 'äußeres Erscheinungsbild' wird angedeutet: das, was innen liegt, kommt oder darf nicht an die Oberfläche kommen, es ist 'verpackt', eingehüllt, verborgen.

Das Mittel der syntaktischen Wiederholung kommt auch im nächsten Satz zum Tragen. Das Subjekt des 2. Satzes, "Wind", wird nochmals aufgenommen, die durch "über" eingeleitete Lokalbestimmung hat einen anderen substantivischen Kern "Felder(n)" ⇔ "Grab". Somit verbindet der 4. Satz zwei und drei:

2. "<u>Der Wind bringt</u> einen Erdhauch übers Grab."
4. "Über den Feldern <u>war kein Wind, sagt</u> Großmutter."

Der Chiasmus deutet auf ein Ineinandergreifen, Ineinanderfließen der Begriffe "Feld" - "Grab", sowie der zwei Erzählebenen „besprochene Welt", Gegenwart, ("bringt") - „erzählte Welt", Vergangenheit, ("war") hin. Welche Zusammenhänge zwischen den oben genannten Begriffen bzw. Zeitebenen bestehen, bleibt dem Leser zunächst vorenthalten.

Allerdings kommt er schon mit dem 4. Satz der Wahrheit ein Stück näher. Die Inquit-Formel "sagt Großmutter" verrät, wer sich hinter dem "ich" verbarg, es ist "Großmutter". Das Verb der Inquit-Formel steht im Präsens, die Großmutter ist es, die auf dieser Zeitebene erzählt. Die vom Anfang des Textes offenen Fragen werden ab diesem Satz Stück für Stück beantwortet. Das heißt aber nicht, daß sich die eingangs aufgebaute Spannung löst, im Gegenteil. Jede Antwort auf eine Frage zieht weitere „Rätsel" nach sich. Wem erzählt die Großmutter? Einer Enkelin, einer 2. Person im Text oder dem Leser? Oder einer weiteren Person? Das kann man nicht erkennen. Die Vermutung liegt aber nahe, daß sie einer Enkelin erzählt, sonst hätte das Substantiv "Großmutter" hier keinen Sinn, es könnte genauso 'Frau B.' oder 'X' heißen.

Die Perspektive der Erzählung ist somit festgelegt, das bestätigt auch der nächste Satz, ein Vorgangssatz, mit dem Subjekt "ich" (= Großmutter) im Vorfeld. Der Blick geht vom Subjekt aus, über das Subjekt soll etwas ausgesagt werden. Es "ging" (ist demzufolge in Bewegung, immer noch wie am Anfang des Textes). Durch die Wiederholung in verschiedenem Kontext tritt das Verb "ging" hervor, es irritiert und wirft Fragen auf. Was hat es mit dem 'Gehen' auf sich? Nach einer Antwort sucht man vergeblich ("gehen" - auch in "Über den Kopf...")[19]. Stattdessen folgt ein Satzgefüge, ungewöhnlich lang für diesen Text (und für Herta Müller überhaupt). Die Großmutter berichtet wieder von ihrer Befindlichkeit, damals, auf der Ebene des Erinnerten. Sie greift somit auf den ersten Hauptsatz zurück, es entsteht ein syntaktischer und inhaltlicher Parallelismus:

"... dann war mein Körper leer."
"In meinen Ohren rauschte es und mein Gehirn war schwer..."

Die Bewegung vom Allgemeinen zum Konkreten ist hier deutlich, ebenso der Weg von „Ohren" (Sinneswahrnehmung) zum „Gehirn" (Bewußtsein):

"Körper"   "Ohren"
             "Gehirn".

Auch reimt sich "war leer" mit "war schwer". Genau wie bei "Körper" - "leer" ist auch bei "Gehirn" - "schwer" eine semantische Inkongruenz erkennbar. Geläufig ist "mein Kopf ist schwer". Es liegt hier erneut ein Verstoß gegen den normalen Sprachgebrauch, d.h. auch gegen die Lesererwartungen vor. Die zwei Sätze fallen sowohl durch diesen Verstoß auf als auch klanglich, durch den Reim. Außerdem drücken sie einen Gegensatz aus: "Körper - leer"/"Gehirn - schwer". Was klanglich verbunden wird, Ähnlichkeiten aufweist, erweist sich als semantisch divergent.

Ein leerer Körper müßte doch leicht sein, das schwere Gehirn spricht dagegen. Erklärbar wäre es nur, wenn man davon ausgeht, daß der Körper vom

---

19 vgl. hierzu die Interpretation des wiederholten Gehens bei Thomas Bernhard in Eyckeler, S. 85, wo 'gehen' mit 'denken', mit Reflexionen und Denkobsessionen gleichgesetzt wird. Das Obsessive wäre auch bei Herta Müller ein Konnotat von 'gehen', ob es auch mit 'denken' assoziiert wird, ist fraglich. Im Falle der Großmutter läge das nahe, denn sie „geht" und hängt ihren Gedanken nach. Bei den Blumen, die „gehen" (Karl-Geschichte), verweist der Text nicht auf diese Assoziation.

Kopf (und seinem Inneren, dem Gehirn) als getrennt aufgefaßt wird. Genau das scheint hier der Fall zu sein. Diese Einsicht gibt dem Leser einen/den Schlüssel zu weiteren eingangs aufgekommenen Rätseln: die Leere des Körpers ist nicht als geistige, sondern als seelische Leere zu verstehen, auf die dann noch die Last des Gehirns drückt, des Wissens um diese Leere und vielleicht um vieles mehr. Doch nach der schon beschriebenen Technik birgt diese Entschlüsselung weitere Fragen: Worin besteht die seelische Leere? Welches ist der Grund dafür? Was bedrückt die Großmutter so sehr?

Die Antwort läßt diesmal nicht lange auf sich warten. Sie wird bereits in den nächsten drei Kausalsätzen, die vom "Gehirn"-Satz abhängen, umschrieben:

"weil ich so arm war, vor den großen Feldern meines Mannes"
"weil ich die Hände krümmte und an den Fingern nur die Knochen spürte,"
"weil ich an diesen Knochen klebte."

Der Gegensatz "ich" - "arm", "mein(es) Mann(es)" - "große(n) Felder" fällt hier auf. Daß "arm" wahrscheinlich nicht als materielle Armut zu verstehen ist, liegt auch nahe, es wird im weiteren Verlauf des Textes deutlich. Schwieriger wird es im nächsten Kausalsatz. Wie ist das 'Händekrümmen' zu verstehen? Wie steht es mit dem 'schweren Gehirn' in Zusammenhang. Wahrscheinlich (und dafür konnte ich keinen eindeutigen Beweis ausmachen) wird damit auf die Verkrampftheit angespielt, während der nächste Satz, "nur noch die Knochen spürte", "weil ich an diesen Knochen klebte", als Hinweis auf Ausgemergeltheit zu deuten wäre ("die Haut klebt an den Knochen" ⇨ hier steht die Person für ein Organ umgekehrt ⇔ "Lungen trieben"). Das Satzgefüge wird wieder durch das Leitmotiv "wenn ich ging" abgeschlossen. In diesem Umfeld kann es wieder mit „gehetzt sein", „getrieben sein" assoziiert werden, die Bedeutung nähert sich der von Bernhards Texten an.

Im nächsten Satz wechselt die Perspektive, und die Präsens-Ebene wird fortgeführt. Die Aussage des Satzes schockiert, denn die Großmutter, die eben noch auf der Präsens-Ebene (siehe Inquit-Formel) erzählt hat, scheint tot zu sein oder sich zumindest darauf vorzubereiten. Ihr Grabstein rückt nämlich ins Blickfeld.

"Großmutters Grabstein trägt ein Bild von ihr."

Zweimal wird sie erwähnt, als nähere Bestimmung (Genitivattribut) des Subjekts "Grabstein" und als Präpositionalattribut, das das Objekt "das Bild" näher bestimmt. Somit wird sie vom Mittelpunkt, vom aussagenden Subjekt zum Objekt der Betrachtung. Wer diese(r) Betrachter(in) ist, erfährt man nicht, es steht nicht im Text (Vermutung: die Enkelin). Das Verb „tragen" aber, das symmetrisch zwischen „Großmutter" und „ihr" steht, erinnert an die Last ihres schweren Gehirns bzw. Körpers. Diesmal ist die Last aber nicht direkt auf die Großmutter bezogen, sondern „vermittelt" durch die Gegenstände „Grabstein" und „Bild". Die Gegenstände stehen sowohl syntaktisch als auch „de facto" zwischen Großmutter und ihrem Leid, das von der Enkelin erinnert wird, in dem Augenblick, in dem ihre Augen auf Grabstein und Bild fallen. Graphisch könnte man den Vorgang wie folgt darstellen:

Enkelin	erinnerte Assoziation, geistig sinnliche Wahrnehmung	trägt	Prädikat, transitives Verb, Präsens Aktiv	**Vorgang**
	Grabstein (Subjekt)		ein Bild (Akk. Objekt)	**Objekte**
	Großmutters (Gen. Attribut)		von ihr (Präpos. Attribut)	**Person**

Nach dieser Zwischenbemerkung wechseln die Perspektive und die Erzählebene erneut, zurück zur Großmutter und zur Imperfektebene. Die bisher allgemein gehaltenen Aussagen, eingeleitet durch "wenn ich ging", werden nun konkreter, präziser, der Zeitpunkt wird genau festgelegt. Es geht um die Hochzeit, um ein einmaliges, bestimmtes Ereignis im Leben der Großmutter. Hervorzuheben ist erneut die Technik der Bewegung vom Allgemeinen zum Besonderen, wie bei Körper - Ohren - Gehirn. Die Vermutung, daß es die Hochzeit der Großmutter ist, wird durch die Inquit-Formel im 2. Satz bestätigt.

"**Mein** Hochzeitsrock war schwarz und schwarze Bänder hatte **meine** Bluse."
"Und der Altar war groß und kalt, **sagt Großmutter**."

Von der Beschreibung ihrer Kleidung geht sie über zur Beschreibung der Umgebung. Ein semantischer Bezug zu den Sätzen 3 und 4 ist erkennbar, ebenso eine Parallelität:

"flatterten meine Röcke" - "Mein Hochzeitsrock war schwarz."
"Über den Feldern war kein Wind" - "Und der Altar war groß und kalt."

Die mit den Subjekten benannten Dinge werden konkreter, das, was eingangs erzählt und nur schwer einzuordnen war, da sehr allgemein, gewinnt jetzt Konturen („meine Röcke" ⇒ „mein Hochzeitsrock" = „schwarz"). "Kein Wind" kann als 'mangelnde Bewegung', 'Starre' ausgelegt werden, der adjektivische Aufschluß "groß und kalt" ergänzt die Starrheit um eine weitere Dimension, um das Abweisende, Abstoßende. Daß die Erzählerin ihr Umfeld, ihren Lebensraum als feindlich empfindet, wird allmählich klar.

Nicht ganz zufällig kommt die Erzählerin im nächsten Satz auf "Das Opfergeld" zu sprechen, um dann den Blick wieder auf sich selbst zu lenken, die, zwischen Altar und Opfer(geld) gestellt, zum Opfer werden sollte.

Der Zusammenhang wird durch mehrere sprachliche und stilistische Mittel nahegelegt.

"Und der Altar war groß und kalt,..."
"Das Opfergeld fiel (...) und klimperte im Teller."
"**Da trug ich schon** das glatte Gold **als Ring** um meinen **ahnungslosen Finger**."

Die 'Satzschwelle'[20] "da" ist ein Rückverweis auf die vorangehenden Sätze. Sie nimmt eine zeitliche Einordnung vor ("Altar", "Opfer/Geld", "Großmutter" als Braut gehören zu einem Bild) und unterstreicht, verstärkt durch "schon" den Gedanken, daß etwas zeitlich vorgezogen wurde, zu früh stattgefunden hat[21]. Die Großmutter "trug" "das glatte Gold als Ring". Die gängige Redewendung "einen Ring tragen" wird hier abgewandelt, indem das Substantiv "Ring" durch ein anderes, "das Gold", ersetzt wird, zu dem das Adjektiv "glatt" hinzutritt. Die Alliteration und lautmalerische Wirkung dieser Kombination und des Substantivs "Geld" aus der Zusammensetzung "Opfergeld" ist leicht erkennbar. Zwischen "Geld" und "Gold" besteht (nicht nur lautlich) ein enger Bezug, es ist

---

20 vgl. Brinkmann 1962, S. 495
21 Brinkmann behauptet: „Durch da wird eine Situation gesetzt, in die mit dem neuen Satz ein Ereignis hineintritt,(...)", ebd., S. 496

die materielle Seite dieser Heirat, auf die angespielt wird. Diese Vermutung wird durch den Vergleich "das glatte Gold als Ring" noch verstärkt. Der Vergleich spricht eine Diskrepanz zwischen Schein und Sein an. Das Gold sieht nur so aus wie ein Ring, der Stoff, das Materielle ist aber die Hauptsache, das Symbol, das auf menschliche Nähe verweist, verliert an Bedeutung. Der "Ring" ist der Irrealis, das "Gold" die Tatsache. Das Verb "tragen" büßt hier die Bedeutung ein, die es im Zusammenhang "einen Ring tragen" transportiert. Die semantische Komponente 'eine Last befördern' bleibt als Bedeutung im Leserbewußtsein haften. Der Bezug zum „Grabstein" und "schweren Gehirn" liegt auf der Hand. Die Präposition "um" (statt gebräuchlich "am") und das adjektivische Attribut "ahnungslos", das zum Nomen "meine(n) Finger" hinzutritt, bestärken diesen Eindruck. Ein Verstoß gegen die Regeln der semantischen Kongruenz liegt auch hier vor. "Ahnungslos" können nur Menschen sein, der Begriff wird aber mit einem Teil des menschlichen Körpers, dem "Finger", verknüpft (nach demselben Verfahren wie "das Gehirn war schwer" oder in "Über den Kopf der Weinreben" "Karls Lungen trieben"). Organe, Körperteile werden mit menschlichen Eigenschaften versehen, das, was eine Person betrifft, wird auf einen Körperteil übertragen, möglicherweise, um Eigenschaften, Gefühle abzuspalten, um die Verantwortung dafür von sich zu schieben. Wahrscheinlich hat das junge Mädchen, das die Großmutter damals war, die Konsequenzen ihrer Heirat (das Geopfert-Werden) vorausgesehen, da sie ja auch die Gründe kannte (reines Kalkül; Liebe, Zuneigung wird nie erwähnt). Im Nachhinein sollte oder konnte sie sich diese Tatsache nicht eingestehen, denn sonst hätte sie auch eine Mitschuld an ihrem Unglück zugeben müssen. Sie zieht es vor, ihre Passivität durch ihre Ahnungslosigkeit, Naivität, durch ihre Jugend zu entschuldigen (was man ihr teilweise auch glauben kann). Der folgende Satz bestätigt die obige Annahme:

"Drei Wochen lang mußte noch Zeit vergehen, bis ich <u>sechzehn war</u>."

Das gleiche Mittel wird in "Über den Kopf der Weinreben" eingesetzt, wo Karl sich seine Wut auch nicht eingestehen will oder kann („die Lungen trieben Zorn ins Herz").

Zurück zum Text. Nachdem die Umgebung ("Altar", "Opfergeld") beschrieben und das Opfer benannt wurde ("ich" = die sechzehnjährige Großmutter), rückt nun eine andere Person ins Blickfeld: der Großvater. Er ist Subjekt des nächsten Satzes.

"<u>Großvater stand</u> neben mir **mit nassem Stahl im Blick** und schaute in die menschenvolle Kirche, <u>als schaue er über sein Feld</u>."

Was über ihn ausgesagt wird ("stand neben mir"), entspricht der Situation der Eheschließung, das Besondere an diesem 'Stehen' bringt erst die Umstandsbestimmung "mit nassem Stahl im Blick". Das tragende Wort der Metapher, das Substantiv "Stahl", wird mit 'Härte', 'Kälte', 'Glanz' assoziiert, aus Stahl werden aber auch Messer und andere harte Gegenstände hergestellt. Es liegt nahe, diesen Zusammenhang herzustellen, da beim "glatte(n) Gold als Ring" die gleiche Vorgehensweise zugrunde lag: der Stoff, aus dem der Gegenstand besteht, wird (primär) genannt. Läßt man (auch) diese Deutung zu, dann wirkt das adjektivische Attribut "nassem" geradezu unheimlich, "nasse(r)m Stahl" wäre als 'nasses Messer' zu sehen, d.h. eine Opferung wurde bereits vollzogen, oder die Großmutter, aus deren Perspektive die Hochzeit geschildert wird, sieht dieses Bild vor ihrem inneren Auge. Wie das Bild genau aussieht, wissen wir aber noch nicht, die Spannung steigt. Zudem zwingt sich noch die Frage auf: Warum "geht" sie fortwährend, was hat das obsessive "Wenn ich (...) ging" zu bedeuten? "Gehen" heißt ja, 'sich von einem Punkt zum anderen zu bewegen', wird es aber ein sich immer wiederholender Vorgang, so könnte es als "fliehen", als Versuch, sich einer unerwünschten oder bedrohlichen Situation zu entziehen, gedeutet werden. Und diese Interpretation legt das oben beschriebene Opferbild nahe. Ein weiterer Hinweis darauf ist im Großvater-Satz zu finden, Großvater "stand" nämlich, im Gegensatz zur gehenden Großmutter. Der Gegensatz (schon eingangs angesprochen - „arm" ⇔ „reich") wird hier vertieft und um eine weitere Dimension bereichert. "Stand" gehört in die Wortfamilie "Beständigkeit", "Bodenständigkeit", es erinnert auch an die Reglosigkeit und Starre, die erstmals in Zusammenhang mit dem Umfeld (der Natur, der Kirche) erwähnt wurde. Der Großvater ist der Herrschertyp, beständig, kalt und unbeweglich wie eine Säule. Menschen und Dinge betrachtet er von oben herab, im unerschütterlichen Glauben an seine Überlegenheit und seinen Herrschaftsanspruch (Prototyp der banatschwäbischen Großbauern)[22]:

"Großvater (...) schaute in die menschenvolle Kirche, **als** schaue er über sein Feld."
(Es ist erneut der als-Vergleich, der obige Interpretation stützt)

Das Stichwort "Feld" in Großmutters Erzählung löst bei der Enkelin die im nächsten Satz folgende Aussage aus:

---

[22] vgl. hierzu auch ältere Literatur wie z.B. Adam Müller-Gutenbrunns „Meister Jakob und seine Kinder", insbesondere Großbauer Luckhaup, vgl. hierzu Kap. III.1.1 dieser Arbeit, Zitat S. 87

"Hinter den Gräbern sind die Felder flach und weit."

"Gräber" und "Felder" stehen hier dicht beieinander (wie im Chiasmus, Absatz 2), weitere Zusammenhänge kann man nur erahnen. Auch weiß man immer noch nicht, warum die Enkelin eingreift, welche Bedeutung der zweiten Erzählebene zukommt.
Statt eine Antwort zu geben, wird die Erzählung der Großmutter fortgeführt. Die nächsten Sätze bringen die Gewißheit dessen, was bisher in ihrer Erzählung, auf der Ebene des Erinnerten, nur angedeutet war: der Großvater herrscht über Felder und Menschen, diese sind ebenso seine Opfer wie die Großmutter.

"Als der Hochzeitszug über die Straße ging, war es kein Menschenzug."

Erneut geht jemand, im Gegensatz zum noch vorhin stehenden Großvater. Der Satz fängt harmlos an, mit einem Temporalsatz, gefolgt von der Personalform und dem Subjekt "es". Der substantivische Aufschluß, der am Ende steht, enthält die Überraschung "kein Menschenzug". Es liegt wieder ein Verstoß gegen Lesererwartungen vor, man hätte alles mögliche hier erwartet, nur nicht diese Aussage. Ihre Bedeutung ist aber aus dem Kontext der Erzählung zu erschließen: die Menschen sind für Großvater auch nur Dinge, Nutzobjekte (das bestätigen die nächsten 3 Sätze, deren Subjekt "Großvaters Stallknecht" ist).
Danach wechselt die Perspektive erneut, das Brautpaar rückt wieder ins Blickfeld:

"Wir gingen eingehängt."

Es ist das einzige Mal im Laufe der Erzählung, daß "wir" Subjekt des Satzes ist, daß die Großmutter dieses Personalpronomen, das 'Zusammengehörigkeit', Verbundenheit zwischen zwei oder mehreren Personen signalisiert, überhaupt gebraucht. Schon im nächsten Satz wird erneut "mein" und "sein" gegenübergestellt und kontrastiert.

"Mein stiller Arm reichte schon damals nicht für seine Schritte."

Noch ist Großmutter Subjekt und Großvater das Objekt ihrer Betrachtungen. In den nächsten Sätzen aber wechselt das: Großvater wird zum Subjekt, Großmutter zum Objekt.
Die Kontrastierung wird weitergeführt und gesteigert, bis hin zum Bild der Opferung, des Auffressens:

"Sein Rock war schwarz,
sein Rücken war so breit, daß ich mir dachte:
Der verdeckt mich ganz,
der frißt mir beide Brüste und den Hals.
Der frißt mir beide Wangen (...)."

Die Spannung erreicht hier einen Höhepunkt, die Vorahnung der Großmutter steigert sich zu einer Schreckensvision des Verschlungen-Werdens. Sprachlich und stilistisch spielen hier mehrere Mittel zusammen:

Subjekt der ersten Sätze sind zunächst "sein Rock", "sein Rücken", also Kleidung und dann ein Körperteil des Großvaters (von außen nach innen). Über diese wird etwas Allgemeines ausgesagt (eine Stellungnahme), "war schwarz", "war breit". Vor dem zweiten adjektivischen Aufschluß erscheint aber das Wörtchen "so", welches eine Folge dieser Feststellungen einleitet. Der Konsekutivsatz "daß ich ..." beinhaltet diese Folge. Subjekt des Nebensatzes ist wieder "ich" (die Großmutter), die damit dem Großvater (Subjekt der zwei Hauptsätze) gegenübergestellt wird. Vereint werden sie in den nächsten 3 Sätzen, in denen der Großvater das Subjekt, die Großmutter das Objekt darstellt. Wie man an der Syntax Machtstrukturen ablesen kann, tritt an dieser Stelle besonders deutlich hervor. Der Täter (oder ein Kleidungsstück oder Körperteil des Täters) ist in allen fünf Sätzen das Subjekt, das Opfer ist zunächst Subjekt des Nebensatzes, dann tritt es nur noch als Akkusativobjekt ("mich") und Dativobjekt ("mir") in Erscheinung. Von einer Nebensächlichkeit, etwas Minderwertigem (im Nebensatz) wird die Großmutter zum Objekt („verdeckt mich"), zum Gegenstand der Zerstörung („frißt mir"/2x).

Soweit jetzt die detaillierte Beschreibung des Textes. Bis zu diesem, von der Großmutter imaginierten Opferungsbild wurden alle für die Erzählung grundlegenden Motive und sprachlich-stilistischen Mittel eingeführt. Im weiteren Verlauf berichtet die Großmutter dann, wie diese, ihre Schreckensvision, zur Wirklichkeit wurde und welche Folgen die Heirat für sie hatte.

Auch findet der Leser nach und nach Hinweise, die ihm helfen, die bei der Lektüre aufgekommenen Fragen zu beantworten.

Die Großmutter verweilt mit ihrer Erzählung zunächst noch beim Hochzeitszug. Eine Steigerung der Spannung wird auf zwei Ebenen erkennbar. Zum einen kommt die Erzählerin, während sie den Hochzeitszug beschreibt, immer wieder auf "Friedhof", "Tote(n)", "Särge", ein Wortfeld, das auf den Titel zurückverweist, zum anderen treten weitere Personen aus der Menge ("Hochzeitszug") hervor, gewinnen Konturen. Bei der Schilderung des Hochzeitsmahls erfahren wir dann, was wir schon geahnt haben. Als die "dürre Frau", deren "Gesicht (...) wie ein Weidenkorb" ist, ihr den "Lilienstrauß" abnimmt und feststellt, daß sie (die Braut) nicht froh sei, bricht das, was sich bisher nur in ihrem Innersten abgespielt hat, aus ihr heraus:

"Ich schaute auf meinen Finger mit dem glatten Gold und sagte leis, um nicht zu merken, daß ich Lippen hab: <u>Ich möchte sterben</u>."

Die Geschichte ist wieder an einem Höhepunkt angelangt, die Spannung müßte sich lösen. Wir wissen jetzt, was mit Utopie gemeint ist, es ist der 'Wunschtraum' der Großmutter, der sich am Tag ihrer Eheschließung konturiert und ab dann (wahrscheinlich) zu ihrem einzigen Lebensziel wird. Auch können wir jetzt vermuten, warum es "die <u>kleine</u> Utopie" heißt, das adjektivische Attribut bezieht sich wohl auf Großmutters Selbstbild ("ich ... arm", "mein stiller Arm"). Offen bleibt allerdings noch die Frage nach der Bedeutung der zwei Erzählebenen. Um die Antwort darauf zu finden, muß der Leser der Erzählung weiter folgen, und zwar dem anderen Leitfaden, dem der differenzierten Darstellung von Personen, die, bisher nur im Kollektivum "Hochzeitszug" zusammengefaßt, anonym auftraten. Bei der Darstellung der Personen erkennt der Leser bald, daß das Gegensatzpaar Beherrschte/Herrscher, Opfer/Täter immer weiter gefaßt wird, die Gegensätze spitzen sich zu (hier die zweite Ebene der Steigerung, die oben erwähnt wurde, parallel zur Vorbereitung des Todeswunsches).

Die "dürre Frau" mit dem Weidenkorbgesicht antwortet auf Großmutters Äußerung "Ich möchte sterben" mit "Ich auch". Es ist klar: sie teilt den Wunsch der Großmutter und scheint diese auch zu verstehen, was man eigentlich nicht erwarten sollte. Hochzeit wird im Normalfall als Fest der Freude, der Hoffnungen angesehen, somit müßte eine derartige Aussage der Braut die anderen verwundern. Daß die Frau diese Reaktion aber als ganz normal hinnimmt und den Wunsch obendrein noch teilt, weist darauf hin, daß sich hinter Großmutters Schicksal wohl ein kollektives verbirgt.

Bestärkt wird diese Annahme im nächsten Abschnitt, in dem "Der Pfarrer" ins Blickfeld rückt. Er ist Subjekt der nächsten Sätze. Seine Handlungen "aß", "trank" erinnern auch wieder an das "Opfermahl" und an die Schreckensvision der Großmutter ("Der [Großvater] <u>frißt</u> ..."). Zudem sitzt der Pfarrer neben dem Großvater und wird von diesem zum Essen und Trinken angespornt. Die beiden gehören folglich in ein Lager, in jenes der Herrscher und Täter.

Daß es zwei Lager gibt und daß das Schicksal der Großmutter kein Einzelschicksal ist, war bisher nur eine Vermutung. Im folgenden Abschnitt finden wir dafür die Bestätigung. Hier heißt es:

"<u>Die Frauen saßen</u> **starr auf harten Stühlen.**"
"**Vor der Scheune** <u>saßen</u> <u>Männer</u> **zwischen Flaschen** und sangen (...) Soldatenlieder."

Der Chiasmus zeigt die Gegensätzlichkeit, aber zugleich auch die schicksalhafte Verknüpfung der Subjekte dieser Sätze ("Die Frauen" - "Männer"). In diesen Sätzen tun sie das gleiche, sie <u>sitzen</u>, die Umstandsbestimmungen zeigen aber die Unterschiede auf. Die Frauen sitzen "starr", was auf Passivität hindeutet, die Männer sitzen "zwischen Flaschen" und singen, sie sind die aktiven. Auch singen sie keine Romanzen, sondern "Soldatenlieder", d.h. Kampflieder, was zu ihrem Lager, dem der Täter, ja paßt. Doch Soldaten können unter Umständen auch Opfer sein (das in anderen Erzählungen, z.B. "Drosselnacht"[23]), somit ist die Zuordnung Frauen - Opfer, Männer - Täter nicht so einfach. Das kann man auch an der Figur des Stallknechts ablesen, der ja, wie oben bereits erwähnt, als "Nutzobjekt" des Großvaters dargestellt wurde und nun, im "Sitzen" Bild, in keinem der beiden Lager sitzt, sondern "Gras (...) in den Pferdestall" schleppt. Er steht somit zwischen den Lagern, er ist Mann und trotzdem Beherrschter, demzufolge dem Frauenlager näher. Der spätere Ratschlag, den die Großmutter ihrer Tochter gibt, bestätigt diese Annahme. Großmutter rät ihrer Tochter (Großvater ist schon gestorben), den Sohn des Stallknechts zu heiraten und begründet ihre Meinung:

"Der Sohn des Stallknechts stand oft neben ihr. Er hatte von der Armut scheue Augen und von der Arbeit eine leise Stimme. Ich sagte meiner Tochter: Der ist scheu und leise **wie ein Mensch.**"

Es gibt folglich auch Männer, die zum Lager der Beherrschten gehören, aber keine Frau, die in das andere Lager, jenes der Herrscher, gehört.
Großmutters Schicksal ist dementsprechend stellvertretend für das Schicksal der Frauen im Dorf. Der "Fluch" wird weitergegeben von Generation zu Generation, er lastet auf allen ("Die Erde ... war verformt von Nutzen und Gier."), drückt aber am meisten auf die Schwachen. Das wird am Ende der Erzählung deutlich, wo die zwei Erzählebenen zusammenfließen. Die Enkelin, die bisher immer nur durch einen (meist einfachen) Satz die Erzählung der Großmutter

---

23 in: Barfüßiger Februar, Berlin 1990, S. 26 - 32

unterbrochen und so auf ihre Anwesenheit als Ansprechpartnerin aufmerksam gemacht hat, übernimmt am Ende die Erzählinitiative, beschreibt das Grab der Großmutter und deutet somit an, wie der (Lebens-)Wunsch der Großmutter sich verwirklicht hat. Zugleich aber fließen die zwei Erzählebenen hier zusammen, die Enkelin hegt den gleichen Wunsch wie die Großmutter. Die Verquickung der zwei Schicksale wird wie folgt ausgesprochen:

> "<u>Die</u> weißen <u>Lilien</u> <u>blühn</u>, <u>faulen</u>, <u>schicken</u> ihren Duft voraus **unter mein Kinn**, in meinen Mund, in meine Zähne mit dem weißen Grabsteinporzellan."

Die Lilien stehen nun auf dem Grab der Großmutter, ihr Duft "klebt" am Kinn der Enkelin, genauso wie der Duft des Lilienstraußes (des Hochzeitsstraußes) am Kinn der Großmutter "klebte":

> "Ich trug den Lilienstrauß vor meinem Bauch (...). An meinem Kinn klebte der Lilienduft."

Dieser Lilienduft verbindet die Lebenden und die Toten. Die Großmutter stellt nämlich fest, daß die Augen "wissen, daß der schwere Blumenduft den Toten in die Särge rinnt". Hier ist die Blickrichtung von den Lebenden zu den Toten hin, während am Ende die Enkelin den Lilienduft von Großmutters Grab "aufnimmt". Die Vorahnung ihres eigenen Todes wird mit dem Präpositionalattribut "meine Zähne **mit dem weißen Grabsteinporzellan**" ausgedrückt. Jedoch ist es für die Enkelin keine Sehnsucht nach dem Tod (wie bei der Großmutter, deren Leben aufs Grab hinstrebte), sondern eher eine Schreckensvision, die sich angesichts des Grabes ausweitet. Das zeigt der nächste Satz:

> "Die Wolken drücken sich in Wanderdünen um den Turm, sind schwarz <u>von meiner Friedhofsangst</u> und weiß <u>vom Liliensog</u>."

Die Unausweichlichkeit wird der Enkelin klar ("Liliensog"), für sie ist der Tod aber kein 'Wunschtraum' wie für die Großmutter, sondern das Bild 'eines künftigen Lebens oder Zustandes', vor dem sie sich fürchtet, das sie sich nicht wünscht. Somit fließen hier nicht nur die zwei Erzählebenen zusammen, sondern auch die zwei, am Anfang erwähnten Bedeutungen des Nomens "Utopie". Für die Großmutter ist der Tod ein 'Wunschtraum' gewesen, für die Enkelin eine 'Zukunftsvision'.

Die Erzählbögen sind geschlossen, fließen zusammen, die Fragen, die bei der Lektüre aufkommen, sind (weitgehend) beantwortet. Zurück bleibt der Lilienduft, der den Lesern "am Kinn klebt".

Was kann man zusammenfassend zu dieser Erzählung sagen?

1. An der Syntax fällt auf, daß der Text nur aus "Mitteilungssätzen" besteht, "Partnersätze" kommen nicht vor (so auch in "Über den Kopf der Weinreben"). Obwohl die Großmutter eine "Zuhörerin" hat, eine Gesprächspartnerin, wendet sie sich nie direkt an diese. Das, was gesagt wird - auf beiden Erzählebenen - ist folglich als ein Erlebnisbericht gedacht, vielleicht zur Selbstverarbeitung oder als allgemein-gültig zu verstehen. Daß es sich um einen (verdeckten) Argumentationsgang handelt, legt auch die innere Struktur des Textes nahe. Von allgemeinen Aussagen über ihre Befindlichkeit (1. Abschnitt) kommt die Großmutter auf ein bestimmtes Ereignis (ihre Hochzeit), schildert es und beschreibt zugleich ihre Gedanken, Gefühle, Vorahnungen, die dieses Ereignis heraufbeschwor. Ein Höhepunkt wird mit dem verbalisierten Todeswunsch erreicht. Gleich darauf folgt eine Erweiterung: das Einzelschicksal steht exemplarisch für alle Geschundenen, Unterdrückten; die Frau mit dem "Weidenkorb"-Gesicht teilt es und (so vermutet man) auch alle anderen "starren" Frauen und die Männer mit "einem viel zu kleinen Anzug".
Einfache Sätze herrschen vor, im Vergleich zum ersten beschriebenen Text wurden mehrere Satzgefüge eingebaut. Häufig kommen Nebensätze vor, die durch "wenn", "weil" oder "als" eingeleitet sind, wobei "als" sowohl Temporal- als auch Vergleichssätze einleitet. Diese Syntax entspricht der Argumentation.
2. Semantische Inkongruenzen werden auch hier häufig eingesetzt. Die Überschneidung menschlicher Bereiche mit denen der Pflanzen und Tiere und mit den sie umgebenden Dingen wird auch weitergeführt, ebenso die Technik, bestimmte Organe/Körperteile für den Menschen zu nennen (möglicherweise zum Zwecke der Verdrängung, Abspaltung).
3. Die Mittel der Musikalität fallen in dieser Erzählung stark ins Gewicht: Parallelität, Wiederholung, Wiederholung mit Variation und Steigerung. Zu den hier aufgezählten, die auch in der ersten Erzählung zu finden sind, kommt noch die Inquit-Formel ("sagte Großmutter") hinzu, die erheblich zur Rhythmik des Textes beiträgt.
4. Das grundlegende Strukturprinzip ist die Kontrastierung, die Gegensätzlichkeit (Mann - Frau, Herrscher - Beherrschte, Aktiv - Passiv, Tod als Wunschtraum - Tod als beängstigende Zukunftsvision, schwarz - weiß,

Feld/Fruchtbarkeit - Grab/Verwesung, Innen - Außen). Dieses Prinzip finden wir auch in "Über den Kopf der Weinreben", in einer kompakteren Form (Aktiv - Passiv, Opfer - Täter, Innen - Außen). Der Unterschied besteht in dem Verhältnis der Pole zueinander. In "Über den Kopf der Weinreben" sind sie komplementär, die Passivität verwandelt sich zur Aktivität in dem Augenblick, in dem das Innere, Verborgene durchbricht. Es wird nach außen gekehrt. Der bisher passiv Duldende (das Opfer) wird - über den Umweg des Handelnden - zum Aktiven, zum Täter, zum Zerstörer (auch wenn sich die Zerstörung im Endeffekt gegen ihn richtet).

In "Die kleine Utopie vom Tod" werden die Gegensätze als zwei Seiten eines Ganzen, die sich gegenseitig bedingen, dargestellt. "Feld" - "Grab", Fruchtbarkeit - Verwesung gehen ineinander über, die Grenzen sind fließend. "Schwarz" und "weiß" liegen ebenfalls dicht beieinander, nicht nur in der Hochzeitsnacht des Brautpaares. "Weiß" und "Lilie" sind Symbole der Unschuld, der Unwissenheit, doch im Zusammenhang "weißer (Marmor) Grabstein" erinnert das "weiß" eher an 'Ruhe', 'Frieden', 'Gespenstisches'. Die Eindrücke erwecken bei der Enkelin Furcht, aber auch eine gewisse Sehnsucht.

"Die Wolken (...) sind schwarz von meiner Friedhofsangst und weiß vom Liliensog."

Diese strukturellen Gegensätze, die sich gegenseitig ergänzen und bedingen, werden sprachlich und stilistisch besonders durch Antonyme (gehen - stehen, schwarz - weiß, schauen (aktiv) - sehen(passiv), arm - groß, mein - sein usw.) und Chiasmen getragen. Ebenso werden sinntragende Epitheta eingesetzt (z.B. "... rosten aufgewühlte Wolken","... saßen starr auf harten Stühlen", "die schlafwandelnde dürre Frau..."

5. Die "als"-Vergleiche und "als ob"-Sätze weisen auf eine Diskrepanz zwischen Schein und Sein hin[24].

---

24 vgl. Brinkmann, S. 471

3. Der Fuchs war damals schon der Jäger

Nachdem die sprachliche Gestaltung der zwei Erzählungen sehr textnah beschrieben wurde, um die grundlegenden Gestaltungsmittel und ihr Zusammenspiel herauszuarbeiten, wird dieses Unterkapitel über den Rand des Textes hinausblicken. Die Art der Wirklichkeitsdarstellung, der Perspektive und die narrative Komposition sollen, parallel zur sprachlichen Gestaltung einiger ausgewählter Auszüge, Thema dieser Betrachtung sein.

Im Mittelpunkt des Romans stehen Bewußtseinsvorgänge und das zentrale Gefühl Angst[25]. Dem Aussehen der Personen wird wenig Aufmerksamkeit zuteil, Äußerlichkeiten werden nur insofern genannt, als sie als Erkennungsmerkmal, als Symbol für bestimmte Personen fungieren. So z.B. erkennt man Pavel, den Geheimdienstoffizier, an seiner getupften Krawatte oder dem Muttermal am Hals. Interessant ist auch, daß keine Gesichter beschrieben werden (Ausnahme: das Gesicht des Kindes mit den weit auseinanderliegenden Augen). Auf die Frage, wie man das deuten könnte, wird zu einem späteren Zeitpunkt näher eingegangen.

Obwohl Bewußtseinsvorgänge die Quintessenz des Romans ausmachen, kann nicht von Reflexionspoesie gesprochen werden. Es werden keine Gedankengänge dargestellt, es wird nur vereinzelt berichtet, was jemand dachte (ein Beispiel wäre die Szene auf S. 148, wo Abi, eine Schlüsselfigur des Romans, in Untersuchungshaft sitzt und von den Geheimdienstagenten zu einem Geständnis gedrängt werden soll: "Ein Widerspruch ist es, daß einer stirbt und kein Grab hat, denkt Abi, und daß er das sagen müßte, denkt er...").

Die Bewußtseinsvorgänge, die Veränderungen, die eine Person durchläuft, können aus ihren Handlungen, aus ihrer Mimik und Gestik abgelesen werden. Es bedarf also immer einer Deutung, einer aktiven Beteiligung des Lesers. So z.B. zeigt der Abschnitt, in dem Adina in den Laden geht und sich besaufen will, daß die Angst sich bei ihr zur Panik gesteigert hat, daß sie diese nicht mehr tragen und ertragen kann. Es muß und wird etwas geschehen, eine Veränderung, ein Umbruch wird angekündigt: Adina scheint in diesem Augenblick nicht nur von außen bedroht, sondern auch von innen. Ihr Innerstes, ihre seelische Kraft, droht zusammenzubrechen.

Doch nicht nur in ihren Handlungen, ihrer Mimik und Gestik spiegeln sich die Bewußtseinsvorgänge der Personen wider, sondern vor allem in ihrer Wahr-

---

25 Angst ist ethymologisch mit 'Enge' verwandt. Die Verbindung zwischen räumlicher und geistiger Enge und dem die Menschen in diesem Umfeld beherrschenden Gefühl ist auch im Wort angelegt.

nehmung, in der Art und Weise, wie sie etwas, eine alltägliche Szene, sehen (z.B. die Passage auf der Brücke oder die Pappeln, die als Messer gesehen werden):

"Die Decke liegt auf dem Dach des Wohnblocks, um das Dach stehen Pappeln. Sie sind höher als alle Dächer der Stadt, sind grünbehängt, sie tragen keine einzelnen Blätter, nur Laub. Sie rascheln nicht, sie rauschen. Das Laub steht senkrecht an den Pappeln wie die Äste, man sieht das Holz nicht. Und wo nichts mehr hinreicht, zerschneiden die Pappeln die heiße Luft. Die Pappeln sind grüne Messer" [S. 9].

Bei den Pappeln weiß man nicht, wer das so sieht, man vermutet als Leser, was der Text erst im nächsten Abschnitt offenbart, daß es Adinas Perspektive ist:

"Wenn Adina die Pappeln zu lange ansieht, drehen sich die Messer von einer Seite zur anderen im Hals. Dann wird ihr Hals schwindlig. Und ihre Stirn spürt, daß kein Nachmittag auch nur eine Pappel so lange halten kann, wie das Licht sich Zeit läßt, um hinter der Fabrik im Abend zu verschwinden. Der Abend müßte sich beeilen, die Nacht könnte die Pappeln halten, weil man sie nicht sieht" [S. 9]).

Darin, in jedem Bild eigentlich, finden wir ein Stück subjektive Deutung, die Personen sehen und schauen eben je nachdem, wie sie sich fühlen, die ontologische Wirklichkeit wird durch das Bewußtsein einiger Personen filtriert dargestellt. So z.B. die Geschehnisse in der Fabrik: einige sind mit Claras Augen gesehen, andere wieder werden von der Pförtnerin erzählt. Das, was sich tatsächlich abspielt, kann sich der Leser in einem weiteren Deutungsprozeß zusammenreimen. Die ontologische Wirklichkeit ergibt sich aus den Überschneidungspunkten der verschiedenen Darstellungen, aus verschiedenen Blickwinkeln. Diese Art der Wirklichkeitsdarstellung und der Auffassung von Wirklichkeit, die sich dahinter verbirgt, entspricht der Phänomenologie auf philosophischer Ebene. Sie führt zu einem neuen Realismus, zu einem, der sich nicht um ein möglichst getreues Wirklichkeitsbild, sondern um möglichst authentische Wiedergabe von Wirklichkeiten (von subjektiv Wahrgenommenem) bemüht.

Wer die Stadt[26] kennt, findet sich leichter zurecht, denn alle Gegenstände, Orte gibt es tatsächlich, es ist - wenn man's so sagen darf - realistische Literatur, jedoch nicht im Balzacschen Sinne. Der große Unterschied besteht darin, daß die Erzählerin keine übergeordnete Instanz darstellt, die Geschehnisse

---

26 gemeint ist Temeswar.

nicht chronologisch einordnet und "von oben" (Auerbach)[27] her erzählt, sondern, wie schon gesagt, vielpersonig, aus den Dingen heraus, die Geschehnisse darstellt. Es ist eine neue Art von Realismus, die Technik kennen wir schon seit der stream-of consciousness-Zeit (V. Woolf, J. Joyce). Der Unterschied zwischen Herta Müllers Roman und den Romanen der o.g. Schriftsteller besteht darin, daß ein äußeres Ereignis, eine Landschaft, ein Gegenstand bei ihr keine weitläufigen Gedankengänge auslösen (oder zumindest werden diese nicht dargestellt), es werden nur momentane Eindrücke geschildert, deren Kombination (teilweise) und Deutung dem Leser überlassen bleiben. Die Vielperspektivigkeit allerdings verbindet diese Autoren, ebenso die Zeitenschichtung und die Lockerung des Zusammenhangs im äußeren Geschehen. Als Beispiel folgende Passage:

"Nach dem Fluch ist Clara müde, und der Himmel ist so leer, daß Clara vom Licht geblendet die Augen schließt und Adina die Augen aufreißt und viel zu lange hinauf ins Leere sieht. Ganz oben, wo auch die grünen Messer nicht mehr hinreichen, spannt sich ein Faden aus heißer Luft ins Auge hinein. An ihm hängt das Gewicht der Stadt.

Am Morgen in der Schule hat ein Kind zu Adina gesagt, der Himmel ist heute so anders. Ein Kind, das zwischen den anderen Kindern immer sehr still ist. Seine Augen stehen weit voneinander entfernt, das macht seine Schläfen schmal. Heute morgen um vier hat meine Mutter mich geweckt, hat das Kind gesagt, sie gab mir den Schlüssel, weil sie zum Bahnhof mußte. Als sie ging, bin ich mit ihr zum Tor gegangen. Als ich mit ihr durch den Hof ging, spürte ich an der Schulter, daß der Himmel ganz nahe stand. Ich hätte mich anlehnen können, doch ich wollte nicht, daß meine Mutter erschrickt. Als ich allein durch den Hof zurückging, waren die Steine durchsichtig. Ich ging schnell. Am Eingang war die Tür anders, das Holz war leer. Ich hätte noch drei Stunden schlafen können, sagte das Kind, aber ich schlief nicht mehr ein. Dann schreckte ich auf, obwohl ich nicht geschlafen hatte. Vielleicht habe ich doch geschlafen, denn meine Augen spannten. (...)

Das Kind lachte in den letzten Satz hinein, und in die Stille danach. Und seine Zähne waren wie Kies, die angeschwärzten halben und die glatten weißen Zähne. Im Gesicht des Kindes stand ein Alter, das die Kinderstimme nicht ertrug. Das Gesicht des Kindes roch nach abgestandenem Obst.

Es war der Geruch alter Frauen, die sich das Gesicht dick pudern, bis der Puder so welk ist wie die Haut. Frauen, die vor dem Spiegel mit den Händen zittern, mit dem Lippenstift an die Zähne stoßen und eine Weile später unterm Spiegel ihre Finger ansehen. Die Nägel sind gebürstet und haben einen weißen Hof.

---

27 vgl. Erich Auerbach: Mimesis. Bern 1982, S. 50

Als das Kind zwischen den anderen Kindern im Schulhof stand, war der Fleck an seiner Wange der Griff der Einsamkeit. Er dehnte sich aus, denn über die Pappeln fiel schiefes Licht" (S. 10 f.).

Die äußere Handlung dieser Passage ist auf ein Minimum reduziert: Clara und Adina, die zwei Freundinnen, liegen in der Sonne, auf einem Wohnblock, Clara schließt die Augen (sie schläft bald ein) und Adina schaut hinauf in den Himmel ("hinauf ins Leere sieht").
Was jetzt folgt, sind Bilder, die Adina (mit ihrem inneren Auge) sieht. Dabei wechselt die Erzählzeit, dadurch wird sowohl ein Wechsel der Zeitenschicht als auch ein Wechsel der Perspektive markiert.
Der erste Absatz ist im Präsens gehalten. Die äußere Handlung wird skizziert, dann gleitet die Erzählung in die Darstellung von Bewußtseinsvorgängen hinein. Zunächst wird (in den letzten zwei Sätzen des ersten Absatzes) ein Bild gezeichnet, das Bild von der Stadt, die am "Faden aus heißer Luft ins Auge hinein" hängt. Es ist Adinas unmittelbare Wahrnehmung, das, was sie beim In-den-Himmel-hinaufschauen sieht.
Im nächsten Absatz wechselt die Erzählzeit, zunächst zum Perfekt, dann zum Imperfekt. Adina erinnert sich an eine Begebenheit, an die Erzählung eines Kindes in der Schule (Adina ist Lehrerin). Die Vergangenheit ("Am Morgen") fließt in die Erzählung ein. Der Standort bleibt zunächst noch der Adinas, wechselt dann allmählich (über die Perfekt-Sätze)[28] zum Kind mit den schmalen Schläfen. Die Erzählung des Kindes wird dann im Präteritum wiedergegeben. Den drei Zeiten des Verbs (Präsens - Perfekt - Imperfekt/Präteritum) entsprechen folglich die drei Erzählebenen/Zeitenschichten dieser Passage:

- das Sonnen auf dem Wohnblock (am Nachmittag) - äußere Handlung/Präsens
- die Beobachtungen des Kindes in der Schule ("Am Morgen") - Perfekt - Präsens
- die Erzählung des Kindes ("Heute morgen um vier") - Perfekt - Imperfekt

Nach der Erzählung des Kindes wechselt die Erzählzeit zwar nicht, jedoch wird der Standortwechsel (vom Kind als Betrachter zu Adina als Betrachterin) durch einen neuen Absatz markiert. Zunächst (im ersten Abschnitt) verweilt sie noch beim Kind, dann gleitet sie zu "alte(r)n Frauen" hinüber, ein neues Bild steht vor ihren Augen. Zu seiner Beschreibung wird erneut das Präsens eingesetzt, vermutlich in seiner verallgemeinernden Funktion. Das Bild ist nämlich

---

28 Sie stehen immer dort, wo ein Wechsel der Erzählebene stattfindet, als Signal, laut Weinrich 1971, gehört der Perfekt zur „besprochenen Welt".

nicht etwas, was Adina <u>unmittelbar</u> sieht oder was ihr erzählt wird, es entsteht aus ihrem allgemeinen Wissensvorrat[29]. Es wird von dem Geruch des Kindes ("roch nach abgestandenem Obst"), einer unmittelbar sinnlichen Wahrnehmung, ausgelöst. Auch die anderen Übergänge von einer Zeitschicht zur anderen bzw. von einer Perspektive zur anderen werden immer durch eine Sinneswahrnehmung ausgelöst: Adina schaut in den Himmel und erinnert sich an die Erzählung des Kindes in der Schule, an dessen Aussehen und ihre Eindrücke vom Kind, die die Erzählung umrahmen. Die Assoziation entsteht bei ihr vermutlich über den HIMMEL, von dem das Kind erzählt, daß er "ganz nahe stand".

Diese Passage zeigt zum einen, daß subjektive Bilder im Mittelpunkt stehen, die durch Sinneswahrnehmungen ausgelöst werden (Herta Müller versucht keine Wiedergabe der Reflexionen von verschiedenen Personen), zum anderen wie die Autorin verschiedene Perspektiven und Zeitschichten in den Roman einbaut.

Doch diese Techniken allein machen noch nicht die Eigentümlichkeit ihres Stils aus (wie oben im Zusammenhang mit der stream-of-consciousness-Technik schon erwähnt). Um den Text zu erfassen, muß der Blick noch tiefer gehen, in seine sprachlichen Schichten, in den stilistisch-rhetorischen und semantischen Bereich.

Im Laufe der Lektüre fällt auf, daß in bestimmten Passagen bestimmte Satzarten, syntaktische und semantische Strukturen und bestimmte Stilmittel vorherrschen. Deshalb möchte ich im folgenden zwei Passagen sprachlich beschreiben. Die erste folgt kurz nach der oben zitierten. Clara ist mittlerweile eingeschlafen, Adina ist ganz ihrem inneren Auge überlassen. Die vorher dargestellten Bilder, die Erzählung des Kindes mit den schmalen Schläfen führen Adina zurück in ihre Kindheit. Der Übergang deutet zwar an, daß die Perspektive und Zeitebene nun zu Adinas Kindheit wechseln, die Gewißheit erhält der Leser aber erst später, nachdem alle (erinnerten) Eindrücke an (in) ihm vorbeigezogen sind. Nachdem auf fast zwei Seiten die Vorstadt beschrieben wurde, wird der Standort genannt, die Person, die das Beschriebene so gesehen hat: "Adina hatte die Schritte gezählt". Die gleiche Verfahrensweise, die viel zur Erhöhung der Spannung beiträgt, war auch in den zwei Erzählungen zu finden,

---

29 vgl. Schütz/Luckmann 1979: „Jeder Schritt meiner Auslegung der Welt beruht auf einem Vorrat früherer Erfahrung: sowohl meiner eigenen unmittelbaren Erfahrungen als auch solcher Erfahrungen, die mir von meinen Mitmenschen, vor allem meinen Eltern, Lehrern usw. übermittelt werden. All diese mitgeteilten und unmittelbaren Erfahrungen schließen sich zu einer Einheit in der Form eines Wissensvorrats zusammen, der mir als Bezugsschema für den jeweiligen Schritt meiner Weltauslegung dient" (S. 29).

auch dort erfahren wir Wesentliches im Rückblick, z.B. wird in "Über den Kopf der Weinreben" erst nach der Darstellung des Gewitters klar, daß Karl der Schauende/Sehende ist. Soweit die äußere Handlung und der äußere Zusammenhang.

Und nun die Textstelle, bei der es, um die sprachliche Darstellung zu erfassen, genügt, nur die ersten zwei Abschnitte des Textauszuges eingehend zu beschreiben (die folgenden sollen dem Leser den Rahmen geben, in den die Beschreibung der Vorstadt eingebettet ist. Auch werde ich punktuell - z.B. bei der Erschließung im Rückblick - auf die späteren Abschnitte Bezug nehmen):

"Alle Jahre, in denen man ein Kind ist und noch wächst, und dennoch spürt, daß jeder Tag abends über eine Kante fällt. Kindertage mit rechtwinklig geschnittenem Haar, der trockene Schlamm in der Vorstadt, der Staub hinter der Straßenbahn, und auf dem Gehsteig die Schritte der großen ausgemergelten Männer, die Geld verdienten für Brot.

Die Vorstadt war mit Drähten und Rohren an die Stadt gehängt und mit einer Brücke ohne Fluß. Die Vorstadt war an beiden Enden offen, auch die Wände, die Wege und Bäume. **In das eine Ende der Vorstadt** *rauschten die Straßenbahnen der Stadt, und die Fabriken bliesen* **Rauch über die Brücke ohne Fluß.** *Das Rauschen der Straßenbahn unten und der Rauch oben* **waren** *manchmal dasselbe.* **Am anderen Ende der Vorstadt** *fraß das Feld und lief mit Rübenblättern weit hinaus, dahinter blinkten weiße Wände. Sie waren so groß wie eine Hand, dort lag ein Dorf.* **Zwischen dem Dorf und der Brücke ohne Fluß** *hingen Schafe. Sie fraßen keine Rübenblätter, am Feldweg wuchs Gras und sie fraßen den Weg, bevor der Sommer vorbei war. Dann standen sie vor der Stadt und leckten an den Wänden der Fabrik.*

Die Fabrik lag vor und hinter der Brücke ohne Wasser, sie war groß. Hinter den Wänden schrien Kühe und Schweine. Abends wurden Hörner und Klauen verbrannt, es stieg stechende Luft in die Vorstadt. Die Fabrik war ein Schlachthaus.

Morgens, **wenn** *es noch dunkel war, krähten Hähne. Sie gingen durch die grauen Innenhöfe, wie die ausgezehrten Männer auf der Straße gingen. Und sie hatten das gleiche Geschau.*

Von der letzten Haltestelle gingen die Männer zu Fuß über die Brücke. Auf der Brücke hing der Himmel tief, und **wenn** *er rot war, trugen die Männer einen roten Kamm im Haar. Der Frisör der Vorstadt sagte,* **wenn** *er Adinas Vater das Haar schnitt, es gibt nichts Schöneres als einen Hahnenkamm für die Helden der Arbeit.*

Adina hatte den Frisör nach dem roten Kamm gefragt, denn er kannte jede Kopfhaut und die Wirbel. Er sagte, die Wirbel sind im Haar, was bei Hähnen die Flügel sind. Deshalb wußte Adina, daß jeder der ausgezehrten Männer einmal in all den Jahren über die Brücke fliegen wird. Doch niemand wußte wann.

Denn die Hähne flogen über die Zäune, und vor dem Fliegen tranken sie Wasser aus leeren Konservenbüchsen in den Innenhöfen. Sie schliefen in der Nacht in Schuhschachteln. In diese Schachteln krochen, wenn nachts die Bäume kalt wurden, die Katzen." (S. 12f).

Der Übergang von der Erzählgegenwart (Adina und Clara beim Sonnenbad auf dem Wohnblock) in die Vergangenheit, die Kindheit Adinas, wird von elliptischen Sätzen getragen. Den zwei Hauptsätzen fehlt das Prädikat, es wird nur das Subjekt ausgesprochen. Wir wissen folglich, worum es geht ("Alle Jahre, in denen man ein Kind ist...", "Kindertage", "der trockene Schlamm...", "der Staub...", "die Schritte..."), worüber etwas ausgesagt werden soll. Da die Prädikate aber fehlen, haben wir keinerlei Hinweis auf die Richtung der Aussage. Das könnte man so deuten, daß diese Einzelbilder aus Adinas Kindheit spontan, unkontrolliert vor ihrem inneren Auge vorbeiziehen, daß sie in dem Augenblick noch nicht greifbar und in einen größeren Zusammenhang eingeordnet sind. Gegenwärtig, konkret greifbar wird für Adina als erstes, was "ein Kind" (das Kind Adina) "spürt(e)", die innere Befindlichkeit des Kindes, das in dieser Umgebung aufwächst. Darüber wird nur kurz, in Nebensätzen berichtet, die Gefühle des Kindes sind demzufolge sekundär, der äußeren Umgebung untergeordnet und trotzdem als erste abrufbar. Der Einstieg in die Erinnerung ist nur über eine innere Verfassung möglich, die die Bilder der Vergangenheit heraufbeschwört und die durch einen Sinnesreiz ausgelöst wird (wie oben gezeigt, der Anblick des Himmels erinnert Adina an die Erzählung des Kindes, der Geruch des Kindes an gepuderte "alte Frauen").

Dadurch, daß die Prädikate fehlen, erstarren die Bilder, und diese Statik wird im nächsten Abschnitt durch andere sprachliche Mittel weitergetragen. Der erste Satz des nächsten Abschnittes leitet in die Kindheit über, das Subjekt "die Vorstadt" deutet an, daß im folgenden über das Umfeld, in dem das Kind Adina aufgewachsen ist, mehr berichtet werden soll. Die Zeit der Personalform "war" (Imperfekt) gibt Aufschluß darüber, daß die Vorstadt nicht einfach beschrieben wird, sondern so, wie sie sich den Augen, den Sinnen des Kindes zeigte. Um mit Weinrich zu sprechen, wechselt der Text hier von der „besprochenen" zur „erzählten Welt". Das Infinitum "gehängt" transportiert das Unbehagen, welches diese Erinnerungen mit sich bringen (es wurde bereits angedeutet: "spürt, daß [...] über die Kante fällt"). Doch das Prädikat "war gehängt" drückt noch mehr als Unbehagen aus, das Gefühl der Abhängigkeit, der Minderwertigkeit, des Ausgeliefertseins entsteht. "Hängen" bedeutet nämlich 'an einer bestimmten Stelle befestigt sein' und an einer anderen haltlos schweben, aber auch 'durch ein Hindernis, eine Behinderung festgehalten o.ä., in einer Bewegung gehemmt werden, nicht vorwärts kommen'[30]. Dieser Zustand der Haltlosigkeit trotz Eingebundenseins, der durch die Semantik heraufbeschworen wird, wird durch die Passivform potenziert. Die Stadt "hing" zumindest am Himmel (Aktivform), die Vorstadt aber "war (...) an die Stadt gehängt" und dazu noch "mit Drähten und Rohren", alles Metall, Eisen. Eine Assoziation mit Kälte, Gewalteinwirkung zwingt sich hier auf. Es gereichte der Vorstadt nur zum Nachteil, daß sie an die Stadt angebunden war, weshalb, erfährt der Leser erst nachher, im 3. Satz des Abschnittes. Zunächst, im 2. Satz, wird die räumliche Beschreibung der Vorstadt fortgeführt:

<u>Satz 1:</u> "<u>Die Vorstadt war</u> mit Drähten und Rohren an die Stadt <u>gehängt</u> und mit einer Brücke ohne Fluß."

<u>Satz 2:</u> "<u>Die Vorstadt war</u> an beiden Enden <u>offen</u>, auch die Wände, die Wege und Bäume."

Der Parallelismus ist hier offensichtlich, die Intensität der Aussage wird dadurch gesteigert. Satz 3 und 5 des Abschnittes wiederholen das Substantiv "Vorstadt" noch einmal:

"In das eine Ende <u>der Vorstadt rauschten</u> (...)."

"Am anderen Ende <u>der Vorstadt fraß</u> (...)."

Das Wort prägt sich dem Leser ein, es wird zu einem Leitmotiv.
Ebenso bleibt ihm die "Brücke ohne Fluß" im Gedächtnis. Sie fällt erstmal durch Inversion auf (sie steht <u>nach</u> dem infiniten Teil des Verbs) und wird dann, in Satz 3 und im weiteren Verlauf der Passage/des Romans, wiederholt:

"mit einer Brücke ohne Fluß"
"über die Brücke ohne Fluß"
"hinter der Brücke ohne Wasser"
"Über die Brücke"
"auf der Brücke".

Die Wiederholung mit Variation bewirkt, daß der Leser dieses Substantiv im Verlauf der Erzählung als Leitmotiv identifiziert. Neben ihrer ungewöhnlichen Stellung im ersten Satz (nach dem Infinitum "gehängt") und ihrer Wie-

---

30 vgl. Großer Duden 1993, Bd. 3

derholung in den folgenden Sätzen fällt die Umstandsbestimmung "mit einer Brücke ohne Fluß" auch durch das (wiederholt gebrauchte) Präpositionalattribut "ohne Fluß" auf. Was könnte damit gemeint sein? Das Attribut könnte auf Trockenheit, Sterilität anspielen, es würde in das Wortfeld "ausgemergelt", "ausgezehrt" passen, Adjektive, die das Substantiv "Männer" begleiten. Diese Assoziation wird durch die spätere Variante des Präpositionalattributs "ohne Wasser" gestützt. Eine eindeutige Antwort auf die Frage nach der Bedeutung des Präpositionalattributs steht aber nicht im Text.

Ebensowenig ist geklärt, was die Hervorhebung des zweiten Satzes zu bedeuten hat. Hier wurde sowohl gegen die Regeln der Syntax verstoßen, als auch gegen jene der Logik. Es liegt folglich ein doppelter Bruch mit unseren Erwartungen vor. Es ist äußerst ungewöhnlich, daß das Subjekt (oder Teile des Subjekts) hinter dem adjektivischen Aufschluß, dem zweiten Teil des Prädikats, stehen. Ebenso kann man sich nicht vorstellen, wie "Wände" oder "Bäume" "an beiden Enden offen" sein können.

Diese Brüche bewirken, daß beim Leser Spannung entsteht, er möchte wissen, was damit gemeint ist. Doch der Text gestattet ihm nicht, dabei zu verweilen. Er führt den Leser weiter, zu bestimmten Punkten der Stadt, zu deren "Anschlußstellen", die detaillierter dargelegt werden. Warum die Anbindung an die Stadt für die Vorstadt so verhängnisvoll ist, erfahren wir hier (oder zumindest einen Teil der Gründe, weshalb diese Verbindung als so negativ vom Kind erlebt wird). Der Chiasmus im 3. Satz nimmt stilistisch schon das voraus, was im 4. Satz expliziter gesagt wird: die Vorstadt muß die Lärm- und Luftverpestung der Stadt in Kauf nehmen. So würde ich die Sätze 3 und 4 deuten:

Satz 3: "In das eine Ende der Vorstadt rauschten die Straßenbahnen der Stadt,

und die Fabriken bliesen Rauch über die Brücke ohne Fluß."

Satz 4: "Das Rauschen der Straßenbahnen unten und der Rauch oben waren manchmal dasselbe."

Die Verquickung, das Ineinandergreifen des Rauschens der Straßenbahnen und des Rauchs der Fabriken wurden stilistisch auf zwei Ebenen angedeutet: zum einen im Chiasmus, zum anderen auch lautlich ("Rausch[en]" - "Rauch"). Es stellt sich hier die Frage, ob diese lautähnlichen Wörter bedeutungskon- oder divergent sind. Der Chiasmus läßt eher eine Konvergenz annehmen, die dann im vierten Satz auch ausgesprochen wird („Rauchen" und „Rauschen" sind nur zwei verschiedene Formen von Verschmutzung, von Belastung für die Menschen der Vorstadt).

Doch nicht nur die Anbindung an die Stadt, auch das "andere(n) Ende der Vorstadt" zeigt sich wenig freundlich. "Das Feld", das Subjekt des nächsten Satzes, wird personifiziert. Es "fraß" und "lief (...) weit hinaus". Es ist für die Vorstadt keinesfalls ein Segen, sondern wirkt zerstörerisch auf sie ein. Das Verb <u>fressen</u> deutet darauf hin. Dieses Verb fanden wir wiederholt in der Erzählung "Die kleine Utopie vom Tod", wo es ebenfalls einen Akt der Zerstörung beschreibt. Dort war es die Zerstörung der Großmutter durch den Großvater, hier ist die Zerstörung auf Dinge bezogen, "Das Feld" "fraß" "am anderen Ende der Vorstadt", die Schafe "fraßen den Weg". Der Einfluß und Einwirkungsbereich der Schafe ist begrenzt, er reicht nur bis zur Fabrik, diese können sie nicht mehr verschlingen, "an den Wänden der Fabrik" können sie nur noch "lecken". "Lecken" ist zwar auch eine Form von Nahrungsaufnahme, doch sie hat nichts mit "kauen", "zerkleinern" zu tun, ist weniger aggressiv als „fressen". Im Falle der Schafe ist das Lecken aber wenig erfolgreich, denn an den Wänden zu lecken macht nicht satt. Und sie tun es wahrscheinlich deshalb, weil sie Hunger haben und weil sie das wenige Gras schon gefressen haben. Somit könnte sowohl das Fressen des Feldes als auch das der Schafe als Parallele zu den "ausgemergelten Männer(n), die Geld verdienen für Brot" verstanden werden. Das gemeinsame Motiv ihres Handelns ist der Hunger, sie alle sind ausgehungert, das führt zum schnellen, unkontrollierten, aggressiven Verschlingen, das mit dem Verb "fressen" ausgedrückt wird. Auf die Menschen/die Männer hat diese Reaktion nicht oder noch nicht übergegriffen, die Unterdrückungsmechanismen, die nur dem Menschen zur Verfügung stehen, verhindern diesen Ausbruch wahrscheinlich - oder zumindest verzögern sie ihn. Doch dadurch, daß die Natur, die Tiere, ein Exempel konstituieren oder die Geschehnisse in der Natur- und Tierwelt als Projektion dessen, was die Menschen empfinden, gesehen werden können (die Beschreibung erfolgt ja aus Adinas Perspektive), liegt es nahe, daß auch bei den Menschen ein Ausbruch, ein Sich-Abreagieren unvermeidbar ist, sich ankündigt. Es kommt dazu, wie vorauszusehen, doch der Leser muß sich noch etwas gedulden und viele Geschehnisse verarbeiten. Zur Revolution kommt es erst gegen Ende des Romans.

Nun zurück zum beschriebenen Abschnitt. Adina schildert hier den Ort ihrer Kindheit. Dabei fällt auf, daß - und das ist für Kindheitserinnerungen etwas ungewöhnlich - diesem Ort nichts Positives zugeschrieben wird, Hunger, Starre, Verschmutzung beherrschen ihn. So wie er beschrieben wird, im Spannungsfeld zwischen Fabrik und Feld, die beide jede/s auf ihre/seine Art zerstörerisch auf ihn einwirken, kann dieser Ort, die Vorstadt, als Paradigma für das Land verstanden werden, welches zwischen aufgezwungener, zum Scheitern verurteilter Industrialisierung und einer dadurch steril gewordenen, maroden Landwirtschaft immer mehr dem Hunger und Elend anheimfiel. Wie immer man den Ort sieht, ob als Ort von Adinas Kindheit oder als Paradigma für das Land, es ist auf jeden Fall ein düsteres Bild, ein Bild des Ausgeliefertseins und der Ausweglosigkeit.

Das, was inhaltlich nicht gelingt, einen Lichtblick, ein Gegengewicht zu gestalten (da die dargestellte Wirklichkeit keinen Stoff dafür hergab), geschieht auf sprachlicher Ebene. Die poetische Gestaltung, die Dramatik, Rhythmik und Musikalität, machen den Inhalt erträglich.

Zusammenfassend kann folgendes festgestellt werden:

1. Syntaktisch

Die Passage besteht fast ausschließlich aus Mitteilungssätzen, Partnersätze kommen keine vor (das auch in den beschriebenen Erzählungen). Der Bezug auf die Situation wird durch die Besetzung des Vorfeldes hergestellt.

Die Sätze sind (mit wenigen Ausnahmen) Hauptsätze (wie in anderen Erzählungen). Die Nebensätze erhalten dadurch, wenn sie vorkommen, mehr Gewicht. Auch spiegeln sie eine Hierarchie wider. Betrachtet man die Syntax mit Weinrich, so kann man eine gewisse „Flachheit" der Texte erkennen. Durch die Syntax (vorwiegend Zweistellung des Verbs) ist die Reliefgebung sehr schwach ausgeprägt. Weinrich spricht bei solchen Texten von einem „lakonischen Stil"[31]. Die „Flachheit" ergänzt auch die syntaktische Monotonie, die schon erwähnt wurde. Auf die Bedeutung dieser beiden sprachlich-stilistischen Merkmale wird im Kapitel „Stilistische Eigenheiten" noch eingegangen.

Die Sätze bestehen vorwiegend aus obligatorischen Satzgliedern, kommen fakultative Satzglieder vor, so sind sie bedeutungstragend und sollen hervorgehoben werden.

2. Ihrer Art nach sind es entweder Vorgangssätze oder Sätze, die eine Stellungnahme ausdrücken, die Handlungssätze beschränken sich auf die zwei "Freß"-Sätze. Folglich tragen die Sätze nicht nur durch ihren Aufbau, sondern auch durch ihren Inhalt zum Eindruck der Statik, Starre, des Geschehens- und Erlebnismangels bei, den die Passivform, das Fehlen der Verben im ersten beschriebenen Absatz und die harte, monoton wirkende Struktur der Sätze heraufbeschwören.

---

31 Weinrich 1971, S. 158

3. Semantisch

Dieser Zustand wird nur semantisch druchbrochen durch das aggressive, ja zerstörerische Verhalten des Feldes und der Schafe. Sie gehen semantisch inkongruente Verbindungen ein, die darauf hinweisen, daß die Natur sich (räumlich) nicht unter Kontrolle hat, daß sie spontan reagiert. Es könnte der Einwand kommen, daß das "Fressen" bei Schafen eine normale Handlung sei, ein simpler Akt der Nahrungsaufnahme. Das stimmt im allgemeinen auch, in dem sprachlichen Umfeld, in dem es hier steht (zuerst die Personifikation "das Feld fraß", dann der Parallelismus "sie fraßen keine Rüben [...] sie fraßen den Weg") büßt die Handlung ihre Normalität ein, das Objekt "den Weg", das dem Prädikat folgt, liefert den Beweis. Daß Schafe Gras fressen, ist alltäglich, konnotationsfrei, daß sie aber den Weg fressen, ist semantisch nicht mehr neutral.

4.

Parallelen, Übertragungen zwischen dem anthropologischen Bereich und dem Bereich der Natur entstehen durch vielfältige semantische Mittel: Personifikationen, Einstreuen von Wortfeldern in den Text (z.B. "ausgemergelt", "ausgezehrt", "fraßen") oder Vergleiche (z.B. von den Hähnen wird gesagt: "Sie gingen durch die grauen Innenhöfe, wie die ausgezehrten Männer auf der Straße gingen. Und sie hatten das gleiche Geschau." - Geschau kann in Anlehnung an "Gesicht", in seiner älteren Bedeutung 'Sehkraft' als 'Kraft/Fähigkeit zu schauen' gedeutet werden oder als 'Aussehen').

5. Prinzip der Musik

Parallelismus, Wiederholung und Wiederholung mit Variation tragen zur Rhythmik, zur Musikalität des Textes bei, Irritation und Anspannung werden zum Dauerzustand des Lesers.

Bestimmte Wörter kommen (in einem Text oder in verschiedenen Texten) wiederholt vor. Sie werden zu Leitmotiven (z.B. "fressen", "gehen" oder auch "Geschau" - s. "Über den Kopf der Weinreben").

6. Grammatik

Passiv und Aktiv, die Zeiten der Verben werden sinntragend eingesetzt, sie markieren Übergänge, Wechsel. In dem hier besprochenen Auszug aus "Der Fuchs war damals schon der Jäger" wird sowohl mit Zeiten, als auch mit Aktiv-Passiv gespielt. In den Erzählungen, die ihrem Wesen nach viel kürzer und komprimierter sind, trat jeweils ein Aspekt des Verbs besonders hervor. In "Über den Kopf der Weinreben" war das Gewicht auf Passiv-Aktiv verlagert, in "Die kleine Utopie vom Tod" erscheinen die Zeitebenen besonders wichtig, jeweils dem Inhalt entsprechend, um dann, ebenfalls symbolisch, am Ende ineinanderzufließen.

Die poetischen Mittel, die wir bei den Erzählungen herausgearbeitet haben, sind demzufolge auch hier zu finden. Dabei kann als vorläufiges Ergebnis unterstrichen werden, daß die Syntax vornehmlich den Prinzipien der Anpassung und Wiederholung folgt, während wir es semantisch und in der überprüften Kombinatorik/Komposition häufig mit Abweichungen zu tun haben.

4. Gesicht ohne Gesicht

Der letzte Auszug, den ich beschreiben möchte, gibt inhaltlich ein Interview beim Geheimdienst wieder. Abi, der mit Adinas Freund Paul in einer Band spielt, wird nach einem Konzert verhört. Ich habe diesen Auszug ausgesucht, weil er einer der wenigen Dialoge ist, die im Roman vorkommen[32] und weil die sprachliche Gestaltung eines Dialogs für einen Gesamteindruck der sprachlichen Gestaltung des Romans unabdingbar ist. Auch kann man daran sehr gut zeigen, wie die Machtstrukturen an der Syntax und der Sprache überhaupt abzulesen sind. Die äußere Form des Abschnitts werde ich, der Übersichtlichkeit halber, ändern, den Abschnitt in Dialogform "umschreiben", die Zeichensetzung wird beibehalten, die Hervorhebungen stammen von mir:

"Das Tonbandgerät läuft. Aus dem Lautsprecher auf dem Schreibtisch sagt eine tiefe Stimme,
- also KASCHOLI, wie liest man das.
   - *KARACZOLNY, sagt eine leise Stimme.*
- Also ungarisch, sagt die tiefe Stimme, heißt das was auf ungarisch.
   - *Weihnachten, sagt die leise Stimme.*
Die tiefe Stimme lacht.
Pavel blättert eine Akte durch, hält ein Foto schief ins Licht und lacht. Er lacht länger und lauter als die tiefe Stimme.
- Vorname, sagt die tiefe Stimme.
   - *Albert, sagt die leise Stimme.*
- Und ABI, fragt die tiefe Stimme.
   - *Die leise Stimme sagt, meine Freunde nennen mich so.*
- Und dein Vater, sagt die tiefe Stimme.

---

32 Weinrich bemerkt bezüglich der neueren Erzählliteratur, sie sei „eher zurückhaltend in der Verwendung der direkten Rede". Insofern ist Herta Müller keine Ausnahme. Daß das Verhör direkt wiedergegeben wird (obwohl die Anführungszeichen fehlen) hat demzufolge mit Sicherheit eine Signalfunktion. Was könnte die direkte Rede dem Leser hier signalisieren? Möglich erscheint folgendes:
- ein zentrales Erlebnis wird dargestellt, es geht hier um Leben und Tod des Verhörten;
- das Erlebnis entzieht sich sowohl für die verhörte Person (aus deren Perspektive berichtet wird) als auch für die Autorin/Erzählerin dem Prozeß des rationalen Ordnens, der einer Erzählung vorausgeht;
- das Erlebnis ist für die oben genannten so allgemein gegenwärtig, so zentral, daß es nur direkt wiedergegeben werden kann.

- *Er hat mich auch ABI genannt, er lebt nicht mehr, sagt die leise Stimme.*
Und die tiefe Stimme wird wie die leise Stimme und sagt, ach so. Wann ist er gestorben.
Und die leise Stimme wird wie die tiefe Stimme und sagt, das wissen Sie genau.
- Die tiefe Stimme fragt, wieso.
- *Und die leise Stimme sagt, weil Sie fragen.*
- Umgekehrt, sagt die tiefe Stimme, was wir wissen, das fragen wir nicht.
Ein Feuerzeug klickt im Lautsprecher.
- *Damals war ich noch im Kindergarten, wie Sie.*
- Ihr Vater hieß auch ALBERT, wie Sie. Können Sie sich an Ihren Vater noch erinnern.
- *Nein, sagt die leise Stimme.*
- Sie haben gesagt, Ihr Vater hat Sie ABI genannt, sagt die tiefe Stimme, und danach haben Sie gesagt, Sie können sich nicht mehr an ihn erinnern. Das ist doch ein Widerspruch.
- *Das ist kein Widerspruch, sagt die leise Stimme, meine Mutter nennt mich ABI. Was wollen Sie von mir.*
- Und ganz am Anfang haben Sie gesagt, daß Ihre Freunde Sie ABI nennen, sagt die tiefe Stimme. Das ist auch ein Widerspruch. Sehen Sie, KASCHOLI, den Familiennamen kann ich nicht aussprechen. Die tiefe Stimme wird wie die leise Stimme. Sehen Sie, ALBERT, sagt sie, die Widersprüche verbinden sich. Oder kann ich **dich**, wie deine Freunde, ABI nennen, sagt die tiefe Stimme.
- *Nein, sagt die leise Stimme.*
- Das war aber deutlich, sagt die tiefe Stimme.
- *Was wollen Sie von mir, fragt die leise Stimme.*
Pavel hält ein Foto unters Licht der Lampe. Es ist alt, es glänzt nicht, nur ein paar Lichtstreifen zerrinnen am Himmel, wo alles leer ist. Denn wo er aufhört, ist eine Wand, und an der Wand lehnt ein Mann mit eingefallenen Wangen und großen Ohren. Pavel schreibt auf die Rückseite des Fotos ein Datum.
Die tiefe Stimme hustet. Im Lautsprecher knistert Papier.
- Wie hier, sagt die tiefe Stimme, und wird wie die leise Stimme: ich bin verrückt geworden, ich habe mich verliebt, in eine, die mich liebt, die Liebste ist stupid, weil sie mich doch und noch, nicht wirklich liebt. Das ist auch ein Widerspruch, die Widersprüche verbinden sich.
- *Das ist doch ein Lied, sagt die leise Stimme laut.*
Pavel sieht auf die Uhr, legt das Foto mit dem Gesicht nach unten zur Akte. Er schaltet den Lautsprecher aus und schiebt die Schublade zu. Er nimmt den Hörer ab, vor dem Fenster steht eine Pappel. Er sieht hinaus, seine Augen sind

klein, sein <u>Blick so naß wie die Pappel</u>. Sein Blick fällt durch die Pappeläste, ohne die Äste zu sehen. Er wählt eine Nummer, und die Wählscheibe dreht sich zweimal, so geht das nicht, sagt er, es ist vier Uhr.
 Er schweigt, und er sieht in die Pappel, der Wind bläst, die Blätter sind naß, sein Feuerzeug klickt. Die Zigarette glüht. Er bläst Rauch vor sich her und schlägt die Tür zu" (Herta Müller 1992, S. 144 - 146).
 Die genannten Angaben über die Situation werden dem Leser zunächst vorenthalten. Erst im Laufe des Dialogs, aus dazwischengestreuten "Regieanweisungen" (die Abschnitte, die Pavels Handlungen beschreiben), kann man sich die äußeren Umstände, in denen das Interview stattfindet, erschließen. Wir wissen zunächst, daß ein Tonband läuft, erfahren dann, daß ein Gespräch zwischen einer "tiefen" und einer "leisen" Stimme darauf aufgezeichnet ist. Wer das Tonband hört, wissen wir noch nicht. Im zweiten Abschnitt rückt Pavel (der dem Leser schon als Geheimdienstoffizier bekannt ist) ins Blickfeld. Aus seinen Handlungen wird klar, daß er sich die Tonbandaufzeichnungen anhört und die Akte einer Person durchsieht. Diese Person ist, wie es sich der Leser aus dem aufgezeichneten Dialog zusammenreimen kann, Abi, Pauls Freund. Offen bleibt nur, aus wessen Perspektive die Szene dargestellt wird, ob sich noch eine zweite Person im Raum befindet. Möglich wäre es, daß Abi im Raum sitzt (das legen die Bilder des Bedrohtseins am Ende nahe) oder daß er es sich so vorstellt, in seiner Zelle sitzend, in die er nach diesem Verhör eingewiesen wird, um "nachzudenken". Auf jeden Fall ist es aber eine subjektive Sichtweise, denn der, der Pavels Handlungen beschreibt, ist affektiv beteiligt, jede (Hand-)Bewegung Pavels bedroht die Person, wird für sie existentiell. An den letzen zwei Abschnitten des Auszugs kann man das deutlich ablesen.
 Die ersten zwei Sätze (bis zu "schiebt die Schublade zu") sind noch affektneutral gehalten. In zwei Satzreihen, die jeweils aus zwei Hauptsätzen bestehen und die ihrer Art nach alle Handlungssätze sind, wird geschildert, was Pavel macht, nachdem er das Tonband aufgelegt hat. Die Sätze weisen keinerlei Auffälligkeiten (syntaktischer, semantischer, stilistischer Art) auf. Der aufmerksame Leser horcht aber schon bei der nächsten Satzreihe auf:

"Er nimmt den Hörer ab, <u>vor dem Fenster steht eine Pappel</u>."

 Zum einen überrascht diese plötzliche Verschiebung des Interesses, von Pavels Handlungen auf das Fenster mit der Pappel. Zum anderen kennen wir die Pappeln ja schon, sie wurden am Anfang des Romans (S. 9) eingehend beschrieben und mit Messern verglichen. Folglich liegt es nahe, sie hier als Boten des Unheils einer sich ankündigenden bedrohlichen Situation zu sehen. Diesen Eindruck verstärkt die Aussage des dritten Satzes der nächsten Satzreihe:

"(...), sein Blick war so naß, wie die Pappel."

Hier werden zwei Bilder der Bedrohlichkeit verglichen, die wir schon kennen. Der "nasse Blick" ist uns aus der Erzählung "Die kleine Utopie vom Tod" bekannt. Dort sah die Großmutter "de(r)n nasse(n) Stahl im Blick" des Großvaters, er war für sie so glänzend und kalt wie ein (Opfer-)Messer. Ebenso wirkt Pavels Blick in diesem Augenblick auf Abi. Was der Leser bisher nur vermuten kann, wird durch die Aussage Pavels "so geht das nicht" zur Gewißheit. Das Unheil nimmt seinen Lauf. Im letzen Abschnitt steigert sich Pavels Wut, die durch die Aussage am Telefon angekündigt wird. Die aneinandergereihten Hauptsätze werden kürzer als die im vorausgehenden Abschnitt, sie "hetzen" dem letzten Satz "und schlägt die Tür zu" buchstäblich entgegen.

Fünf Hauptsätze, die bis auf den zweiten nur aus S-P bestehen, sind in die erste Satzreihe gedrängt, die Verben folgen, nur durch das Subjekt unterbrochen, kurz aufeinander. Die Dynamik nimmt mit dem Fortschreiten im Satz zu, das kann man sowohl an der Semantik als auch an der Syntax ablesen. Der erste und der zweite Satz der Satzreihe sind noch durch "und" verbunden, der Kern ist im zweiten Satz um die Lokalbestimmung "in die Pappeln" erweitert. Danach sind die Kernsätze asyndetisch aneinandergereiht. Die Satzreihe wird dann durch den einfachen Subjekt-Prädikat Satz abgelöst ("Die Zigarette glüht"), der zum Höhepunkt hinführt. Hier rücken die Handlungen noch näher, das Subjekt wird nur einmal genannt, die Hauptsätze werden zusammengezogen. Das letzte Prädikat wird so syntaktisch hervorgehoben, das entspricht dem Höhepunkt in der inneren Handlung. Sowohl Pavels Wut als auch Abis Angst haben sich hier bis zu einem entscheidenden Maß gesteigert. Pavel hat, das kann man vermuten, einen Entschluß gefaßt, in welche Richtung dieser geht, weiß Abi (und der Leser) noch nicht, an Pavels Reaktionen konnte er aber ablesen, daß er keinen harmlosen Entschluß gefaßt hat. Betrachtet man die Bedeutung der tragenden Wörter, kann man sich dessen sicher sein. Natur und Dinge werden parallel zu Pavel betrachtet, sie haben offensichtlich die Kraft, Handlungen von Personen, innere Vorgänge widerzuspiegeln oder anzudeuten.

Natur	Pavel	Dinge
	"schlägt die Tür zu"	
	"bläst Rauch"	
		"die Zigarette glüht" **
	"sein	Feuerzeug klickt" **
* "Blätter sind naß"		
* "der Wind bläst"		

* "in die Pappeln   sieht"
                            "schweigt"

*   Unwetter/Pappeln: Symbol der Zerstörung, darauf richtet Pavel seine Augen[33]
**   Verbrennen der Zigarette ist ebenfalls Zerstörung.
      Diesmal übt Pavel sie an Dingen aus ("glüht" - mögliche Assoziation auf Wut).

    Das Glühen der Zigarette und der Rauch, den wir schon kennen ("Rauch der Fabriken"), künden Zerstörung an. Abi wird letztendlich auch zu Pavels Opfer.
    Doch nun, nachdem geklärt ist, aus wessen Perspektive die Szene dargestellt wird, soll auf die Machtstrukturen und ihre Widerspiegelung im Sprachlichen eingegangen werden.
    Eine Hierarchie wird durch mehrere Mittel erzielt. Den allerersten Aufschluß geben die adjektivischen Attribute "tiefe" - "leise" (Kontrast: die Gesprächspartner sind nicht gleichrangig), die mit dem Substantiv "Stimme" verbunden, die Gesprächspartner bezeichnen (stilistisch wurde hier das "pars pro toto" eingesetzt, logisch ist klar, daß man bei Tonbandaufnahmen nur die Stimmen hört, auf sie konzentriert sich die Aufmerksamkeit der Betrachter). Daß die "leise Stimme" von der Person kommt, die unterlegen ist, liegt wohl auf der Hand. Leise spricht man, um andere nicht zu stören, aus Rücksicht, aber auch aus Unsicherheit, Angst. Die durchgearbeitete Literatur hat mir - was die Funktion der Lautstärke anbelangt - nicht viel weitergeholfen. Über Lautstärke (laut - leise) und Tonhöhe (tief - hoch) wird nur gesagt, daß sie zu den habituellen Stimmqualitäten gehören, d.h. zu denen, die persönlichkeitsbedingt sind[34]. Dabei wird bemerkt, daß die Lautstärke, gegenüber der Tonhöhe variabler, inneren Befindlichkeiten oder bestimmten Absichten anzupassen sei. Der einzige Hinweis, den ich zur leisen Stimme fand, bezog sich auf Kinder und ihre Prägung. Scherer behauptet:

„*Wird ein Kind als submissiv und schüchtern angesehen, wobei eine leise und zögernde Stimme erwartet wird, so kann entsprechendes Verhalten der Bezugspersonen möglicherweise diese vokalen Charakteristika auch herbeiführen*".[35]

    Zwei für unsere Analyse wichtige Aspekte werden hier angesprochen: ein Kind kann persönlichkeitsbedingt submissiv und schüchtern sein, folglich leise und zögernd sprechen, das leise Sprechen muß aber noch nicht das Ergebnis

---

33 vgl. hierzu auch das Gewitter in „Über den Kopf der Weinreben..." und 'Pappeln' im ersten zitierten Auszug aus „Der Fuchs war damals schon der Jäger"
34 s. Fährmann 1982, S. 142 ff.
35 Scherer 1982, S. 170

einer internalisierten Unterwerfung und Zurückhaltung sein, sondern eine Reaktion auf das Verhalten seiner Bezugsperson.

Auf Abi übertragen kann man die leise Stimme wohl als Reaktion auf die Situation sehen. So wie beim Kind das stimmliche Verhalten von der Bezugsperson beeinflußt wird, so bei Abi von der Dominanz des Gegenüber. Ein Beweis dafür wäre, daß Abi zwar leise spricht, aber nicht zögernd. Blickt man über den Rand des Textes hinaus, so muß man auch in Betracht ziehen, daß die leise Stimme bei Herta Müller nicht nur ein Signal für Unterordnung, Unterlegenheit ist, sie wird auch mit 'warm', 'gefühlvoll', 'menschlich' in Zusammenhang gebracht[36].

Diesem Menschenbild, das die 'leise Stimme' symbolisiert, steht das Bild der Gefühlskalten, Herrschsüchtigen gegenüber: der Großvater in „Die kleine Utopie vom Tod" und der bzw. die Verhörer im vorliegenden Text. Die „tiefe Stimme" des ersten Verhörers und die „laute(re)" Stimme Pavels, des zweiten, machtvolleren Verhörers, stehen sinnbildlich für diese Art von Mensch.

Bezüglich der lauten Stimme ist sich die Ausdruckspsychologie einig. Personen mit lauter Stimme wird Dominanz zugeschrieben, sei es eine charakterlich angelegte oder eine intentionale.

Die tiefe Stimme kann aber, laut Fährmann (S. 143), nicht gespielt sein, sie ist physiologisch angelegt. Auf die Bedeutung der tiefen Stimme gehen die Psychologen in der durchgearbeiteten Literatur nicht ein. Traditionsgemäß werden aber tiefe Stimmen mit Selbstsicherheit, Dominanz, sogar Herrschsucht assoziiert. Man denke dabei nur an die Rollen, die in der Oper den Bass-Stimmen zugewiesen werden. Der Verhörer steht folglich mit seiner „tiefen Stimme" eindeutig als Überlegener da (was Abi anbelangt).

Die "tiefe Stimme" kann es sich auch leisten zu lachen, erneut ein Indiz ihrer Überlegenheit. Daß Pavel in den Machtstrukturen über der Person mit der "tiefen Stimme" steht, legt der Vergleich:

"Er lacht länger und lauter als die tiefe Stimme"

nahe. Pavels Überlegenheit wird semantisch durch den Vergleich angedeutet, aber auch durch die Lautmalerei (la-la-la - das erinnert an Singen, Unbeschwertsein).

Doch nicht nur in Wortwahl, den kontrastierenden Begriffen und dem Vergleich lassen sich Hierarchien ablesen, sondern auch an der Dialogführung. So fällt es auf, daß nur die "tiefe Stimme" Fragen stellt, was von ihrer Überlegenheit im Gespräch zeugt. Auch übergeht sie die Frage "Was wollen Sie von

---

36 vgl. in „Die kleine Utopie vom Tod": „Er hatte von der Armut scheue Augen und von der Arbeit eine leise Stimme (...) Der ist scheu und leise wie ein Mensch" (Barfüßiger Februar, S. 42 - Hervorhebg. von mir, H.H.C.).

mir". Die Person mit der tiefen Stimme versucht, Abi "auf den Leib zu rücken", ihm näher zu kommen, indem sie ihn beim Vornamen nennen will. Das wäre ein Eindringen in die intimste Sphäre und Abi lehnt es strikt ab. Ihm bleibt aber nur die Defensive als mögliche Stellung. Sein "Annäherungsversuch", die einzige Aussage mit der Abi versucht, den Spieß umzukehren und in die persönliche Sphäre seines Gesprächspartners vorzudringen, durch einen Vergleich, der die Gesprächspartner auf die gleiche Stufe stellt ("Damals war ich noch im Kindergarten, wie Sie"), wird einfach umgangen. Er (Abi) läßt sich aber durch die 3 Annäherungsversuche der "tiefen Stimme" zu heftigen Reaktionen hinreißen („sagt die leise Stimme laut").

	"tiefe Stimme"	"leise Stimme"
1. Ver- such	"Und die tiefe Stimme wird wie die leise Stimme und sagt, ach so."	"Und die leise Stimme wird wie die tiefe Stimme und sagt, das wissen Sie genau."[37]
2. Ver- such	"Die tiefe Stimme wird wie die leise Stimme. Sehen Sie ALBERT, sagt sie (...). Oder kann ich dich wie deine Freunde (...)."	"Nein (...)"
3. Ver- such	"Wie hier, sagt die tiefe Stimme und wird wie die leise Stimme (...)."	"Das ist doch ein Lied, sagt die leise Stimme laut."[38]

Den ersten Annäherungsversuch unternimmt die "tiefe Stimme" nachdem Abi sagt, daß sein Vater gestorben sei. Die "tiefe Stimme" gleicht sich in der Tonlage der "leisen" an, das kurze "ach so" soll womöglich Anteilnahme oder Betroffenheit zu heucheln versuchen. Im o.g. Aufsatz fügt Giles, bezüglich der Sprachkonvergenz und ihrer Gründe, hinzu, daß „eine starke Zunahme der Kon-

---

[37] Wir haben es hier mit Sprachkonvergenz zu tun, wie Howard Giles (Scherer 1982, S. 255) die vokale sprachliche Anpassung an den Gesprächspartner nennt. Konvergenz tritt, laut Giles, mit der Absicht auf, sich dem Gegenüber anzunähern, anzugleichen, eventuell, um ihm zu gefallen. Abi hat mit Sicherheit nicht die Absicht, dem Verhörer zu gefallen, er versucht vielmehr, sich mit ihm auf eine Stufe zu stellen, seine Unterlegenheit zu überspielen.
[38] Für Scherer und Oshinsky ist eine große Lautstärkevariation ein eindeutiger Hinweis auf Furcht, Hilflosigkeit (vgl. Scherer 1982, S. 334).

vergenz nicht immer auf ein positive Absicht des Sprechers zurückgeführt werden muß, sondern auch als Anzeichen für Überheblichkeit, Herablassung, Drohen oder sich Einschmeicheln gewertet werden kann..."[39]. Und diese negative Absicht liegt hier eindeutig vor: der Verhörer wird leise aus Überheblichkeit, er wird immer bedrohlicher. Abi geht darauf nicht ein, er reagiert schroff abweisend ("das wissen Sie genau") und nimmt dabei den Ton des Überlegenen an ("Und die leise Stimme wird wie die tiefe Stimme").

Einen zweiten Anlauf nimmt die "tiefe Stimme" dort, wo sie von Widersprüchen redet. Das "Sie" schwenkt zum "Du" um, Abi wird beim Vornamen ALBERT genannt. Er kann sich nur noch dagegen wehren, daß er mit ABI angesprochen wird, eine Kurzform (Kosename), die nur engsten Vertrauten vorbehalten war. Seine Reaktion zeugt zwar davon, daß er seinen Standpunkt, der "tiefen Stimme" die Stirn zu bieten, noch nicht verlassen hat, daß er sich aber schlechte Chancen ausrechnet. Das "nein" ist zwar "deutlich", er verläßt aber seine Tonlage, die der "leisen", d.h. untergeordneten Stimme nicht.

Da, wo die "tiefe Stimme" ihre Schlußfolgerungen zieht, beim letzten Annäherungsversuch, reagiert Abi erneut heftig ("Das ist doch ein Lied, sagt die leise Stimme laut"), doch seine Stimme nimmt nicht, wie beim ersten Mal, die Tonlage der "tiefen Stimme" des Überlegenen an, sondern sie wird "laut", d.h. die Reaktion ist anders, vielleicht wie ein Aufschrei der Hilflosigkeit und Verzweiflung[40]. Betrachtet man diese Gegenüberstellung von Annäherungsversuchen und Reaktionen, so fällt auf, daß die Person mit der "tiefen Stimme" bei jedem Annäherungsversuch gleich mit der Tonlage umgeht. Der Satz "die tiefe Stimme wird wie die leise Stimme" begleitet jeden dieser Versuche. Anders geht Abi mit der Tonlage um, eine Revanche gelingt ihm nur beim ersten Mal, beim zweiten Mal bleibt er "leise", um dann "laut" zu werden. Die Wiederholung einerseits und die Abweichungen und Kontrastierungen andererseits (tief - leise - laut) zeigen, daß die Person mit der "tiefen Stimme" alles, auch ihre Tonlage, unter Kontrolle hat. Sie setzt sie bewußt als Mittel der Heuchelei, Einschüchterung oder Bedrohung ein. Abi aber, die Person mit der "leisen Stimme", ist ausgeliefert, den Verhörern, der Situation, seiner Angst und seinen inneren Regungen. Das, was er sagt, scheint zwar entschlossen und rational

---

39 Scherer 1982, S. 267

40 Paul G. Moses sagt bezüglich stimmlicher Veränderungen: „In schweren Angstzuständen wird der normale Umfang (gemeint ist der Stimmumfang) völlig aufgegeben und ein anderer wird vorgezogen, der symbolisch mehr verspricht (...) Wenn man sich unterlegen fühlt, hilft es dem Selbstbewußtsein, wenn man sein Volumen dem Individuum angleicht, mit dem man sich identifizieren möchte" (Scherer 1982, S. 184).

kontrolliert zu sein, an der Tonlage, der Stimme läßt sich die Unsicherheit aber ablesen.

Das Verhör zeigt, daß Herta Müller wirklich alle Sinnesregister zieht, nicht nur - wie bisher gezeigt - visuelle, taktile und olfaktive Elemente einsetzt, sondern auch auditive. Auditive Elemente werden sowohl auf inhaltlicher Ebene eingesetzt (wie oben gezeigt) als auch auf der Metaebene (Prinzipien der Musik), auf die ich später zu sprechen komme.

Außer den vokalen Elementen und der Initiative im Gespräch gibt auch die Länge der Äußerungen, ihre Art darüber Aufschluß, wer das Sagen hat. Am Anfang des Gesprächs beschränken sich die Äußerungen beider Personen auf Einwortsätze oder Ellipsen, werden dann allmählich zu einfachen Sätzen. Ein Unterschied in der Länge und Art der Äußerungen zeichnet sich allmählich, nach dem ersten Annäherungsversuch, ab. Die "tiefe Stimme" reißt das Gespräch immer mehr an sich, während die "leise" immer mehr verstummt. Die „tiefe Stimme" spricht, argumentiert, zieht Schlußfolgerungen, in die die "leise Stimme" nicht eingreifen kann, aus welchem Grund auch immer. Je länger die Äußerungen des Verhörers werden, desto rarer und kürzer jene von Abi. Nach seinem gescheiterten Annäherungsversuch ("Damals war ich noch im Kindergarten, wie Sie"), den der Verhörer glatt übergeht, wird Abi immer einsilbiger.

Auf einer ganzen Buchseite, auf der die "tiefe Stimme" ihre Gedankengänge ausbreitet, bleibt der "leisen" immer weniger Raum für Äußerungen.

Verhörer		Abi
1 Satzgefüge ⇒ 2 HS, 2 NS		1 Satzreihe ⇒ 2 HS
	⇔	
1 erweiterter einfacher Satz		1 Fragesatz
1 Satzgefüge ⇒ HS - NS		
1 HS		
1 Satzreihe ⇒ 2 HS	⇔	„Nein"
1 Satzreihe ⇒ 2 HS		
1 Fragesatz		
1 erweiterter einfacher Satz	⇔	1 Fragesatz (wie oben)

Im oben gezeigten Schema kommen auf 14 Sätze des Verhörers 4 Sätze Abis, wobei der Fragesatz wiederholt wird. Abis Reaktionen stellen sich wie folgt dar:

I. Absatz	"Nein" "Das ist kein Widerspruch (...) meine Mutter nennt mich Abi." "Was wollen Sie von mir."	2 Sätze + „Nein"
II. Absatz	"Nein" "Was wollen Sie von mir."	1 Satz + „Nein"
III.-IV. Absatz	"Das ist doch ein Lied"	1 Satz

Auch der Inhalt der Aussagen (2 Verneinungen, 2 Einwände und zweimal die erfolglos wiederholte Frage, die vom Gesprächspartner nicht beachtet werden) läßt klar erkennen, daß die Person mit der "leisen Stimme" ausgeliefert ist, daß ihr nur noch eine brüchige Defensive übrigbleibt. Sie weiß wahrscheinlich, daß jedes Wort, das sie sagt, umgedeutet werden kann und nur insofern wahrgenommen wird, als sie dem Ziel des Verhörers dient. Die Auswegslosigkeit ihrer Lage ist ihr bewußt.

Die Grenzen des Erträglichen werden in diesem Verhör ausgelotet, klanglich, atmosphärisch wird auch der Leser daraufhin getestet. Die besonders kurzen Sätze, die bis zum Exzeß wiederholten inquit-Formeln, das Fehlen jedes Ausrufe- oder Fragezeichens machen den Auszug zu einem Staccato, das auf den Leser durch seine angespannte Monotonie und Rhythmik "einhämmert", ihn in den Sog dieser Atmosphäre der Penetranz, der Unausweichlichkeit und Unerträglichkeit zieht.

Das, was Abi und die anderen Verhörten erlebt haben, kann der Leser dank der Syntax und Klangsymbolik des Textauszuges mit- oder zumindest nacherleben. So eröffnet sich ihm (dem Leser) eine neue Möglichkeit des Verstehens, eine, die über das rationale Aufnehmen weit hinausgeht.

II. Stilistische Eigenheiten

Jetzt, nachdem die verbalen und nonverbalen Mittel, die in Herta Müllers Texten zum Tragen kommen, mittels kleinschrittiger Textbeschreibung aufgezeigt wurden, ist die Grundlage für eine zusammenfassende Darstellung geschaffen. Es soll hier folgenden Fragestellungen nachgegangen werden:
1. Kann man von einem Herta-Müller-Stil sprechen?
2. Wenn, ja, wodurch kennzeichnet er sich?

Um auf diese Fragen eine Antwort zu finden, muß man sich erst mal klar machen, was Stil eigentlich bedeutet. Das ist, angesichts der vielen Meinungen, was unter Stil zu verstehen sei, ein schwieriges Unterfangen. Eine Konstante läßt sich aber aus verschiedenen Definitionen des Begriffs herausschälen: Stil hat etwas mit einzigartig, individuell, vom Alltäglichen abweichend zu tun. Folglich muß man, um auf die erste Frage zu antworten, nach Abweichungen, nach Individuellem und Einzigartigem in Herta Müllers Texten suchen. Wo setzt man aber an, um diese Abweichungen, das Individuelle aus sprachlichen Mitteln herauszuschälen? Es geht nur über den Weg des Vergleichs. Das System der Alltagssprache mit seinen Möglichkeiten und Normen muß als Maßstab herangezogen werden, an dem man Herta Müllers Sprache mißt. Und dann? Kann man dann schlußfolgern: Herta Müllers Sprache weist diese und jene Auffälligkeiten auf, folglich ist das ihr Stil? Nein, so einfach ist die Sache nicht. Und jetzt sind wir an dem Punkt angelangt, wo wir eine - m.E. ziemlich brauchbare - Stildefinition herbeimühen müssen. Sie wurde dem Stilwörterbuch „Linguistische Grundbegriffe"[41] entnommen, wir werden demzufolge mit dem linguistischen Stilverständnis arbeiten.

Stil wird hier definiert als „einheitliche, charakteristische, durch besondere Häufung bestimmter fakultativer Transformationen, durch auffällige Merkmale gekennzeichnete sprachliche Ausdrucks- und Darstellungsweise einer Person, eines Werkes, einer Epoche".

Nehmen wir diese Definition als Ausgangspunkt, so muß jetzt nach den sprachlichen „Ausdrucks- und Darstellungsweisen" gesucht werden, die „auffällig" sind, nach Abweichungen, die häufig vorkommen, die einheitlich (das heißt im ganzen Werk auftretend) und charakteristisch sind (was auch immer unter 'charakteristisch' zu verstehen ist).

Auf der Suche nach einem brauchbaren System, das die Möglichkeiten der sprachlichen Zeichen und die Möglichkeiten des Eingriffs in die Relationen

---

[41] Winfried Ulrich: Linguistische Grundbegriffe. Kiel 1975

sprachlicher Zeichen aufzeigt, stieß ich auf Kloepfer. Er beschäftigt sich in seinem Buch „Poetik und Linguistik"[42] nicht nur mit den Funktionen sprachlicher Zeichen wie viele andere Linguisten, wie Roman Jacobson[43] z.B., sondern geht auch auf mögliche „Störungen" dieser Relationen, auf Abweichungen von der Norm ein. Er beschreibt folglich auch die poetischen Mittel, die in bestimmte Zeichen-Objekt-Kontext-usw.-Beziehungen eingreifen können. Da wir die sprachlichen Mittel, die Herta Müller in ihren Texten einsetzt, schon herausgearbeitet haben, gilt es jetzt nur, sie in Beziehung zu setzen und auf ihre Bedeutung zu befragen.

Um die 'loose ends' zu verknüpfen, eignet sich Kloepfers Einteilung der poetischen Verfahren und ihre Zuordnung zu den Funktionen sprachlicher Zeichen. Laut Kloepfer muß ein Zeichen deautomatisiert werden, d.h. aus seinem gewohnten Umfeld 'befreit', um neue Verbindungen, die ins Auge fallen, eingehen zu können (das Zeichen wird so aktualisiert). So kann es seiner poetischen Funktion gerecht werden. Um diesem poetischen Grundprinzip der Innovation[44] folgen zu können, hält die Sprache, bedingt durch ihre Struktur, mehrere Möglichkeiten bereit. Dem Schreibenden stehen so eine Palette von Mitteln zur Verfügung, die Kloepfer in Mittel der „Unterstrukturierung" und Mittel der „Überstrukturierung" einteilt. Er beschreibt sie wie folgt:

„Auf zwei Wegen kann Deautomatisierung erreicht werden: einmal durch Erhöhung der Regelmäßigkeiten, durch Übererfüllung der Norm, durch Überstrukturierung (was man seit langem mit dem Begriff Parallelismus zu erfassen suchte) - einmal durch Verminderung der Regelmäßigkeiten, die zur Zeichen- und Textkonstitution in einem Kontext nötig sind, durch Nichterfüllung der Norm - was immer das sei -, durch Unterstrukturierung (was man bisher meist mit dem Begriff Abweichung gekennzeichnet hat). Beide Verfahrenstypen basieren auf dem Prinzip der Durchbrechung der Erwartungsnormen; sie bedingen sich wechselseitig, denn jede Überstrukturierung ist gleichzeitig eine Abweichung, und umgekehrt kann die Abweichung meist erst dann genutzt werden, wenn sie systematisch gebraucht wird, d.h. wenn sie wiederholt auftritt und damit Parallelismus bildet".[45]

Kloepfer nimmt hier nicht nur eine Einteilung der poetischen Mittel zur Deautomatisierung, d.h. zur Innovation vor, sondern betont auch, daß die Mittel, um ihre Funktion zu erfüllen, wiederholt und systematisch auftreten müssen. Darin stimmt er mit der oben gegebenen Stildefinition, mit den Merkmalen

---

42 Rolf Kloepfer: Poetik und Linguistik. München 1975
43 Roman Jacobson: Linguistik und Poetik. In: Ihwe, Jens (Hrsg.): Literaturwissenschaft und Linguistik. Bd. II/1. Frankfurt a. Main 1982
44 es ist nicht das einzige, wie Kloepfer betont, aber das moderne. Konvention ist ein weiteres.
45 Kloepfer 1975, S. 49; Hervorhebg. von mir - H.H.C.

„häufig", „einheitlich" und dadurch „auffällig", die den Transformationen zugewiesen werden, überein.

Somit wäre der Stilbegriff befriedigend geklärt. Doch, auf Herta Müller zurückkommend: welche Wege der Deautomatisierung und Aktualisierung schlägt sie ein? Um diese Wege sinnvoll einem System zuzuordnen, schlage ich jetzt einen (weiteren, letzten?) Umweg vor. Will man zeigen, wo (ein) Text(e) mit seiner/ihren Abweichungen ansetzt(en), welches die poetischen Mittel sind, so muß man sich zunächst die möglichen Funktionen sprachlicher Zeichen, d.h. ihre möglichen Relationen vor Augen führen. Eine solche, sehr detaillierte Beschreibung ist ebenfalls bei Kloepfer zu finden. Da Herta Müllers poetische Mittel in die feinsten Verästelungen der Sprache eingreifen, wird ein Blick auf die Feinstruktur der Sprache unabdingbar.

Laut Kloepfer wird "Ein Zeichenträger (...) zu einem Zeichen durch Relation" (S. 38). Je nachdem auf wen sich diese Relation bezieht, kann das sprachliche Zeichen verschiedene Funktionen erfüllen:

Semantisch i.e.S.[46]: 'Bezug auf unsere Vorstellungen'
sigmatisch: 'Bezug auf Objekte der anerkannten Wirklichkeit'
syntaktisch i.e.S.: 'Relation von Zeichen gleicher Ebene (...gleich dem normalen Wortgebrauch)'
textuell: 'Relation zu Zeichen verschiedener Ebenen: Überschriften, Ausdrücke wie 'z.B.' oder 'es war einmal'
situational: Bezug zur 'konkreten Situation (mit einem Raum, einer bestimmten Zeit und vor allem einem für die Kommunikation genutzten Kanal)'
personal: Beziehung zwischen 'den Teilnehmern der kommunikativen Handlung vermittels von Zeichen (einem Sprecher, einem Hörer und ihres spezifischen Sozialbezugs)'
aktional: Bezug auf eine Tätigkeit, die mehr oder weniger direkt mit der Sprachhandlung verbunden ist (hier wäre die Fülle der sozialen Kontexte zu nennen)
lengual: Bezug zur 'jeweiligen Subsprache (die durch soziale Schicht, Altersgruppe, Region u.a. determiniert wird).'"[47]

---

46 i.e.S. = im engeren Sinne
47 Kloepfer 1975, S. 39 ff.

Bei der personalen Funktion unterscheidet Kloepfer zwischen drei Funktionsbündeln, je nachdem, ob die kommunikative Handlung als solche oder einer ihrer Teilnehmer im Mittelpunkt der Aufmerksamkeit stehen soll. Kloepfer unterteilt die personale Funktion in:

<dl>

relational — verweist "auf die Relation zwischen den Kommunikationspartnern" z.B.:
- verschiedene Systeme der Anrede (Duzen, Siezen)
- des Begrüßens
- des Verabschiedens

emotiv — verweist "auf die Einstellung des Sprechers", "seine Bewertungen und seine Verfassung bei der Zeichenbenutzung"

appellativ — verweist "auf den Empfänger", "dessen Reaktion man mit Zeichen steuert"[48].

</dl>

Es fällt schwer, zwischen den hier aufgeführten Funktionen zu unterscheiden, besonders zwischen der semantischen i.e.S. und der sigmatischen. Denn wer kann schon eine scharfe Trennlinie zwischen "nur Vorstellung" und "direkter Realitätsbezug über die Vorstellung" ziehen? Diese Schwierigkeit räumte auch Kloepfer ein (S. 40). Deshalb werde ich mich im folgenden an den Überbegriff semantische Funktion halten, der beide Möglichkeiten des Wirklichkeitsbezugs einschließt.

Das sprachliche Zeichen kann, wie es Kloepfers Einteilung zeigt, eine Reihe von Funktionen erfüllen, die uns in der Alltagssprache nicht bewußt werden. Unsere Aufmerksamkeit erweckt eine Passage nur dann, wenn in das normale, uns vertraute System eingegriffen wird, wenn Abweichungen von den gewohnten Relationen eingebaut werden. Erst dann horcht der Leser/Hörer auf, das Zeichen wird für ihn deautomatisiert und (im Glücksfall) aktualisiert. Dieser Bruch mit unserem automatisierten Kommunikationssystem, die Abweichungen von den normalen Relationen zwischen Zeichen und ihrem Bezugsnetz sind der Kern der poetischen Mittel. Je mehr "Störungen" im gewohnten System, desto sinngeladener wird der Text oder kann er werden. Die "funktionale (Über)belastung" eines Zeichens birgt auch Gefahren, besonders die, in reinem Formalismus zu enden. Doch wie produktiv die „Störungen" sein können, das zeigen Herta Müllers Texte. Und jetzt die Frage: welcher Möglichkeiten bedient sich Herta Müller, in welche Relationen, die das sprachliche Zeichen eingehen kann, greifen ihre Texte („häufig", „einheitlich", „auffällig") ein?

---

48 ebd., S. 41

Betrachtet man die Funktionen sprachlicher Zeichen, so lassen sich die Abweichungen vom normalen Sprachgebrauch insbesondere dem semantischen und syntaktischen Bereich zurodnen. Semantisch fielen einige Brüche besonders auf:
- Brüche mit den Regeln der semantischen Kongruenz (z.B. "Feld - "kam" oder "Nußbaum" - "kühl"; meistens wird ein Wort mit dem semantischen Merkmal "belebt" an eines mit dem semantischen Merkmal "unbelebt" geknüpft; oder Epitheta werden mit Substantiven verbunden, mit denen sie semantisch nicht kongruieren (z.B. "...aufgewühlte Wolken").
- Eingriffe in die Idiomatik (z.B. "auf der Kante stehen" - "über eine Kante fallen")[49];
- Synekdochen (Teile stehen für das Ganze) (z.B. "Karls Lungen trieben Zorn in sein Herz");
- hiermit eng verbunden die vielfältigen Verknüpfungen zwischen Wörtern, die dem menschlichen Bereich, und solchen, die dem Bereich der Dinge, Pflanzen und Tiere entstammen:
- häufige Personifikationen
- Metaphern (z.B. "die Gehirne der Nüsse...")[50];
- Verknüpfungen anderer Art (z.B. Hähne und Männer - "hatten das gleich Geschau" - ein gemeinsames [semantisches] Merkmal); explizite Gleichsetzungen

Auf semantischer Ebene wird somit ein Animismus einerseits und eine Verdinglichung andererseits erzielt. Die Bereiche Mensch - Dinge/Natur sind in einem ständigen wechselseitigen Spiegelverhältnis, komplementär zur Vielperspektivigkeit der Darstellung (s. Kapitel III. 1./"Der Fuchs war damals schon der Jäger"). Die Schnittechnik spielt hier eine große Rolle, sie markiert Perspektivwechsel, Bildwechsel und schafft Lücken.

Syntaktisch sind als Konstanten folgende Techniken zu erkennen:
- die Texte bestehen alle fast ausschließlich aus Mitteilungssätzen (Ausnahmen: z.B. in "Gesicht ohne Gesicht"). Auch da, wo Partnersätze (laut Brinkmann Sätze, die direkte Kontaktaufnahme im Geschehen anzeigen[51]) stehen, wird durch die Zeichensetzung (auch nach Ausrufen oder Fragen steht ein Punkt oder Komma, d.h. der Zeichensetzung nach sind sie Mitteilungssätze) die Funktion dieser Sätze, eine Reaktion beim Gegenüber

---

49 wir haben es hier mit Kontaminationen zu tun, auf deren möglichen Ursprung im Kapitel „Rumäniendeutsche Literatur" noch eingegangen wird. Vorläufig interessiert uns ihre Wirkung.
50 das Bild kommt auch in „Der Fuchs war damals schon der Jäger" vor, auch im Zusammenhang mit einem Unheil, das sich ankündigt (s. S. 110).
51 Brinkmann 1962, S. 473

auszulösen, zurückgenommen. Der personale Bezug, um mit Kloepfer zu sprechen, verblaßt. Sie bleiben als bloße Mitteilung, Information im Raum stehen. So wie die Sätze immer an Beziehungslosigkeit grenzend in den Texten nebeneinanderstehen, ebenso bewegen sich die Personen jede für sich im Raum. Die Sätze werden meistens durch Umstandsbestimmungen, die das Vorfeld besetzen, in die Situation, ins Geschehen eingebettet, ebenso wie die Menschen (häufig nur) der gleiche Lebensraum, die gleichen äußeren Umstände verbinden, eine oft (fast) schicksalhafte Verbindung (z.B. Großmutter und Enkelin oder das gewesene Liebespaar Paul und Adina) usw.
- die Sätze bestehen meistens nur aus obligatorischen Satzgliedern, meist dem S-P-O Schema folgend. Satzgefüge oder erweiterte Sätze können in diesem syntaktischen Umfeld nahezu als Abweichungen identifiziert werden. Sie werden auffällig, genau wie die Inversionen oder Ellipsen, die, schon per se als Abweichungen definiert, in diesem an Grammatik und Sprachökonomie die Grenzen der Perfektion auslotenden Umfeld, als doppelte Abweichung empfunden werden.

Doch diese einfachen Sätze bewirken nicht nur, daß dadurch die erweiterten oder die unvollständigen die Aufmerksamkeit auf sich ziehen, sie wirken auch für sich. Um zu zeigen wie, möchte ich an dieser Stelle auf Brinkmann zurückgreifen. Er behauptet, im Zusammenhang mit der Besetzung der ersten Stelle im Mitteilungssatz:

„Eine größere Beweglichkeit für die Besetzung der ersten Stelle ergibt sich erst, wenn mehr Elemente im Spiel sind, als zum Grundmodell des Satzes gehören"[52].

Diese Behauptung leuchtet wohl jedem ein: wenn der Satz nur aus zwei oder drei Satzgliedern besteht, sind die Möglichkeiten der Variation eben äußerst eingeschränkt. Häufen sich diese einfachen Sätze (Grundmodelle laut Brinkmann), so entsteht der Eindruck der Unbeweglichkeit, nicht nur auf die erste Stelle, sondern auf den ganzen Satz und darüber hinaus auf den ganzen Text bezogen. Auf den Ursprung und die Bedeutung dieser syntaktischen "Reglosigkeit" und Monotonie wird noch eingegangen.

Die semantischen und die syntaktischen Abweichungen sind zwar die auffälligsten, sie werden aber - und das auch systematisch - durch andere ergänzt:

---

52 Brinkmann 1962, S. 489

1. situational
    - der Einstieg ins Geschehen erfolgt immer unmittelbar, der Leser wird mit einem Bild, einer Behauptung konfrontiert, der zeitliche und räumliche Zusammenhang, die Situation wird für ihn erst nach und nach, im Laufe der Lektüre erschließbar. Als Beweis seien nur die ersten Sätze der hier besprochenen Texte aufgeführt.
      1. "Über den Kopf der Weinreben hinweg wollte Karl das Land verlassen"
         (eine Behauptung, die die Absicht einer Person anzeigt. Wir wissen aber weder, wer die Person, noch welches "das Land" ist, schon gar nicht was die Umstandsbestimmung zu bedeuten hat).
      2. "Wenn ich über den Feldweg ging, dann war mein Körper leer"
         (auch hier bleibt uns vorenthalten, wer das "ich" ist, weshalb sein "Körper leer" war).
      3. "Die Ameise trägt eine tote Fliege" (dieser Satz enthält noch weniger aufschlußreiche Informationen als die oben genannten)[53].

2. textuell
    - die Reime, die in die Erzählung(en) eingestreut sind (z.B. „schwer" - „leer" in "Die kleine Utopie vom Tod") sind im Normalfall poetische Mittel der Lyrik.
    - ebenso wird der Dialog, das Interview im Kapitel "Gesicht ohne Gesicht" zum Mitteilungstext, Informationstext umfunktioniert. Die Zeichensetzung verändert die Intonation, Fragen und Aufforderungen werden somit ihrer Essenz beraubt, zu bloßen Feststellungen umgeformt. Die Komponenten, die Brinkmann als konstitutiv für Partnersätze anführt - die Gemeinschaft des Handelns oder Wissens und die Situationsgebundenheit -, verblassen somit, der Bezug auf den Partner verschwindet. Diese sprachliche Struktur bildet genau die dargestellte Situation ab. Der Verhörer kennt zum Großteil die Antworten auf die Fragen, die er stellt, er will vom Verhörten die Antworten nur herauslocken, um ihm daraus einen Strick zu drehen, um einen Beweis für seine schon vorgeformte Meinung zu haben. Der Verhörte weiß das, er wurde zu diesem Dialog gezwungen und versucht, so wenig wie möglich zu sagen, um nicht in die Falle zu gehen. „Aktional" geht es um einen Informationskampf. Eine Gemeinschaft des Wissens wird

---

53 vgl. hierzu die Rolle des bestimmten Artikels am Anfang eines Textes in Kapitel I.2: „Die kleine Utopie vom Tod".

somit von keinem der Gesprächspartner angestrebt, die Fragen verlieren ihre logisch-grammatikalische Funktion, ebenso der Dialog.

Die Abweichungen von den Funktionen des sprachlichen Zeichens, die Kloepfer Mittel der "Unterstrukturierung" nennt, ergänzt Herta Müller sinnvoll durch eine Reihe von Mitteln der "Überstrukturierung":
- Parallelismen in allen möglichen Erscheinungsformen
- Wiederholungen oder Wiederholungen mit Variation von Wörtern oder Wortgruppen
  - in aufeinanderfolgenden Sätzen
  - in einem Text (an bestimmten Stellen)
  - im ganzen Werk (z.B. "Messer", "Pappeln", "Augen" usw.)
- Gradationen
- Lautmalereien, Alliterationen, Assonanzen, Reime innerhalb der Erzählung, feinere Lautäquivalenzen (z.B. Geld - Gold).

Die Aufzählung soll hier abgebrochen werden, obwohl sie noch nicht vollständig ist, es wurden nur die wichtigsten sprachlichen Mittel genannt, die am häufigsten auftreten. Somit wäre einer Komponente der Stil-Definition Genüge getan (Häufung). Um die anderen Stichwörter der Definition aufzugreifen: diese Mittel sind auch "einheitlich", d.h., sie ziehen sich durch mehrere Texte, viele durch das ganze Werk hindurch. Inwiefern sind sie aber für Herta Müller „charakteristisch"? Parallelismen und Wortwiederholungen verwendet u.a. Thomas Bernhard bis zum Exzess, ebenso Lautmalereien, Lautäquivalenzen und Leitmotive (die im Text immer wiederkehrenden Worte/Bilder). Leitmotive durchziehen auch Paul Celans Werk, hier finden wir, wie bei Herta Müller, die Prinzipien der Musik in die Sprache übertragen. Eine Belebung der Dinge, der Natur und gegenläufig die Verdinglichung des Menschen ist ein Mittel, das spätestens mit den Expressionisten in der Literatur bekannt wurde (auch im Sturm-und-Drang und in der Romantik ansatzweise, wobei hier der Animismus im Vordergrund stand).

Es wird deutlich, daß die sprachlich-stilistische Eigenart der Herta-Müller-Texte nicht als bloße Summe der verwendeten Mittel aufgefaßt werden kann. Es ist das Ineinandergreifen, das Zusammenspiel dieser poetischen Mittel und ihre Beziehung zur dargestellten Wirklichkeit, die, um den Begriff aus der Definition aufzugreifen, für Herta Müller charakteristisch sind.

Wie spielen die verschiedenen Mittel untereinander bzw. die sprachliche Gestalt und die Wirklichkeit, die dargestellt wird, zusammen?

Die Kargheit, Monotonie, die auf der Ebene der Überstrukturierung entsteht, gibt die allgemeine Atmosphäre im Land wieder. Das ewig Wiederkehrende, Dumpfe, die Armut, Ausgezehrtheit, das Mühsam-sich-von-einem-Tag-zum-anderen-Hangeln, die das Leben in diesem Land präg(t)en, schlagen sich in der Syntax, im Duktus nieder (wie oben gezeigt: Mitteilungssätze, Parallelismen, einfache Sätze, (fast) nur aus obligatorischen Satzgliedern bestehend, keine Fragezeichen, keine Ausrufezeichen). Die Wortwahl potenziert diesen, durch die Syntax erweckten Eindruck: es werden vorwiegend kurze Wörter verwendet, wenig Zusammensetzungen, die Wörter gehören (mit wenigen Ausnahmen) dem Grundwortschatz unserer Sprache an, Neologismen, Modewörter haben in diesem sprachlichen Umfeld keinen Platz. Somit tragen die Wörter klanglich zum Eindruck der Unbeweglichkeit, der Monumentalität und des Staccatos bei, eröffnen aber andererseits, durch ihre Aussagekraft, die die Modewörter und auch ein Großteil der Neologismen und Internationalismen weitgehend eingebüßt haben[54], unerahnte Möglichkeiten. Uwe Pörksen untersucht und definiert diese neue Klasse von „konnotativen Stereotypen" in seinem Buch „Plastikwörter"[55]. Er zeigt sehr plastisch auf, wie sie sich „etablierten" und insbesondere, welche Auswirkungen sie auf die Sprache, auf Wahrnehmung und Denken haben[56]. Die Plastikwörter sind als Erscheinungen des „Industriestaats" zu sehen. Sie breiten sich „diesseits und jenseits der Elbe aus", wie Pörksen auf S. 21 feststellt, sind also eine „Errungenschaft" der letzten Jahrzehnte, unabhängig vom herrschenden politischen System. Zu ihren wichtigsten Merkmalen gehört, daß sie „konturschwach" und „inhaltsarm" sind (Ivan Illich nennt sie „Amöbenwörter")[57]. Sie gesellen sich zu den schon immer dagewesenen Modewörtern, Schlagwörtern und Leerformeln hinzu, mit denen sie eines gemeinsam haben: sie bringen Vielseitigkeit - mehr als andere Wörter - auf einen Nenner und wirken gleichzeitig „blutleer", ausdrucksschwach und dadurch verformend auf die Wahrnehmung des Lesers/Hörers und - zurück - auch des Sprechers.

---

54 Susanne Marten-Finnis stellt in Bezug auf die Pressesprache in der DDR fest: „Beispielsweise treten die vielen neuen Verben und die aus den gleichen Stämmen gebildeten Substantive auf -ist, -at, -ism sowie die Präfixe anti-, conter-, ex-, co-, post-, in- immer häufiger auf. Durch die Variationsbreite ihrer Interpretationsmöglichkeiten und ihre bewußt unscharf gelassenen Realitätsdefinitionen eignen sich die neuen Fremdwörter besonders im Deutschen außerordentlich gut zur Verschleierung von Tatbeständen und zur Verbreitung politischer Unverbindlichkeiten" (S. 24).
55 Uwe Pörksen: Plastikwörter. Die Sprache einer internationalen Diktatur. Stuttgart 1988
56 vgl. insbesondere S. 37f. und S. 118 - 121
57 Pörksen 1988, S. 21

Dem wirkt Herta Müller entgegen, indem sie fast nur Wörter des Grundwortschatzes in ihre Texte aufnimmt, die noch eine Fülle von Ausdrucksmöglichkeiten beinhalten. Und diese entfaltet Herta Müller auf der Ebene der Unterstrukturierung. Durch Deautomatisierung gewinnen ihre Wörter an Ausdruckskraft und darüber hinaus hat das poetische Mittel noch eine andere Funktion.

Die immerwiederkehrenden Abweichungen von der Sprachnorm, ihr Ineinandergreifen, die Verzwicktheit der poetischen Mittel, die (Über)belastung sprachlicher Zeichen (also die Mittel der Deautomatisierung) semantisieren das, was sich unter der Oberfläche, der Kargheit und Monotonie abspielte. Unter dieser Starre brodelte es, die Reaktionen der Personen legen dies inhaltlich nahe, sie reichen von einem passiven Wunsch zu sterben (Großmutter), über aggressive Selbstzerstörung (Karl) bis hin zu nach außen gekehrter Aggressivität (Revolution in "Der Fuchs war damals schon der Jäger"). Sprachlich entsteht diese Bewegung durch die subtilen, dichtgedrängten Mittel der "Unterstrukturierung". Die sprachlichen Zeichen werden durch die Abweichungen deautomatisiert, neuen Bedeutungen und Assoziationen zugeführt. Daraus erwächst die Offenheit und die Bewegung im Text (die zahlreichen notwendigen Rückblicke verstärken diesen Eindruck beim Leser, halten auch ihn [geistig] in Bewegung), die zum starren Duktus einen vermeintlichen Gegensatz darstellt. Ein Blick in die Tiefe der sprachlichen Darstellung ist zugleich ein Blick in das Innere der Menschen, ihrer Beziehungen zueinander, ihrer Beziehungen zur Oberfläche.

An der Oberfläche ist das Erfüllen der (grammatikalisch-stilistischen) Normen bis zum Exzeß das höchste Gebot. Sie sind mit einer, stückweise an die Grenzen des Erträglichen reichenden, Akribie durchgeführt. Doch in diesem strengen Gefüge verweigern sich die Individuen, die Wörter. Sie tragen brav ihre Rolle, die ihnen die Norm (meistens syntaktisch) zugewiesen hat, verweigern sich aber der von ihnen erwarteten Normerfüllung, sie scheren in dem ihnen Eigenen, in der Bedeutung, aus. Sie nehmen sich die Freiheit, das zu sein, was sie für richtig halten, tiefere Beziehungen mit den Wörtern einzugehen, mit denen sie etwas verbindet, etwas Eigenes, Individuelles, von den (sprachlichen) Normen Unabhängiges.

Und diese Widerspiegelung der sozialen Hierarchien in der Sprache, des Zwiespalts des Individuums, das sich dauernd zwischen Normerfüllung und dem Ausleben des ihm Eigenen bewegt, das macht das Eigene, "Charakteristische" von Herta Müllers Schreibweise aus, ihren Stil. Herta Müllers Texte leben aus (mindestens) zwei Bedeutungsebenen, aus der verbalisierten, semantisierten Ebene und der Metaebene, der Ebene der Sprache (ihrer Kombinatorik, ihrer Musikalität, ihres Signalcharakters). Auf dieser Ebene gelingt ihr ein Abbild der tatsächlichen Verhältnisse, wie sie auf inhaltlicher Ebene nur angedeutet werden konnten. Herta Müllers Texte sind auf inhaltlicher Ebene eine Demontage der gängigen Erzählliteratur, dort, wo das Dorf thematisiert wird, der gängigen idyllisierenden Heimatliteratur. Angesichts der vielfach verschütteten tatsächlichen Verhältnisse war das wohl für sie die einzige Möglichkeit, ihnen näher zu kommen. Die ontologische Wirklichkeit war dem Individuum nur äußerst bruchstückhaft zugänglich, da von Pseudowirklichkeiten (des Dorfes und insbesondere der Ideologie) verdeckt. Nur jenen, die alle Sinne in höchstem Maße wach hielten, offenbarten sich Teile dieser ontologischen Wirklichkeit. Wollte man sie möglichst authentisch widergeben, so Herta Müllers Überzeugung, so mußte man die Bilder, so bruchstückhaft sie sich darboten, aufzeichnen: die ontologische Wirklichkeit ergibt sich auf inhaltlicher Ebene aus einer Collage.

Das, was inhaltlich nicht zusammenhängend, narrativ darstellbar ist, da ihm das ordnende Prinzip abhanden gekommen, wird auf der Ebene der Sprache, des Zeichens, semantisiert. Hier, auf der Metaebene, werden die Zusammenhänge erkennbar: der ständige Kampf zwischen Schein und Sein, die Starre und Unbeweglichkeit an der Oberfläche, der Athmosphäre - wie sie sich über Dorf und Land gelegt hatte - einerseits und dem gleichzeitigen Ausscheren des Individuums andererseits.

Zur Illustration soll der letzte Abschnitt aus „Über den Kopf der Weinreben..." noch einmal untersucht werden.

„Karl nahm das Geld für das Haus und kaufte sich dafür einen Wintermantel.
Karl nahm die Axt aus der Scheune.
Im Hof <u>fiel zögernd</u> Schnee.
Karl hackte in seinem Wintermantel die Wurzelstöcke der Weinreben aus.
Karl hackte bis tief in die Nacht.
Karl <u>hackte sich</u> <u>im zögernden Schnee</u> aus den Weinreben <u>hinaus</u>.
Über den Kopf der Weinreben hat Karl dieses Land verlassen."[58]

Über Karls Befindlichkeit wird direkt kein Wort verloren: seine Hilflosigkeit, seine Verzweiflung, seine Entwurzelung werden nur im Akt des Hackens angedeutet. Zum Bild des Hackens, das hier geschildert wird, kommen noch akustische und weitere sprachliche Elemente hinzu. Die Parallelität im Satzbau, die Wiederholungen (Karl, nahm, hackte u.a.) und die lautmalerischen Elemente („w", „s") beschwören das Geräusch des Hackens und das Obsessive in der Handlung herauf.

---

58 aus: Barfüßiger Februar, S. 25

Die semantischen Inkongruenzen stehen als Signale im Text. Die erste semantische Inkongruenz zwischen dem Partizip „zögernd" und dem Substantiv „Schnee" gilt als eine Art Vorwarnung für den Leser. Bis zu dem Zeitpunkt sind Karls Handlungen „normal" (nimmt Geld, kauft Wintermantel, nimmt Axt aus der Scheune). Auch das, was danach folgt, daß er die Wurzelstöcke der Weinreben aushackt, könnte noch als „normale Handlung" angesehen werden. Daß dem aber nicht so ist, beweist der übernächste Satz. Das Bild des Sich-Hinaushackens wird auf sprachlicher Ebene als Ausscheren, als Zuwiderhandlung gekennzeichnet, gleich dreimal treten semantische Inkongruenzen auf:

„hackte" ⇔ „sich"
„hinaus"
„aus den Weinreben"
„zögernden" ⇔ „Schnee"

Es ist ein verwobenes, mehrfaches Ausscheren, wie man es dem Schema entnehmen kann. Worin besteht aber das Ausscheren auf inhaltlicher Ebene? Es geht hier um eine Affekthandlung, die für die Öffentlichkeit des Dorfes nicht akzeptabel war. Genau so wie die Sätze brav, ja übertrieben streng den syntaktischen Regeln folgen (Schema, das variiert wird: S - P - AO - AB), so verrichtet er 'normal' alle Reiseformalitäten. In seinem Inneren kocht es aber, es droht zu bersten. Die Brüche auf der Ebene der Kombinatorik verdeutlichen es. Sie zeigen an, daß nichts mehr 'normal' ist, auch wenn es nach außen hin so scheint. So wie Karl neue Verhaltensweisen 'erprobt', so tun es auch die Wörter, indem sie sich eigenwillig zusammenstellen, die Regeln der semantischen Kongruenz ignorierend. Das trifft im Text in dem Punkt zusammen, an dem Karl den Bereich der 'normalen' Verrichtungen verläßt und entsprechend seiner inneren Befindlichkeit handelt (wahrscheinlich zum ersten und möglicherweise auch letzten Mal in seinem Leben).

Offensichtlich ist: die Wurzeln der Reben stehen sinnbildlich für seine Wurzeln. Indem er die Wurzeln der Reben aushackt, hackt er auch seine eigenen aus. Doch warum hat er (die Erzählerin) sich ausgerechnet die Weinreben dazu ausgesucht?

Das kann man nur verstehen, wenn man über die Lebensgewohnheiten der Banater Schwaben einiges weiß. Die Weinreben waren in jedem Hof zu finden, meistens als Laube. Sie waren Schattenspender in den heißen, trockenen Sommern in der Banater Ebene. Ebenso brachten sie Früchte, die vornehmlich zu Wein gemacht wurden. Traubenlese und Herstellung des Weins gehörten zu den alljährlichen beliebten Ritualen. Somit sicherten die Weinreben einen Akt der Ritualisierung, waren - in Form des Weins - Trostspender und - wie eben gezeigt - Schattenspender. Sie verbanden Arbeit und Muße, Entspannung. Auch gehörten sie zu den wenigen Habseligkeiten, die nicht enteignet wurden, so wie das Feld, die Mühlen, Geräte usw.

Doch mit diesen Überlegungen haben wir den Bereich des Stils, der sprachlichen Darstellung von Herta Müllers Texten verlassen und einen - für das Verständnis ihrer Werke unabdingbaren - sozialen Hintergrund eingeblendet. Dieser soll in den folgenden Kapiteln ausführlicher dargestellt werden, um die im Vorliegenden aufgestellte These zu konkretisieren. Vorher aber noch eine letzte, m.E. wichtige Bemerkung zum Stil, zur Sprache Herta Müllers.

Die Wirkung ihrer Texte ist u.a. auch darauf zurückzuführen, daß die dargestellte Problematik, der Zwiespalt zwischen Normerfüllung und Ausleben der Individualität nicht nur von den Menschen in der Diktatur erlebt wurde, sondern ein allgemeines, existentielles Problem ist. Der Wortschatz bestätigt diese These. In Herta Müllers Texten finden wir (fast) nur Wörter, die dem Grundwortschatz der deutschen Sprache angehören, die folglich nicht eine Erscheinung einer bestimmten Epoche sind (wie z.B. die Modewörter, die Plastikwörter - als Errungenschaft unserer Jahrzehnte - oder in gewissem Maße auch die Fremdwörter). Um diese These zu stützen, möchte ich einige Stichproben zitieren, die verschiedenen Texten entnommen sind. Ich habe absichtlich Texte ausgesucht, in denen nicht das Dorf Thema oder Raum ist, sondern das Land, die politische Situation. Denn man könnte sagen, daß man das Dorf, die Leute im Dorf adäquat mit einer einfachen Sprache darstellt, die Sprache, die die deutschen Dorfbewohner sprachen. Doch auch dort, wo das öffentliche Leben in Rumänien oder die Stadt zum Thema werden, bestechen die Texte durch ihre Einfachheit. So z.B.:

„Bei uns Herr Reagan, gibt es keine Compañeros. Nur Dreck unter den Fingernägeln gibts, und der hat nichts genützt. Und Fresken gibts, Arbeiter aus kleinen Steinen, neben dem Kanal. Und von der Donau bis zum Meer kein Schiff, Genosse Präsident.
Und lauter Stille.
Vielleicht kommt bald ein Präsident, der viele umgebracht hat, dieses Land besuchen. Geliebter Sohn des Volkes, dann werdet ihr die Leichen bergen in der Stirn. Du deine und er seine."[59]

Oder:

„An so einem Tag im August stellte sich Ilije an den Herd und zerquetschte Kakerlaken. Vielleicht war er es nicht, vielleicht war es die Rücksichtslosigkeit der Hitze in seinem Kopf. Bei den großen knackte der Tod, bei den kleinen blieb er stumm. Ilije zählte nur die rotbraunen Kakerlaken, die knackten.

---

59 aus: Barfüßiger Februar, S. 93

Wenn sie ausgewachsen sind, werden sie rot, sagte Ilije. Sie werden alles überleben, Städte und Dörfer. Auch das endlos geackerte Feld ohne Weg und Baum, auch den elenden Mais, die Karpaten und den Wind auf den Steinen, auch Schafe und Hunde und Menschen. Sie werden diesen Sozialismus fressen, ihn mit dicken Bäuchen runter an die Donau schleppen. Und drüben, am anderen Ufer, werden Erschrockene stehen und in die Hitze blinzeln. Und übers Wasser schreien, das sind die Rumänen, sie haben es verdient. "[60]

Die Fremdwörter habe ich unterstrichen. Im ersten Textausschnitt sind 5 Fremdwörter zu finden, wobei 'Freske' laut Duden[61] germanischen Ursprungs ist. In der Passage aus „Der Fuchs war damals schon der Jäger" wird nur ein Fremdwort bzw. Internationalismus verwendet: „Sozialismus". Die Fremdwörter bezeichnen Elemente der rumänischen sozialistischen Wirklichkeit, sie geben Lokalkolorit, wenn man es banal ausdrücken möchte. Sie wären auch durch keine deutschen Synonyme zu ersetzen. Modewörter sind weder in diesen Passagen, noch in anderen Texten zu finden.

Die Wörter als Konstanten des Wortschatzes entsprechen auf der formalen Ebene dem, was durch sie heraufbeschworen wird: grundlegende, existentielle Probleme. Es gibt sie immer und überall, so wie die Wörter des Grundwortschatzes einer Sprache. Sie sind, je nach Zeit, Gesellschaft und individuellen äußeren Umständen, anders gewichtet, bleiben sich aber in ihrem Wesen selbst treu. Der Zwiespalt wird in der Diktatur nur krasser erlebt, da dort der Zwang zur Anpassung erheblich größer ist, der Raum zur eigenen Entfaltung entsprechend klein oder fast inexistent. Will das Individuum das Persönliche, die Abweichungen, geheim halten, so überkompensiert es durch die übertrieben nach außen getragene Anpassung an die Norm. Und diesen Sachverhalt veranschaulicht Herta Müllers Sprache. Sie hat ihren Ursprung im "utilitären Jargon des Dorfes" und läßt auch die Spuren der Sprache der Diktatur erkennen. Inwiefern - das soll Thema des nächsten Kapitels sein.

---

60 aus: Der Fuchs war damals schon der Jäger, S. 113f.
61 Band 5, S. 990

III I. Herta Müllers "Diskurs des Alleinseins" und seine "Wurzeln"

Herta Müllers Sprache semantisiert die rumäniendeutsche Wirklichkeit, ihre Strukturen, ihr Beziehungsgeflecht. Diese, aus der Beschreibung der sprachlichen Gestalt entwickelte, These möchte ich im folgenden durch außertextuale Argumente stützen. Wurden die Texte bisher eher von ihrer Wirkung her betrachtet, soll sich jetzt die Blickrichtung ändern, nach hinten richten, auf die „Lebenswelt", in der sie entstanden. Laut Schütz/Luckmann umfaßt die Lebenswelt sowohl „Gegenstände der äußeren Wahrnehmung"[62], oder ontologisch das Seiende, als auch die „Sinnschichten"[63], die kulturell vermittelt werden. Zu den „Gegenständen der äußeren Wahrnehmung" zählt sowohl die außersprachliche als auch die sprachliche Wirklichkeit, in die Herta Müller hineingeboren wurde oder die sie später umgab.

Obwohl die beiden Wirklichkeiten eng verwoben sind, werde ich sie aus methodischen Gründen getrennt behandeln.

1. Außersprachliche Wirklichkeit

1.1 Das Dorf - ein hermetisch abgeschlossener Lebensraum

Eine Gesellschaft auf einigen Seiten zu beschreiben ist nahezu unmöglich. Es wären viel zu viele Faktoren zu berücksichtigen: geschichtliche, soziologische, politische, ethnologische. Dazu bietet diese Arbeit keinen Raum, auch ist es nicht der Zweck der Arbeit.

Trotzdem halte ich es für unerläßlich, zumindest einige Aspekte aus dieser Gesellschaft hier einzublenden. Wenn man die sozialhistorischen Tatsachen nicht kennt, werden die Texte noch rätselhafter als sie ohnehin schon sind.

Zwei soziale Tatsachen erscheinen mir besonders wichtig:

- die Existenz der Minderheiten, speziell der deutschen Minderheit in Rumänien, ihre Geschichte und ihre Lebensformen;

---

62 Schütz/Luckmann 1979, S. 28
63 ebd., S. 28

- die politische Situation im Lande, die verschiedene Phasen durchlief, vom anfänglichen Sozialismus stalinistischer Prägung über die "liberale" Phase der 70er Jahre bis hin zur krassesten Form der Diktatur.

Auf diese zwei Punkte soll, in angegebener Reihenfolge, in den folgenden Kapiteln eingegangen werden. Ich betone die Reihenfolge, da es zunächst ausschließlich der Lebensraum der Banater Schwaben war, „Lebensraum in aktueller Reichweite" nach Schütz/Luckmann[64], in dem sich Herta Müller bewegte, in dem sie ihre ersten Erfahrungen machte und auch ihre ersten Bücher schrieb. Die politische Situation im Lande "berührte" sie erst später, zunächst mußte sie mit ihrer Identität als Deutsche fertig werden.

Den Lebensraum der Banater Schwaben und wie er auf Herta Müller wirkte, beschreibt Richard Wagner sehr anschaulich in der "Laudatio", die er bei der ersten Preisverleihung für Herta Müller, im Juni 1981, vorträgt. In der "Dankrede" erzählt die Autorin dann selbst, was sie mit diesem Lebensraum verband und wie sie zum Schreiben kam[65].

Die Texte sind sehr aufschlußreich, obwohl man den Autoren eventuell eine etwas einseitige und dadurch auch undifferenzierte Sichtweise vorwerfen könnte. Da aber die Abgrenzung, psychologisch gesehen, die erste Voraussetzung zur Selbstfindung ist, zur Entwicklung einer eigenen Identität[66], macht diese Einseitigkeit Sinn. Außerdem ließ auch die "Ideologie" der Banater Schwaben nur zwei Blickwinkel zu: Entweder sah man die Wirklichkeit durch ihre Brille, wie sie es vorgaben, oder man stand auf der anderen Seite - dazwischen gab es nichts.

Auf dieses bipolare Denken, auf die Schwarz-weiß-Zeichnung wird noch eingegangen werden. Zunächst soll aber Richard Wagner zu Wort kommen:

"Als ich, als wir, auch die Schriftstellerin Herta Müller, zur Welt kamen, waren die Deutschen schon da. Sie nannten sich Landsleute und lebten in Dörfern, die ihnen ein bißchen zu groß geraten waren, und das forderte diese Deutschen zum, na ja, Vergleich heraus. Sie waren nun die, die etwas verloren hatten, einen Krieg, ein Feld, einen Mann, ein Haus, einen Sohn. Die Deutschen, unter denen wir aufwuchsen, hießen Vater und Mutter und Tante und Onkel. Unter ihnen waren auch die ersten Nazis unseres Lebens. Die saßen abends bei der Kartenpartie, knallten die Trümpfe hin und sprachen von Verrat und verlorenen Schlachten, und der Konjunk-

---

64 Schütz, Alfred/Luckmann, Thomas: Strukturen der Lebenswelt. Frankfurt a. Main 1979, S. 63f.
65 Ich habe diese zwei subjektiven Beschreibungen des Lebensraumes als Ausgangspunkt ausgesucht, da dieser nur selektiv dargestellt werden soll. Es sollen hier nur die sozialen Aspekte eingebracht werden, die für Herta Müller wichtig waren.
66 zum Identitätsbegriff vgl. Oerter/Montada 1982

tiv half ihnen über das Nachdenken hinweg. Nein, diese Deutschen dachten nicht nach. Sie gingen in ihrer kleinen Gemeinschaft herum, in der <u>nichts mehr intakt war außer ihren Anschauungen</u>. Und sie brachten uns Sonntag für Sonntag, während sie ununterbrochen wie in einem Comic aus den Hochämtern der Geschichte traten, als wären's die Neger dieser Zeiten, <u>ihre intakte Sprache</u> bei, eine Mundart, wie die Zeitung es nannte. Nein, <u>nachdenken haben wir von diesen Deutschen nicht gelernt</u>. Daß wir es trotzdem lernten unter diesen Deutschen war ein Zufall. Der Zufall war, weil es da kein Feld mehr gab und keine Dreschmaschine und keine Scheune, die größte im Dorf, und so konnten sie uns nicht mehr in die Landwirtschaft jagen, sondern mußten uns in den Schulen lassen, und da blieben wir eben so lange, bis wir es plötzlich konnten, nämlich nachdenken.

Und dann fingen wir an zu schreiben. Und wir, ein kleines Häuflein, sich gegenseitig festhaltend, um nicht abzurutschen in den allseitigen Opportunismus dieses Lohnempfängerplaneten, schrieben uns ran an die Übereinkünfte dieser Deutschen. Wir sagten, mitten in diesem kleinen Volk, aus dem ständig Leute fortgehen und uns ihre Generationsprobleme hinterlassen, mitten in diesem Volk sagten wir: <u>Schaut euch doch mal selbst an</u>! Und so entstanden dann diese Texte, <u>die nicht der unmittelbaren Reproduktion dienen</u> und <u>geschrieben sind aus dem Irregehn an der Norm</u>, die Texte der Herta Müller, geschrieben mit einem gehetzten Blick, unbequem für die Angeschauten, zuweilen eine Herausforderung, <u>programmatisch die Übereinkunft Wirklichkeit verzerrend</u> und sprengend mit dem ausgesprochenen Schreibziel, die Angeschauten merken zu lassen, wie sie <u>wirklich</u> sind und was nicht in Ordnung ist unter der Wolke der Welt, und wie erschreckend die Züge sein können von dem, was man gemeinhin als Ordnung bezeichnet. Kritisches Bewußtsein hat man's genannt, was auch in der Haltung von Herta Müller manifest wird. Es ist eine Haltung, die dem Angesprochenen kein Vergnügen sein soll, ihm aber zuweilen die Lider von den schlafenden Augen schneidet, ihn aufmerksam werden läßt auf den Zustand des aufrechten Gangs. Das ist schmerzvoll, aber auch unerläßlich, falls sich da doch einer zur Emanzipation entschließen sollte. Herta Müller hat sich mit ihrer Prosa von uns allen am weitesten vorgewagt zu den <u>Verfestigungen unserer kleinen Sprach- und Kulturgemeinschaft</u>. Sie hat es geschafft durch Sachkenntnis und mit einer unverwechselbaren Sprache den <u>radikalen Blick</u> zu vermitteln, den eine noch so kleine Gemeinschaft, will sie <u>veränderbar</u>, also lebensfähig bleiben, bitter nötig hat. Diesen Blick sollten wir doch, sollte doch die Gesellschaft, wie wir sie meinen, aushalten können."[67]

Was ist für unser Anliegen wichtig, was sagt Richard Wagner über die "kleine Gemeinschaft" und Herta Müllers Stellung in ihr? Ich werde die wichtigsten Aussagen herausgreifen und durch sozial-historische Tatsachen erläutern. Da es keine objektive und zusammenhängende Geschichte der Banater Schwaben nach '45 gibt, bin ich auf einige Artikel und auf die Empirie angewiesen.

Als Einstieg in die Besprechung ein kurzer historischer Abriß:

---

[67] Richard Wagner, zitiert nach: Banater Zeitung, Temeswar, 07.06. 1981, S. 2f. - Hervorhebungen von mir, H.H.C.

Die "kleine Gemeinschaft" lebte seit über 200 Jahren im Banat, sie lebten - mit wenigen Ausnahmen - in Dörfern. Diese waren zum Großteil rein deutsche Dörfer, nur in einigen war die Bevölkerung gemischt, und auch dann hatte jede Nationalität ihren Dorf- oder Stadtteil.

Mit wenigen Ausnahmen waren die Banater Schwaben Landwirte. Sie lebten räumlich - und dadurch auch geistig - isoliert und abgeschieden, hielten an ihren Traditionen und ihrem Normenkodex und nicht zuletzt an ihrer Sprache fest, die sie bei der Aussiedlung mitgebracht hatten. Dieses Festhalten war möglich, da sie politisch, in der Verfassung verankert, ein Recht darauf hatten und nicht zuletzt, da sie so isoliert lebten.

Richard Wagner behauptet, "*die Dörfer seien ihnen ein bißchen zu groß geraten*". Das bedarf einer Erläuterung. Die Aussage Wagners bezieht sich nämlich auf die Zeit, in der er aufgewachsen ist, auf die Zeit nach dem II. Weltkrieg. Der II. Weltkrieg war ein tiefer Einschnitt in das Leben dieser "kleinen Gemeinschaft". Viele zogen in den Krieg, kämpften als Deutsche auf der deutschen Seite. Viele fielen, andere wurden aus der Gefangenschaft nach Deutschland gebracht und blieben dort. Die, die zurückkehrten, waren gebrochen, sie hatten, als sie in den Krieg zogen, zum ersten Mal das Dorf verlassen und kehrten dann als Besiegte zurück - ein bitterer erster Kontakt mit der Welt. Zu Hause angekommen wurden sie dann enteignet, da der Sozialismus in Rumänien, dem Land, dem sie seit 1918 angehörten, gesiegt hatte. Man nahm ihnen Feld und Häuser weg, die Wohlhabenderen wurden für einige Jahre zwangsumgesiedelt, in den östlichen Teil des Landes. Mitte der 50er Jahre durften sie dann zurück in ihre Dörfer, bekamen teilweise ihre Häuser wieder; das Feld, die Mühlen, die Geräte blieben Staatseigentum. Die Identität und Existenz dieser "kleinen Gemeinschaft" war bedroht, man spürte das und reagierte unterschiedlich. Manche klammerten sich noch mehr an ihren Bräuchen, ihrer Sprache, ihrem Haus, an ihrem Normenkodex fest ("*Sie gingen in ihrer kleinen Gemeinschaft herum, in der nichts mehr intakt war, außer ihren Anschauungen*" R.W.), andere gingen in die Stadt (die junge Generation), und einige zogen die letzte Konsequenz und wanderten aus (offizieller westdeutscher Begriff: Aussiedlung). Die Dorfgemeinschaften schrumpften immer mehr (das meint R.W. mit seiner Aussage, sie seien ihnen zu groß geworden), das bewog immer mehr Leute zum Auswandern, es entstand ein Gruppenzwang, dem sich letztendlich kaum einer entziehen konnte. Für wenige war die Abwanderung die Erfüllung eines Traumes (siehe Franz[68]- oder Karl-Erzählung[69]). Es war für sie nicht nur ein gewaltsames Versetzen in einen anderen Raum,

---

68 Franz und das Pferd Franz. In: Eine warme Kartoffel ist ein warmes Bett. S. 61 - 64
69 Über den Kopf der Weinreben. In: Barfüßiger Februar. S. 24f.

sondern auch in eine andere Zeit, denn in Rumänien im allgemeinen, in den banatschwäbischen und anderen Dörfern insbesondere, war die Zeit stehengeblieben, obwohl sich geschichtlich einiges getan hatte. Und eben die Geschichte war es, die das Ende dieser "kleinen Gemeinschaft" besiegelt hatte. Ihre Identitäts- und Existenzgrundlagen waren zum Teil zerstört (Enteignung), zum Teil überlebt, veraltet, reaktionär. Die "kleine Gemeinschaft" war zunehmend in den Sog der geschichtlichen Entwicklung geraten, sie konnte sich nicht mehr entziehen.

Das hatten die jungen Schriftsteller erkannt, zu denen auch Herta Müller gehörte, sie versuchten dagegen anzuschreiben, am Anfang in der Hoffnung, daß sie noch etwas verändern könnten. Sie hofften, daß die Minderheit allmählich umdenken und dadurch überleben werde ("... *will sie veränderbar, also lebensfähig bleiben*"). Und daran lag ihnen viel, denn sie fühlten sich, trotz ihrer Randstellung innerhalb dieser Minderheit, ihrem Lebensraum eng verbunden. Herta Müller schildert dies in ihrer "Dankrede", die auf Richard Wagners "Laudatio" folgte. Ich möchte auch diese Dankrede hier abdrucken, da sie einen Einblick gibt in die Gründe, die Herta Müller zum Schreiben veranlaß(t)en, einen Einblick in ihre Beziehungen zur Lebenswelt, die sie umgab.

"Liebe Mitglieder des AMG-Kreises!

Als ich ins Lyzeum kam, war ich zum ersten Mal gezwungen, sechs Tage hintereinander in der Stadt zu leben. Ich maß die Zeit an der Anzahl der Samstage, denn samstags durfte ich "nach Hause" fahren. In diesen sechs Tagen war ich verbittert und weinte vor Heimweh. Ich wollte nicht das Gesicht meiner Mutter oder meines Vaters sehen. Ich wollte das Dorf sehen und das Haus und den Garten und die Bäume im Hof. Wenn jemand aus dem Haus mit mir sprechen wollte, war ich gereizt, denn ich wollte allein sein. Sechs Tage lang hatte ich in der Stadt das Dorf gesucht, weil ich etwas Bekanntes gesucht hatte, weil ich das Bedürfnis hatte, wohin zu gehören. Das Dorf war ein Rahmen für mich. Ich konnte nicht ohne einen Rahmen leben. Das Dorf war in meinem Kopf.[70]

Wenn mich etwas irritierte, wollte ich das nicht mehr tun. Ich hatte meine Selbstkontrolle im Kopf. Aber ich hatte auch die Gedanken im Kopf, die immer größere unsichere Räume fraßen. Denen konnte ich nicht entgehen und sie erschreckten mich. Ich hatte den Wunsch, "normal" zu sein, also in der Norm zu bleiben. In dieser Zeit schrieb ich Gedichte. Es waren Gelegenheitsgedichte, durch die ich meine Depressionen überwinden wollte. Aber die Sprache versagte an mir

---

70 ...und ist es auch heute noch. Das bestätigte Herta Müller anläßlich einer Lesung in Freiburg, 1995, wo sie gefragt wurde, ob sie vorhabe, beim Thema Rumänien zu bleiben. Sie gab zur Antwort, daß sie die Erfahrungen so nachhaltig geprägt hätten, daß sie auch jetzt noch in ihr lebendig seien.

und ich versagte an der Sprache. Ich hatte sehr wenig gelesen. Ich kannte nichts als meine unbeholfene Verletzlichkeit.

Als mein Vater gestorben war, dachte ich immer öfter daran, daß es meine Kindheit vor lauter Stummheit nicht gibt, daß sie mir nicht gehört. Ich begann Erlebnisse aus meiner Kindheit aufzuschreiben, <u>um mir diese durch die Sprache anzueignen</u>. Ich mußte wissen, was das Dorf in meinem Kopf aus mir gemacht hatte. Ich sah als Kind, daß die sogenannte Arbeit, der sogenannte Fleiß nichts als eine Zerstörung ist. <u>Der Haushalt, der Garten, das Feld zerstörten die Menschen, und die Menschen zerstörten den Haushalt, den Garten und das Feld</u>. Die Selbstverständlichkeit dieser Zerstörung machte mich arbeitsscheu. Ich konnte es nicht akzeptieren, daß etwas lebensberechtigt ist, nur weil es nützlich ist. Das sogenannte Schöne bestand aus Gegenständen. Es durfte nicht gelebt, sondern nur angeschaut werden.

Die ständige Angst vor dem Assimiliertwerden des "kleinen Häufchens", wie sich die Schwaben so gern bezeichnen, ist nichts als eine Rechtfertigung für ihren Ethnozentrismus. Der Kult, den sie aus den imaginären Werten: Ordnung, Fleiß und Sauberkeit machen, Worte, die ihnen und nur ihnen zugeschrieben werden dürfen, ist nichts als eine fadenscheinige Rechtfertigung für ihre Intoleranz.

Meine Verstörung ist das Produkt dieser ethnozentristischen, <u>imaginären Werte</u>, auch wenn die Schwaben sich dagegen wehren, daß ich das sage.

Auch diese Stadt ist ein Dorf. Tagtäglich rücken die Dinge in ihr so nahe an mich heran, daß ich mich wehren muß (das Kind Herta Müller hatte ja gelernt, daß alles, was nicht nützlich war, zerstört werden sollte, und die Schriftstellerin Herta Müller war nicht nur nützlich, sie wurde - nach 1981 - zum Schädling abgestempelt; Einfügung von mir, H.H.C.). *Und weil ich mich wehren muß, ist meine Sprache so hart geworden. <u>Und je härter meine Umwelt mich berührt, desto härter wird meine Sprache</u>. Ich laß mich nicht verschlucken von den Dingen.*

Ich danke allen Mitgliedern des AMG-Kreises, die für mich gestimmt haben. Es ist erfreulich, daß es hier noch einen Kreis von Leuten gibt, die das Aufschreiben einer Verstörung akzeptieren."[71]

Was ist demzufolge für Herta Müller wichtig? Was aus dem dargestellten Lebensraum wirkte sich produktiv auf sie aus? Folgendes geht aus ihrer Dankrede hervor:

---

[71] Herta Müller zitiert nach Neue Banater Zeitung, 07.06. 1981 - Hervorhebungen von mir, H.H.C.

- ihre Verbundenheit mit den „Gegenständen der äußeren Wahrnehmung", d.h. der Natur, den Gegenständen im Dorf;
- parallel dazu ihre gestörte Beziehung zu ihrer Familie und (was hier nicht explizit gesagt wird, aber mitschwingt) zu den anderen Dorfbewohnern;
- ihr zwiespältiges Verhältnis zum Moralkodex des Dorfes, zur gängigen Norm; das herrschende Arbeitsethos, der Ethnozentrismus und das selbstgefällige Selbstbild der Schwaben störten sie besonders.

Sie sieht ihr Schreiben als Antwort auf all diese „Irritationen", auf diese Spannungen zwischen ihrem eigenen Selbst und dem, was der Lebensraum ihr abverlangen wollte.

Den Aussagen der Autorin folgend, greife ich Aspekte der außersprachlichen Wirklichkeit heraus:

1 Die Rolle des Individuums in dieser Gemeinschaft und sein Verhältnis zum Normenkodex;
2 Das Selbstbild der Schwaben, damit verbunden auch ihr Ethnozentrismus und Arbeitsethos;
3 Die zwischenmenschlichen Beziehungen, die Familienverhältnisse und die Erziehung im Dorf.

Ein Punkt, den Herta Müller in der „Dankrede" nicht anspricht, der aber für sie mit der Entfernung vom Dorf (die zu dem Zeitpunkt, als sie die Rede hielt, erst begonnen hatte) immer wichtiger wurde, ist die Stellung der Minderheit im Nationalstaat Rumänien und die Konfrontation des Kindes/des jungen Erwachsenen mit der Stadt, mit dem Staat. Darauf soll abschließend eingegangen werden.

Doch zunächst bleiben wir noch beim Dorf. Was die Darstellung der „kleinen Gemeinschaft" anbelangt, stimmen Herta Müllers Aussagen und jene Richard Wagners weitgehend überein. Bevor wir aber auf eine detailliertere Beschreibung der 3 genannten Aspekte dieses Lebensraumes eingehen, muß noch ein Punkt geklärt werden, in dem sich „Laudatio" und „Dankrede" zu widersprechen scheinen: Herta Müllers Beweggründe beim Schreiben. Richard Wagner spricht von einer Veränderung, die die Schriftsteller anstrebten, um die Gemeinschaft "lebensfähig" zu machen, folglich von engagierter Literatur. Herta Müller spricht vom Schreiben um seiner selbst willen, um sich zu beweisen, daß man (noch) existiert.

Diese Idee wiederholt sie 1994, bei der Jahrestagung des PEN-Clubs in Düsseldorf. Im Streit mit Günter Grass zum Thema Schuld oder Unschuld der Sprache äußert die Autorin, daß sie nicht (mehr?) politisch, nicht (mehr?) engagiert schreiben will. "Ich kenne keinen anderen Maßstab mehr als mich selbst"[72] brach es aus ihr heraus, auch ertrage sie es nicht mehr, wenn jemand sich als literarisches Gewissen der Nation aufspiele. Im September 1994 sagt sie in einem Interview: "Ich habe 1987 Rumänien verlassen, aber vorher versucht, das Land zu verändern"[73].

Welchen Aussagen kann man Glauben schenken? Ist Herta Müller eine engagierte Autorin, oder tritt sie für Subjektivismus ein? Liest man ihre Interviews und betrachtet man ihre politischen Aktivitäten, kann man zur ersten These stehen, betrachtet man die andere Seite, ihre Auffassung von Erkenntnis und Wahrnehmung, oder Aussagen der Autorin wie die oben genannten im Streit mit Grass, so wäre sie eine Autorin, die über "Gräser" schreibt, um ihrer selbst willen.

M.E. fließen die beiden Pole, zwischen denen ihre Literatur sich zu bewegen scheint, ineinander. Sie lösen sich auf in einer bestimmten Form von Engagement, die mit dem genannten Subjektivismus einhergeht. Sie "engagiert sich" für das Recht auf Individualität, auf Entfaltung, ohne dabei die Notwendigkeit eines Rahmens (*"Das Dorf war ein Rahmen für mich"*) zu leugnen. Sprachlich macht sie das, indem sie die Wörter aus dem allgemeinen, inhaltsleeren Gebrauch in ihre Individualität, ihre Einzigartigkeit zurückführt (siehe Kap. I) und gleichzeitig den Duktus, den Satzbau, die grammatikalischen Strukturen der 'blassen' Alltagssprache beibehält. Inhaltlich verhält es sich ähnlich. So wie Herta Müller als Schülerin (s. "Dankrede"), pendeln ihre Personen hin und her zwischen "Selbstkontrolle" und "Gedanken im Kopf" (s. Karl, Großmutter, Adina...). Warum diese Selbstkontrolle nötig war, erzählt Herta Müller in ihrer "Dankrede". Sie gehörte zu den "imaginären Werten", sie gehörte auch in die Reihe "Ordnung, Fleiß und Sauberkeit" und wurde mit dem Preis der Vernichtung jeden Keimes von Individualität durchgeführt. Nicht aus Boshaftigkeit, sondern aus reiner Angst um die Existenz, die der "kleinen Gemeinschaft" und auch der eigenen. Daß das <u>ein</u> wichtiger oder <u>der</u> Grund dafür war, erkannte Herta Müller erst später, nach ihrem ersten Blick unter die Oberfläche, nach ihrem ersten Band, "Niederungen", auf dessen Entstehung die Dankrede sich

---

72 Wolfgang Hellmich: Kritik am Weltgeist. In: Neue Ruhr Zeitung, 21.05. 1994
73 In: Die Woche, 30.09. 1994, S. 29

bezieht[74]. In der "Dankrede" vertritt sie noch die Meinung, die Angst um die Existenz sei bloß ein Vorwand.

Mit dieser Form von Literatur, mit der „engagierten Subjektivität", reiht sich die Autorin in die bedeutendste Strömung der rumäniendeutschen Literatur der späten 70er und der 80er Jahre ein. Auf die literarische Entwicklung wird im Kapitel „Rumäniendeutsche Literatur" noch ausführlich eingegangen.

Während wir den vermeintlichen Widerspruch bezüglich ihrer Beweggründe zum Schreiben besprochen haben, gerieten wir schon in den ersten zu behandelnden Bereich, dem des Individuums und seiner Rolle im Weltbild der Banater Schwaben. Daß Individualität stets dem höchsten Gebot der Selbsterhaltung der „kleinen Gemeinschaft" weichen mußte, wurde hier schon gesagt. Auch zeigt Herta Müller, wie das Gebot sich auf sie auswirkte („„...daß ich mich wehren muß").

Sowohl der "Laudatio" als auch der "Dankrede" könnte man vorwerfen, daß sie die "kleine Gemeinschaft" nur aus einem Blickwinkel, dem des an den Rand gedrängten, aufmüpfigen Jugendlichen betrachten, der nur ihre negativen Seiten sieht. Die Perspektive mag auch einseitig gewesen sein, die Einseitigkeit hatten sie aber auch gelernt, von eben denen, die sie beklagten. Sie hatten gelernt, daß es entweder schwarz oder weiß, nützlich oder schädlich, Freund oder Feind gab, dazwischen war nichts denkbar. Kurz nachdem sie den AMG-Preis erhalten hatte, sollte Herta Müller diese Bipolarität in der Denkweise auch am "eigenen Leib" erfahren: da sie nicht weiß sah, wie es die Norm vorschrieb, sondern schwarz, war sie für die Gemeinschaft nicht mehr nützlich (man konnte sich ihrer literarischen Leistungen nicht mehr rühmen), sondern schädlich. Sie wurde öffentlich zum Feindbild, zur Nestbeschmutzerin der Minderheit erklärt ("... *Prosa ist Prosa und bleibt Prosa, aber nicht ein Mittel, um zu beschmutzen*"[75]). Um zu verdeutlichen, wie sehr Herta Müller und Richard Wagner mit ihrer „Diagnose" des Welt- und Selbstbildes der Banater Schwaben recht hatten, wie starr und individualitätsfeindlich dieses Bild war, möchte ich einige Reaktionen auf die Reden einbringen.

Nachdem Herta Müller den AMG-Preis erhalten hatte, veröffentlichte die "Neue Banater Zeitung", die Zeitung der Banater Schwaben, die Satire "Das Schwäbische Bad", die später in die "Niederungen" aufgenommen wurde. Diese Veröffentlichung löste eine Fehde aus, die über die NBZ ausgetragen wurde. Im Juli und August 1981 erschienen zahlreiche Leserbriefe zu diesem Thema. Einige wenige befürworten Herta Müllers Text, sahen in ihr jemanden, die

---

74 Als Beweis kann man ihre Erzählungen heranziehen, in der die tiefe Tragik der Menschen gezeigt wird, z.B. „Über den Kopf der Weinreben..." und „Franz und das Pferd Franz"
75 Neue Banater Zeitung (NBZ), Temeswar, 19.07. 1981

endlich den Mut hatte, das zu sagen, was sich mehrere dachten. Hierzu ein Zitat aus einem Leserbrief:

"Es ist halt nicht gerade angenehm, wenn jemand die Tür aus den Angeln reißt, und die Wahrheit, nichts als die blanke Wahrheit sagt. Wer sich angesprochen fühlt, zeigt in solchen Fällen seine Krallen, wie im Falle "Des Schwäbischen Bades" geschehen, einem Prosatext von Herta Müller"[76].

Ja, viele zeigten ihre "Krallen", sie griffen Herta Müller an, bewiesen aber zugleich in ihren Leserbriefen, wie sehr die Autorin mit ihrer "Diagnose" (Ethnozentrismus, Überlegenheitsdünkel, Fleiß, Ordnung, Sauberkeit) recht hatte. Dazu ein Beispiel. Ich werde den Text ganz zitieren, da er (man beachte auch die Anrede!) inhaltlich und sprachlich ein Bild von DEM Banater Schwaben vermittelt.

"Keine Sorgen, Herta!
Bin Elektriker in der SML Schag. Zu dem ganzen Hin und Her wie die Banater Schwaben sind, will ich einiges sagen. Von vornherein muß ich zugeben, daß ich sehr verblüfft war, als ich (in der Mittagspause, Speckbrot speisend) dieses <u>gegen die Schwaben</u> gedruckte, in "Satire" umgetaufte "Matador"-Stück gelesen habe... Die Schwaben sind 'schmutznudelig'! So verstehen wir <u>Unverstörte</u> das!... Nachdem sich dann meine 'Rage' gelegt hatte, habe ich die Sache von der humoristischen Seite geholt... Aber diese 'grauen Schmutznudeln' haben meinen Appetit verdorben... <u>Die Schwaben sind ein stolzes Volk</u>, keine Herta Müller, keine NBZ-Redaktion <u>wird sie ändern können</u>, wohl aber in Rage bringen! <u>Die Schwaben sind auch ein sehr praktisch veranlagtes Volk</u>... Herta braucht sich keine Sorgen um die Schwaben zu machen. Umso "härter ihre Umwelt sie berührt", desto mehr <u>sollte sie sich anpassen</u>. Sonst wird sie noch ganz verstört! Wäre sie mit 17-18 Jahren verschleppt worden wie andere Schwäbinnen, hätte sie mehr Recht, über Dinge zu sprechen, von denen sie so keine blasse Ahnung hat! <u>Natürlich mit der Feder ist es eine leichte Sache</u>... Was "Von der Sauberkeit und vom Dünkel" betrifft - dies ist in so einem Stil geschrieben, der nur Diplomaten zu eigen ist. Ein Schwabe (LPG-Bauer, Traktorist usw.) versteht die vielen Fremdwörter nicht! Fairness, Rage...? ... <u>Die deutsche Sprache wollt ihr ganz gefährlich mischen. Wir sind doch nicht im Westen</u>, und wir brauchen solche Hochstapelei nicht!"[77]

Dieser Brief bedarf keines Kommentars, er spricht für sich. Er läßt auf das soziale und geistige Umfeld schließen, in dem Herta Müller aufgewachsen ist, dem sie sich nicht "anpassen" wollte, trotz aller Drohungen (*"Sonst wird sie*

---

76 NBZ, 16.08. 1981
77 NBZ, 16.08. 1981; Hervorhebungen von mir - H.H.C.

noch ganz verstört"). Ihr Selbstbild war weit entfernt von dem <u>des</u> Schwaben. Mit deren Selbstgefälligkeit, Pragmatismus, Konformismus, Geringschätzung jeder geistigen Tätigkeit, deren Ethnozentrismus und zutiefst reaktionären Einstellungen, wie verschiedene Stellen des Briefes sie beweisen, konnte Herta Müller sich nicht „arrangieren". Sie rieb sich daran auf, schrieb dagegen an, auch wenn ihr bewußt war, was auf sie zukam: die Expulsion aus der Gemeinde.

Die Folge der Fehde? Herta Müller war nun ganz an den Rand gedrängt, an den Rand einer Randgruppe. Fürsprache und einen sozialen Rahmen fand sie nur noch im kleinen Kreis ihrer schreibenden Freunde, von denen jede/r für sich mit ihrer/seiner Individualität allein zurecht kommen mußte, auch nachdem sie sich von den Banater Schwaben distanziert hatten. In der Stadt[78], wo sie hingezogen waren, waren Individuen, Meinungen auch nicht gefragt, im Gegenteil. Hier spürte man den langen Arm der Regierung, der Ideologie, die sie vertrat, des Sozialismus, der später in eine der krassesten Formen von Diktatur und Personenkult ausarten sollte. Anpassung war auch hier das höchste Gebot, es ging aber weiter, bis zu Vereinheitlichung, Gleichschaltung. Wer sich nicht fügte, wurde nicht nur einfach ausgestoßen (als verrückt erklärt oder gezwungen, sich im Dorf nicht mehr blicken zu lassen), sondern geriet in die Fänge der "Securitate", aus denen kaum einer unbeschadet, halbwegs heil entkommen konnte.

Im nächsten Kapitel möchte ich diese rumänische sozialistische Gesellschaft und Herta Müllers Stellung in ihr beschreiben.

Bevor ich aber auf den größeren sozialen Raum Rumänien eingehe, noch eine Betrachtung der kleinsten sozialen Struktur, der Familie im schwäbischen Dorf. Dies ist m.E. nötig, um die Entwicklungsbedingungen eines Kindes in diesem Umfeld zu verstehen und nicht zuletzt, um Herta Müllers Texte zu verstehen. Somit sind wir auch beim dritten Punkt angelangt, bei dem der zwischenmenschlichen Beziehungen.

Die Familie war eine patriarchalische und meistens rein pragmatische Institution (siehe auch Aussage im Leserbrief 2: "*Die Schwaben sind auch ein sehr praktisch veranlagtes Volk...*"). Pragmatismus beherrschte traditionell schon die Eheschließung. Vor der Enteignung war das höchste Gebot das, daß Feld zu Feld kam, daß der Besitz beibehalten, ergänzt oder vergrößert wurde. Heiraten mit Zugehörigen anderer Nationalitäten waren undenkbar, auch mußte jemand aus dem eigenen Stand geheiratet werden. Adam Müller-Guttenbrunn, ein bei den Banater Schwaben sehr beliebter Heimatdichter, schrieb bereits um die Jahrhundertwende Romane, in denen - trotz des idyllisierenden Grundtons -

---

[78] gemeint ist hier Temeswar, die Hauptstadt des Banats

Kritik an den starren Sitten in Banatschwäbischen Familien geübt wird. So z.B. in seinem Roman (erschienen 1918) „Meister Jakob und seine Kinder". Die Person des Großbauern Kaspar Luckhaup und die Familienverhältnisse in dessen Haus schildert Adam Müller-Guttenbrunn wie folgt:

> *„Kaspar Luckhaup, ein dunkelhaariger, bartloser Mann mit harten Augen, der dreimal Richter gewesen, saß mitten in der Hauptstraße auf dem Ursitz seiner Familie: Nie waren die dazugehörigen Gründe mitgeteilt worden. Der älteste Sohn bekam stets den ganzen Hof, <u>die jüngeren mußten gut heiraten</u>, oder man kaufte ihnen einen verwaisten Grund, die Töchter wurden hinausgezahlt (...). Das wußte auch Kaspar. Er hatte vier Schwestern hinausgezahlt, wovor Gott jeden Bauern bewahren möge, sagte er wie oft. Und <u>er lebte nie in Frieden mit diesen Schwestern</u>, ihre Männer hatten sich mehr erwartet. Und <u>in Unfrieden hauste er auch mit seinen Eltern</u>, die noch lebten und in Vorbehaltshäuschen wohnten, das gegenüber dem Hauptgebäude im Hofe stand. Sie hatten keine guten Tage unter seiner Herrschaft. Und er wird <u>einen gescheiteren Vertrag mit seinem Ältesten machen</u>, als sein eigener Vater einst mit ihm. Von seiner völligen Absage war noch lange keine Rede. <u>Der Hannes hat geheiratet, gut geheiratet, die Frau brachte ihm noch eine halbe Session mit in die Ehe, aber Bauer blieb der Vater</u>. Drei Jahre, das war ausgemacht, standen sie noch unter seiner Fuchtel, bis die Fau sich eingelebt hatte in die Luckhaupsche Hausordnung. <u>Was der Vater wollte, das hatte zu geschehen</u>..."*⁷⁹

Heiraten um des Feldes willen erübrigten sich nach der Enteignung, die anderen Gründe blieben bestehen. Anstelle des Feldes traten nun andere materielle Kriterien: Wohlstand, Auswanderungsabsichten usw.

Welche Atmosphäre in einer Familie, die auf dieser Basis zustande kam, herrscht, kann man sich leicht denken. Gefühle, die die Ehepartner verbanden, gab es meistens nicht, jede/r hatte seine/ihre eigenen, mit denen er/sie zurechtkommen mußte, denn sie durften nicht gezeigt werden, sie wären bedrohlich gewesen für die erzwungene Lebensgemeinschaft. Und Scheidungen waren undenkbar, das verbot nicht nur der Normenkodex des Dorfes, sondern auch die katholische Kirche. Also gab es kein Entrinnen. Jede/r mußte mit sich selbst zurechtkommen und sich, so gut es ging, in die Familie einfügen. Das einzige, was die Familienmitglieder verband, war der Besitz. So tat jede/r sein/ihr Bestes für den Wohlstand, lebte für die Arbeit und suchte seine/ihre Zuflucht: die meisten Männer fanden sie im Alkohol, die Frauen großteils in Bigotterie. Stumm und unterkühlt lebten sie nebeneinander her.

Das Kinderkriegen war in einem solchen Kontext ebenfalls dem höchsten Gebot, dem Pragmatismus unterstellt. Jede Familie sollte ein oder zwei Kinder haben, zur Erhaltung der Minderheit. Mehr Kinder sollten es nicht sein, sonst

---

79 Adam Müller-Guttenbrunn 1977, Bd. III, S. 226, Hervorhebg. von mir - H.H.C.

hätte man seinen Besitz zerstückeln müssen. Kinderkriegen war folglich die Erfüllung einer sozialen Pflicht, ebenso wie ihre Zeugung der Erfüllung einer familiären Pflicht unterlag. Sexualität war völlig funktionalisiert, Lust war verboten (auch von der katholischen Kirche), und bei Partnern, die sich sowieso nichts zu sagen hatten, war auch der Beischlaf reine Triebbefriedigung und/oder Pflichterfüllung.

Kinder, die unter diesen Umständen in die Welt gesetzt wurden, erfuhren wenig "Nestwärme", auch ihnen wurden und durften keine Gefühle gezeigt werden, zum einen, weil zu viele negative Gefühle damit verbunden gewesen wären, zum anderen, da man sie zur Pflichterfüllung, zum Pragmatismus, zur Anpassung erziehen mußte/wollte und sie deshalb nicht "verhätscheln" durfte. Diese pädagogischen Absichten erwiesen sich manchmal als in den Sand gesetzt, in der Nachkriegsgeneration gab es immer mehr Kinder, die Abitur machten oder sogar studierten und dadurch auch andere Perspektiven kennenlernten, sich vom Überlieferten schließlich distanzierten. Sie nahmen sich die Freiheit, aus Liebe zu heiraten, wenn es sein mußte, auch Zugehörige anderer Nationalitäten. So weit wie Herta Müller ging aber kaum eine/r. Viele dachten, was Herta Müller später schrieb, wagten es aber nicht, ihre Gedanken auszusprechen. Sie verteidigten ihr Eigenleben auf ihre Art, versuchten, Kompromisse zu finden. Daß viele so dachten, beweisen die Leserbriefe, in denen für Herta Müller und ihre Texte Stellung bezogen wird. Als Beispiel der oben zitierte Brief (S. 85), in dem der Autor Herta Müller zugesteht, "*nichts als die nackte, blanke Wahrheit*" gesagt zu haben, oder ein Auszug aus einem anderen Leserbrief, der am 19.07.1981 in der NBZ abgedruckt wurde: "*Ja, die Wahrheit kann uns ärgern - aber dann sollten wir nicht den Kopf dessen waschen, der sie sagt, sondern den Kopf dessen, der sie zu verheimlichen versucht.*"

Die Fehde, die vier Monate lang in der NBZ ausgetragen wurde, hat für sehr viel Unruhe innerhalb der "kleinen Gemeinschaft" gesorgt. Herta Müller ist es nicht - ich wage das zu behaupten - gelungen, Vorurteile abzubauen, die starren, reaktionären Strukturen zu verändern[80], sie hat es aber geschafft, auch den "rechtschaffenen Elektriker" zum Zuhören zu bewegen, trotz seiner Einstellung, daß es "... mit der Feder ... eine leichte Sache ..." sei (dieser Satz drückt eine unter den Schwaben gängige Meinung aus, daß geistige Arbeit nicht ernst zu nehmen sei; die Geringschätzung des Mannes deutet auch schon die Anrede mit dem Vornamen an). Sie hat die "Landsleute" zur Stellungnahme bewegt, zu einer Auseinandersetzung, und das war ein Riesenschritt, zumal "Federprodukte" von den meisten als etwas nicht Ernstzunehmendes abgetan

---

80 als Beweis ein Gedicht, das dem „Südostdeutschen Kulturinstitut" 1995 anonym zugesandt wurde (siehe Anhang)

wurden, höchstens dann akzeptiert, wenn sie dazu dienten, sie, die Schwaben, zu zelebrieren und in ihrer Lebensweise zu bestätigen.

Über diesen kleinen Erfolg hinaus hat die Fehde auch gezeigt, daß es einigen (wahrscheinlich nicht wenigen) genau so erging wie Herta Müller, daß sie ihre Einsichten teilten, sie aber nicht formulieren konnten oder wollten. Sie konnten es nicht, weil es ihnen aberzogen wurde, in der Familie, im Dorf, in der Schule. Warum, wurde schon oben gesagt, es soll jetzt noch kurz gezeigt werden, wie diese Gleichschaltung erzieherisch vollzogen wurde.

In der Familie wurde so gut wie gar nicht diskutiert, problematisiert. Der Normenkodex sorgte für klare Verhaltensregeln, die jedem Kind eingebläut wurden, über Gefühle sprach man nicht, der Dialog erübrigte sich. Die zwischenmenschlichen Beziehungen im Dorf waren ähnlichen Gesetzmäßigkeiten unterworfen wie die in der Familie. Sie unterlagen dem Gebot, das Deutschtum in der Dorfgemeinschaft um jeden Preis aufrecht zu erhalten, das ging nur, wenn man seinem Normenkodex frönte. Die zwischenmenschlichen Beziehungen waren funktionalisiert (s. "Laudatio": "*Die Deutschen, unter denen sie aufwuchsen hießen Vater und Mutter und Tante und Onkel*"). Wo keine Persönlichkeiten gefragt waren, konnten auch tiefere persönliche Bindungen nicht zustande kommen. So wie die Beziehungen zwischen den Menschen war auch die Sprache, in der sie sich verständigten. Sie diente hauptsächlich zum Vermitteln und Festigen der Normen oder zum Austausch von alltäglichen, praktischen Anliegen. Herta Müller nennt diese Sprache den "*utilitären Jargon des Dorfes*". Auf ihn soll im nächsten Kapitel eingegangen werden.

Auch in der Schule lernten die Kinder nur, die ideologisch vorgeformten Gedanken und ihre Sprachhülsen wiederzugeben. Sie lernten, daß alles, was von der Partei, von Ceausescu verordnet wurde, gut war, alles andere aber schlecht. Alle, die sich den Parteirichtlinien unterwarfen, waren gut, alle anderen schlecht.

Die Mittel, durch die den Kindern die beiden Wertesysteme mit ihrem Normenkodex eingeschärft wurden, waren die gleichen, oder zumindest ähnlich:

- Wiederholen der gleichen Phrasen, Sätze, um sie dem Kind "einzuhämmern" (es lernt ja die Sprache durch Nachahmung und eignet sich mit der Sprache auch die "Wirklichkeit" an),
- Wiederholen von Drohungen, um die Einhaltung der Norm zu gewährleisten,
- damit eng verbunden das Ausmalen von Feindbildern, die näher rücken, dem Kind auf den Leib rücken können, wenn es die Normen nicht einhält.

Insofern, was die Methoden anbelangt, bestand ein Konsens zwischen dem Normenkodex des Dorfes und dem des Landes. Auch die Werte, die von beiden Ideologien vermittelt wurden, gingen in die gleiche Richtung:

- Unterordnung und Anpassung,
- Zurückstellen und Unterdrücken der persönlichen Belange, Regungen, Bedürfnisse,
- unkritisches Eintreten für das "Wohl der Gemeinschaft", für die Festigung ihres Wertesystems.

Die Parteifunktionäre hatten diesen Konsens wahrscheinlich erkannt, deshalb ließen sie die Deutschen in ihren Dörfern auch, mit wenigen Ausnahmen, in Ruhe. Sie wußten, daß diese - wenn sie ihnen die Minderheitenrechte zugestehen - keine Gefahr für das System darstellten, da sie die oben genannten Werte ja schon in die Wiege mitbekommen hatten[81], sich folglich fügten, anpaßten und ihrer Arbeit gewissenhaft nachgingen. Das Arbeitsethos der Deutschen war bekannt. Das beweist eine Redewendung aus dem Rumänischen: „Treaba ca la neamt", mit der eine gründliche Arbeit bezeichnet wurde („Arbeit wie beim Deutschen"). Auf diesen Ruf waren die Deutschen sehr stolz, und sie pflegten ihr Arbeitsethos, auch nach der Enteignung. Es hatte sich verselbständigt. War es früher ein Mittel zum Zweck, um Wohlstand zu erreichen und zu erhalten, so wurde es jetzt, nach der Enteignung, zur abstrakten Tugend, derer man sich rühmte, durch die man sich von den anderen abgrenzte und über sie stellte.

Auch kippte dieses Arbeitsethos oft in Schinderei, in Zerstörung und Selbstzerstörung um[82]. Man ging mit der Natur (Feld, Boden) rücksichtslos um und auch mit sich selbst, man arbeitete (fast) bis zum Umfallen und mußte dann auch noch stolz darauf sein. Diese Rücksichtslosigkeit wurde einem anerzogen, das Kind lernte früh, daß alles nur seine Lebensberechtigung hatte, wenn es

---

81 Interessant fand ich, daß Untersuchungen, die die (West)deutschen Stereotypen zum Thema hatten, ähnliche Werte herausfanden. So schlußfolgert Rainer Roth nachdem er umfangreiche Befragungen referiert: *„Im Vergleich zu den USA und Großbritannien weisen die Werte bezüglich der früheren Beteiligung an Entscheidungen in Familie und Schule für die deutschen Befragten stets die niedrigste positive Ausprägung auf. Auch die Quoten für den Protest gegen ungerechte Behandlung liegen in der deutschen Bevölkerung deutlich niedriger als in den Vergleichsländern (vgl. Almond/Verba, S. 331 ff), so daß einer Erziehung zu freien und selbstverantwortlichen Menschen noch viel zu tun bleibt"* (Roth 1979, S. 76)
82 vgl. auch Großvaters früher Tod in „Die kleine Utopie vom Tod"

etwas hergab, wenn es „nützlich" war, wobei „nützlich" immer mit dem Zusatz „für die Gemeinschaft" einherging. Der Selbstwert des späteren Erwachsenen war folglich gleich seiner Rolle in der Gemeinschaft, für ihn bestand seine Identität[83] darin. Darüber noch mehr im Kapitel „Sprachliche Einflüsse".

Doch nun zurück zur Stellung der Minderheit im Staat. Der scheinbare Konsens, was die Werte anbelangt, kippte aber um, wenn man die Feindbilder näher betrachtete. Der Westen diente als gemeinsames Feindbild, allerdings aus verschiedenen Gründen:

- für die Banater Schwaben (die beim Wort Westen eigentlich nur die BRD vor Augen hatten) war der Westen einerseits das Mutterland, auf das sich Sehnsüchte richteten, andererseits der Inbegriff für Verfall von Werten, für den Verfall ihrer Werte (die sie vor 200 Jahren aus Deutschland mitgebracht hatten!). In den Augen der reaktionären Minderheit waren die "fortschrittlichen" Westdeutschen keine "richtigen Deutschen" mehr (s. Leserbrief 2: "*ganz gefährlich mischen*")
- für die Kommunisten war der Westen weiter gefaßt, ein Inbegriff für den Kapitalismus, der eigentlich geschichtlich schon als überholt galt, sich in der Verfallsphase befand und der unweigerlich vom Kommunismus abgelöst werden mußte.

Die Banater Schwaben verbanden mit dem Westen ihre Idee von Deutschtum, die Kommunisten sahen darin eine bestimmte Gesellschaftsordnung.

Betrachtet man weitere Feindbilder, so tritt der Dissens, der Widerspruch bei anderen noch klarer zutage.

Zu den Feindbildern der deutschen Minderheit gehörten auch die Kommunisten, da diese sie enteignet, ihnen Haus und Feld genommen, sie in russische Gefangenschaft geschickt oder verschleppt hatten[84]. Kommunisten wurden oft gleichgesetzt mit Rumänen, hier überlappten sich zwei Feindbilder, zum einen das des Enteigners, des Kriegsgewinners, zum anderen das der anderen Nationalität.

Es bestand folglich eine Kluft zwischen dem, was die Partei, was Ceausescu verkündete - die Einheit und Brüderlichkeit aller Nationalitäten - und dem Ethnozentrismus der Minderheit. Am weitesten aber klafften die Einstellungen beim Wort 'Kommunist' bzw. 'Kommunismus' auseinander. Für den Staat verkörperten die Wörter die höchsten Ideale, was Menschenbild und Gesellschaft anbelangte, für die Deutschen aber gaben sie das Feindbild Nr. 1 ab.

---

83 vgl auch erster Satz des Leserbriefes: „*Bin Elektriker...*"
84 hier hat man die Erklärung dafür, warum die DDR als 'Mutterland' nicht in Frage kam.

Diese so offensichtlichen Widersprüche konnten einem Kind, einem Jugendlichen kaum entgehen, auch wenn er/sie noch so sehr zu Konformität erzogen war. Es prallten hier zwei Welten aufeinander, deren Dissens Fragen aufwarf, zum Denken anregte. Und darin zeigte sich eine Chance für die Kinder der Nachkriegszeit, eine Chance zum Nachdenken, eine Chance, die beiden Wertesysteme kritisch zu betrachten, auf der Suche nach der/einer Wahrheit. Diese Feststellung widerspricht Richard Wagners Meinung nicht, daß die Enteignung für einige junge Banater Schwaben <u>der</u> glückliche Zufall war. Denn hätten sie weiterhin ihr Feld gehabt, hätten sie nicht zur Schule gehen dürfen, wären somit nicht mit der vom Staat verbreiteten Ideologie konfrontiert worden, hätten sie keine Chance gehabt, die Widersprüchlichkeit der zwei (Werte)Systeme zu erkennen und diese dadurch zu relativieren.

Diese Leute, die das Nachdenken gelernt hatten, <u>wollten</u> oft ihre kritischen Ideen nicht öffentlich formulieren, da die Angst vor Sanktionen zu groß war, sie hatten sich aber zumindest zu solchen Einstellungen durchgerungen und begrüßten es auch, wenn andere den Mut aufbrachten, sie öffentlich auszusprechen.

Aber auch jene, die die Chance, ein kritisches Bewußtsein zu entwickeln, nicht hatten, spürten die Widersprüche, hatten vage Ahnungen davon, daß ihre Welt nicht so heil war, wie sie sich gab, sondern eher bedroht, gebrochen. Sie spürten die Gebrochenheit in sich, konnten aber nicht damit umgehen, unterdrückten alle Regungen, um den Schein der Konformität zu wahren, um nicht als abnormal zu gelten.

Herta Müller mag später erkannt haben, daß viele - so wie sie - mit der "Selbstkontrolle" gegen die "Gedanken im Kopf" ankämpften, nur weil sie keinen anderen Weg sahen, weil ihr Lebensraum keine Alternativen (an)bot. Diese Einsicht fließt in ihre nächsten Texte ein, in denen sie die Tragik dieser Menschen darstellt[85], man denke nur an Karl aus "Über den Kopf der Weinreben" oder die Großmutter aus "Kleine Utopie vom Tod".

Und in diesen Texten spielt schon ein weiterer Lebensraum ein, der in Herta Müllers „aktuelle Reichweite"[86] rückte, als sie das Dorf verließ, als sie zu schreiben begann: die Stadt, der Staat, das öffentliche Leben im Rumänien Ceausescus. Ihm (dem Lebensraum) soll das nächste Kapitel „gewidmet" sein.

---

85 "Drückender Tango", 1983; "Barfüßiger Februar", 1987; "Der Mensch ist ein großer Fasan auf der Welt", 1986
86 Schütz/Luckmann 1979, Bd. 1, S. 63

1.2 Das Land - ein besonderer Käfig im Ostblock-Zoo

Um zu verstehen, welchen Lebensraum Herta Müller vorfand, als sie das Dorf verließ, wird zunächst wieder ein historischer Abriß unabdingbar, will man sich die Atmosphäre in Rumänien Ende der 70er Jahre und Anfang der 80er Jahre vorstellen. Auch zu diesem Kapitel der jüngsten rumänischen Geschichte gibt es keine zusammenhängende objektive Darstellung. Es wird zur Zeit viel darüber geschrieben, verschiedene Standpunkte werden vertreten. Meine Aufmerksamkeit konzentriert sich nur auf Aspekte, die für das Verständnis von Herta Müllers Werk wichtig sind, die Darstellung erhebt nicht die Ansprüche einer Geschichtsabhandlung.

Es soll hier vor allem gezeigt werden, wie Ceausescu und sein Apparat es verstanden hatten, zunächst ihre Macht zu festigen und sie dann aufrechtzuerhalten. Den Unterdrückungsmechanismen und -methoden und ihrer Auswirkung auf die Menschen im allgemeinen und auf die Schriftsteller im besonderen gebührt erhöhte Aufmerksamkeit, da das ja auch das Thema Herta Müllers ist. Ferner erscheint es mir als Angelpunkt, wie der Ceausescu-Apparat es verstand, eine Wirklichkeit in Rumänien zu konstituieren, die sich Schritt für Schritt vom Seienden distanzierte, von den "tatsächlichen Verhältnissen", wie Marx es nennt (s.u.), und auch von der ursprünglichen kommunistischen Ideologie. Aus dieser doppelten Entfremdung heraus erwuchs die "Wirklichkeit" im Rumänien Ceausescus, die ich im folgenden als 'Pseudowirklichkeit' bezeichnen werde. Will man die Schriftsteller verstehen, die gegen diese Pseudowirklichkeit anschrieben (unter ihnen auch Herta Müller), so sollte man wissen, wie sie entstanden war, wie sie - einmal geschaffen - daherkam und nicht zuletzt, wie die Menschen, die in ihr lebten, zu ihr standen.

Marx äußert sich in seinen Schriften zum Verhältnis Ideologie - Realität wie folgt: "Die theoretischen Sätze der Kommunisten (...) sind nur allgemeine Ausdrücke tatsächlicher Verhältnisse eines existierenden Klassenkampfes, einer unter unseren Augen vor sich gehenden geschichtlichen Bewegung."[87]

Diese Übereinstimmung zwischen Sprache, Ideologie und Wirklichkeit mag es zu Marx' Zeiten noch gegeben haben, auch noch in den Zeiten der sozialistischen Revolution, danach aber entfernte sich die Ideologie immer mehr von den "tatsächlichen Verhältnissen", sie verallgemeinerte die Tatsachen zunehmend, bis zur Nivellierung. Auch die Sprache wurde von der Wirklichkeit nach und nach abgezogen und diente der Pseudowirklichkeit der Ideologie. Dieser Prozeß vollzog sich in allen sozialistischen Staaten, die Kluft zwischen Ideo-

---

87 zitiert nach: Good 1975, S. 125

logie bzw. Sprache und den "tatsächlichen Verhältnissen" war aber unterschiedlich tief. Auch entziehen sich die "tatsächlichen Verhältnisse" einer Verallgemeinerung. Vieles, was man über die DDR oder andere sozialistische Staaten weiß, trifft auch auf Rumänien zu, es gab aber auch erhebliche Unterschiede.

In einer Rezension zu Herta Müllers letztem Roman, "Herztier", hebt Uwe Kolbe, ein aus der ehemaligen DDR stammender Lyriker, die Unterschiede hervor:

"Wenn der Rezensent als früherer DDR-Bürger nachdenkt über diesen Verrat, dann kennt er ihn und kennt ihn doch nicht. Die Todesdrohung, die für den beschriebenen Personenkreis in Rumänien bestand, macht den Unterschied.

Wenn er nachdenkt über die mißglückten Fluchtversuche, die im Maisfeld verdorrten oder von der Donau angespülten Toten, dann mag er sich nicht auf Zahlenvergleiche einlassen. Wenn er nachdenkt über die Willkür und über die Angst und vor allem über das Schweigen der Mehrheit, dann sagt er sich: Es war bei uns nie so schlimm. Wir waren nicht so allein, nicht so isoliert".[88]

Uwe Kolbe schildert die Atmosphäre, die in den letzten Jahren vor Ceausescus Sturz, im Dezember 1989, herrschte. Die "tatsächlichen Verhältnisse" 1989 und davor wurden aber in der Öffentlichkeit nie thematisiert, sie standen im krassesten Gegensatz zu der von den Parteifunktionären, von Ceausescu gezeichneten „Wirklichkeit".

Ceausescu, der alle Fernseh- und Radiosendungen durch seine Gegenwart, seine Reden besetzte, ebenso die ersten 4 bis 6 Seiten der Tageszeitungen, sprach fortwährend von einem "Goldenen Zeitalter", einem Zeitalter der Industriemacht, der Unabhängigkeit Rumäniens von allen ausländischen Mitteln und Einflüssen. Und am Anfang glaubten ihm viele. Er hatte es ja geschafft, den Einfluß der Sowjetunion auf die "inneren Angelegenheiten"[89] Rumäniens zu mindern, auch genoß er Anfang der 70er Jahre hohes Ansehen im Ausland[90], wurde sogar für den Friedensnobelpreis nominiert. Daß das alles nur Schachzüge waren, um seine Macht im Inneren zu festigen und jede Spur von Argwohn oder Mißtrauen, die von außen hätte kommen können, auszulöschen,

---

88 Wochenpost. 14.10. 1994, S. 46
89 Das war ein Lieblingsschlagwort Ceausescus
90 Dieses Ansehen war das Ergebnis einer Reihe von geschickten außenpolitischen Schachzügen, von denen hier nur die wichtigsten genannt seien:
- 1967 nimmt er die diplomatischen Beziehungen zur BRD auf
- 1968 beteiligt er sich nicht an der Invasion der Warschauer-Pakt-Staaten in der Tschechoslowakei und verurteilt diese sogar in öffentlichen Reden

erkannte zunächst niemand. Im ersten Jahrzehnt von Ceausescus Regierung herrschte auch im Lande eine liberale Politik, wirtschaftlich ging es den Menschen gut, es gab kaum einen Grund, unzufrieden zu sein. Niemand - oder nur sehr wenige - ahnten, daß diese Aufbruchstimmung oder zumindest die bejahende Stimmung, die der Präsident geschaffen hatte, nur dazu diente, um seine Macht, seinen Sicherheitsapparat zu festigen.

Als dann der Abwärtstrend anrollte (geschichtlich kann 1971 bereits als das Jahr des Umbruchs angesehen werden - Ceausescu verkündet seine "Juli-Thesen", die einen Anfang der Re-Stalinisierung bedeuten sollten), wollte es zunächst niemand wahrhaben, daß das Land zügig auf eine Diktatur zusteuerte. Der Führer, wie Ceausescu sich nannte, erzählte den Leuten immer wieder von vorübergehenden Opfern, die das Volk bringen mußte, auf dem Weg zur höchsten Gesellschaftsstufe, dem Kommunismus. Und einige glaubten ihm, hatte er ihnen doch einen bescheidenen Wohlstand und internationales Ansehen gebracht. Die Skeptiker blieben mit ihren Gedanken allein, jene, die sie äußerten, spürten bald den Zugriff der "Securitate"[91]. Sie wurden (mund)tot gemacht. Je mehr Skeptiker ihre Meinung äußerten, desto stärker und einfallsreicher wurden die Zugriffe der "Hüter der Ordnung" im Staat. Allmählich entwickelten die Securitate-Offiziere "hellseherische Fähigkeiten", sie griffen ein, bevor jemand überhaupt dazu kam, etwas Staatsfeindliches zu sagen, rein präventiv, beim leisesten Verdacht, daß jemand nicht konform sein könnte. Die Angst breitete sich aus, die Angst nicht nur vor den Machthabern, sondern auch vor dem Nachbarn von nebenan, dem Arbeitskollegen, die potentielle Kollaborateure waren. Und die Wahrscheinlichkeit, in seinem Freundes- und Bekanntenkreis von Mitarbeitern der "Securitate" umgeben zu sein, war sehr groß. Einige gaben aus Angst dem Werben der Machthaber nach, andere, um sich Privilegien zu sichern. Jene, die dem Staatsapparat angehörten oder ihm zuspielten, genossen entscheidende Vorteile, angefangen von rein materiellen (mehr oder bessere Lebensmittel, Kleidung und alles, was Mangelware war) bis zu Aufstiegsmöglichkeiten im Beruf. Die Angst vor den Mitarbeitern aus dem näheren Umfeld vergiftete auch die zwischenmenschlichen Beziehungen, Mißtrauen schlich sich ein, auch in innerfamiliäre Beziehungen.

Mit dieser Angst, der Wachsamkeit und dem Mißtrauen beschäftigt, kam den Leuten der Blick für Zusammenhänge allmählich abhanden. Sie merkten, daß sie immer weniger zu essen hatten, daß Strom und Heizung immer öfter abgestellt wurden, schimpften privat darüber, arrangierten sich aber notgedrungen mit der Situation.

---

91 siehe Frauendorfer 1990, S. 75ff.

Die Grenzen zwischen Täter und Opfer zerflossen. In seinem Aufsatz "Geschichtsverweigerung oder die Kunst der Verdrängung"[92] nimmt Rudolf Herbert Stellung zu diesem Punkt. Er schildert die politische Lage in Rumänien nach 1989, versucht, sie aus ihrer jüngsten Geschichte heraus zu erklären:

"Man sprach von Autoritätsverfall, vom moralischen Chaos, doch fast nur am Rande erwähnt blieb das Erbe der Diktatur, das sich in aller Deutlichkeit in der Unmündigkeit, in dem gegenseitigen Mißtrauen oder in dem Opportunismus zeigte, den man nach wie vor, wenn auch uneingestanden, zu den wirksamsten Überlebensstrategien zählte".[93]

Rudolf Herbert gesteht den Leuten ihre Opferrolle zu, klagt sie aber zugleich an, wirft ihnen ihre Überlebensstrategien vor, allem voran ihren Opportunismus. Auch im Nachhinein, nach dem Sturz Ceausescus, werden das eigene Versagen, die Mitschuld jedes einzelnen erfolgreich verdrängt.

"Diese Vergangenheit wies und weist man immer noch als Fremdes von sich. Man bezog sie nur insofern auf sich, als man sie erlitten hatte, sie war das Schicksal, das jeder hatte erdulden müssen. Man hatte an ihr teil, doch niemand wollte daran teilgenommen haben. Gesellschaftspsychologisch betrachtet, sind die letzten vier Jahrzehnte die einer kollektiven Verweigerung der Geschichte. Die Verstrickungen damit werden verdrängt, der Freispruch wird eingefordert und jede Schuldzuweisung auf Dritte übertragen. An die Sowjets zum Beispiel, die das rote Übel transportierten. Abgesehen davon, daß die Parteien der ehemaligen Ostblockländer damit unterschiedlich umgingen, ist das nicht nur die halbe Wahrheit, sondern auch Selbstbetrug. Rumänien - ein Land der Verdrängungskünstler. Die Kunst der Verdrängung war einigermaßen erfolgreich, denn mit der gängigen Doppelmoral und dem nicht nur sprichwörtlichen Humor hatte man sich die 'wissenschaftliche' Mühe mit dem Sozialismus immer schon erspart...".[94]

Eine kollektive Verurteilung träfe die Wirklichkeit im Rumänien Ceausescus aber auch nicht. Die Masse, die, am Existenzminimum angelangt, im wahrsten Sinne des Wortes nur noch ums Überleben kämpfte, die - schlicht aus mangelnder Bildung - keine andere "Wahrheit" oder "Wirklichkeit" kannte als die, die vom Führer und seinem Gefolge vermittelt wurde, konnte sich nicht wehren, war aber auch nicht fähig, die Ungeheuerlichkeit dessen zu erfassen, was mit ihr geschah. Die große Masse der Unmündigen reagierte sich nur an Gleichgestellten ab, am besten noch an Minderwertigen, d.h. Schwächeren. So z.B. gehörten Streiten und Prügeln beim Schlangestehen zum Alltag, in den

---

92 Herbert, Rudolf: Geschichtsverweigerung oder die Kunst der Verdrängung. In: Halbjahresschrift für südosteuropäische Geschichte, Literatur und Politik. Heft 2/1992, S. 27 - 44
93 Herbert 1992, S. 28
94 Herbert 1992, S. 28 f.

stets überfüllten Verkehrsmitteln kam es nicht selten zu Handgreiflichkeiten und schweren Beschimpfungen. Bettler oder psychisch Kranke[95] wurden oft zum Belustigungsobjekt, wurden zu verschiedenen "Vorführungen" gezwungen. Die menschenverachtende Haltung, die die Regierung den Menschen entgegenbrachte, gaben sie nach unten weiter, denn sie konnten sich gegen die Regierung nicht zur Wehr setzen, der Unterdrückungsapparat war viel zu mächtig.

Auch Rudolf Herbert versucht, bei der Schuldfrage zu differenzieren:

"Doch wer kann zur Verantwortung gezogen werden, wenn zur Zeit der Diktatur jeder einen Vorgesetzten hatte, bei dem bekanntlich die Entscheidungskompetenz lag? Diese läßt sich mühelos bis zu Nicolae und Elena Ceausescu weiterdelegieren. Wer kann also schuldig oder mitschuldig gesprochen werden? <u>Bestimmt nicht jener Großteil der Bevölkerung, für den ein anderes Leben als das der Demütigungen und der Not beinahe nicht mehr vorstellbar war.</u> Doch die Unmündigkeit zu verklären, den Zustand des Objekt-Seins in den Rang einer Philosophie für den täglichen Gebrauch zu erheben, bedeutet, dem Einzelnen jede andere Dimension der Existenz außer der biologischen abzusprechen und bestätigt den Verdacht, daß die Schicht, die sich für die politische Elite der Gesellschaft hält, aus Kalkül oder Indifferenz, wenig Interesse daran hat, die Begriffe zu klären".[96]

Bezüglich der „andere(n) Dimensionen der Existenz" muß man leider sagen, daß der Mehrheit Ende der 80er Jahre tatsächlich nur noch die „biologische" übriggeblieben war. Und was das „Interesse" der „politische(n) Elite der Gesellschaft" anbelangt, muß man - auch leider - feststellen: sie hat es jetzt nicht und hatte es zum Teil auch zu Ceausescus Zeiten nicht. Trotzdem gab es einige Intellektuelle, die es wagten, Mißverhältnisse anzusprechen, aufzubegehren. Die Securitate hatte aber Kräuter gegen sie gezüchtet, schon lange vorher, bevor die Mißstände überhaupt gravierend wurden. Jeder Aufmüpfige mußte vernichtet werden, die Mittel erstreckten sich über Angst-Einjagen, Drohungen aller Art bis hin zum Psychoterror. Prügel gehörte zum Repertoire, ebenso verschwanden Leute einfach, wurden auf der Straße, in Gaststätten geschnappt und einige Tage lang festgehalten und verhört, mit allem, was dazu gehörte. Manche kamen nie wieder, andere tauchten nach der "Revolution" wieder auf, sie wurden aus psychiatrischen Anstalten und Gefängnissen entlassen[97].

---

95 Diese Menschen gab es laut Ceausescu nicht. Bettler widersprachen nämlich seiner Behauptung, es gebe keine Arbeitslosen in einer Gesellschaft der kommunistischen Vollbeschäftigung. Ebenso pflegte er die Existenz psychisch Kranker zu leugnen, und das nicht nur verbal, sondern auch de facto: Ende der 70er Jahre löste er nämlich alle Psychologie-Fakultäten im Lande auf.
96 Herbert 1992, S. 33 - Hervorhebungen von mir, H.H.C.
97 vgl. Frauendorfer 1990, S. 73ff.

Obwohl er von dem (Psycho-)Terror weiß, dem einige ausgesetzt waren und in dessen Mühle jeder geraten konnte, der nicht Mitläufer war, verurteilt Rudolf Herbert die Sich-arrangieren-Mentalität der Vielen:

"Um es auf den Punkt zu bringen: die kommunistische Diktatur, in der Ausformung, die sich durch Ceausescu erhalten hatte, wäre ohne den ungewollten und gewollten Beitrag vieler nicht möglich gewesen. Wer dem System Vorteile abgewinnen konnte, tat das in der Regel, während sich die Mehrheit der Hoffnungslosigkeit und Gleichgültigkeit preisgab. Der Findigkeit des Durchschnittbürgers, der etwa durch verschiedene Tricks den Stromzähler außer Funktion setzte, um die Rechnung klein zu halten, entsprach dem Zynismus der Funktionäre, die den Energiesparmaßnahmen in den Haushalten zustimmten. Die Gesellschaft, die sich zumindest bis zur Mitte der achtziger Jahre mit Ceausescu eingerichtet hatte, war zu schwach, um einer sanften Revolution den Weg zu ebnen, was die kritische Diskussion der Vergangenheit heute fast unmöglich macht...". [98]

Teilweise kann man Herbert zustimmen, das Sich-Arrangieren war eine gängige Lebenseinstellung. Sie aber als die Lebenseinstellung darzustellen, wäre eine grobe Vereinfachung. Und man täte vielen Unrecht, vor allem denen, die offen in die Opposition gegangen sind, die dadurch bewußt ihr Leben aufs Spiel setzten.

"Die kritische Diskussion der Vergangenheit" ist nicht unmöglich, sie ist sogar notwendig. Ihre Notwendigkeit hebt Herbert selbst in seinem Aufsatz hervor, sowohl direkt (Themenwahl) als auch indirekt, durch die Behauptungen, die er aufstellt, die wiederum zur Diskussion anregen. Doch die Schuldfrage geht über das hinaus, was Ziel dieses Kapitels ist: eine punktuelle Darstellung der (sozialen) Wirklichkeit im Rumänien Ceausescus.

Herbert beschreibt die Gesellschaft als "zu schwach", m.E. bedarf diese Behauptung einer Ergänzung: zu schwach im Verhältnis zum Machtapparat, zu Ceausescu und seinem Gefolge, die nahezu unspürbar, in den von ihnen als liberal erklärten Jahren, ihre Position gefestigt hatten, die Gegner, das Volk, schwächten (durch Indoktrination, Entmündigung, Schüren von Mißtrauen und später durch materielle Not), um dann, ab Mitte der siebziger und konkret spürbar in den achtziger Jahren, ihr wahres Gesicht zu zeigen.

Anhand eines Beispiels möchte ich veranschaulichen, wie die Diktatur sich allmählich Raum schaffte in der Gesellschaft, nach und nach immer mehr Raum für sich einnahm und schließlich alle Lebensbereiche erfaßte und zugleich jeden Ansatz von Opposition im Keim erstickte. Es ist die Geschichte einer Gruppe von Schriftstellern, genannt "Aktionsgruppe Banat", zu deren späterem Freundeskreis auch Herta Müller gehörte.

---

[98] Herbert 1992, S. 43

Die "Aktionsgruppe Banat" wurde 1972 von jungen Banater Schriftstellern gegründet, u.a. von Richard Wagner und William Totok. Sie nannten sich Marxisten, schrieben kritische, engagierte Literatur und traten damit an die Öffentlichkeit. Ihre Absicht: der Gesellschaft, so wie sie war, einen Spiegel vorzuhalten. Da Ceausescus Kultursprecher verkündet hatten, daß die Zeit des sozialistischen Realismus abgeschlossen und jede/r frei sei zu schreiben, wie er/sie wolle, wähnten sich die jungen Schriftsteller in der Legalität. Zunächst durften sie auch frei schalten und walten, merkten nur, daß sie zunehmend beschattet wurden. Ihre deutschen Texte wurden ins Rumänische übersetzt und von der Securitate gründlich gelesen. Und dann - 1975 - schlugen die "Hüter der Ordnung" zu. Im Zug, mit dem die Gruppenmitglieder in Totoks Heimatdorf fahren wollten, das in der Nähe der Grenze lag, wurden sie verhaftet. Zunächst mit der Begründung, sie hätten flüchten wollen. Das stellte sich aber bald als vorgeschobener Grund heraus. Bei den Verhören nämlich ging es nur noch um ihre Texte und ihr Auftreten in der Öffentlichkeit. Beides fanden die Verhörer "subversiv", staatsfeindlich. William Totok brachte der "Zusammenstoß" neun Monate U-Haft, die Gruppe wurde verboten.[99]

Der Freundeskreis, zu dem sich nach und nach auch andere junge Schriftsteller zählten, ab Ende der siebziger Jahre auch Herta Müller, blieb aber weiterhin bestehen. Ihr Schreiben war zunehmend von ihren Erfahrungen, von der Zensur geprägt. Sie, die sich am Anfang bloß als Kritiker verstanden, wurden in die Dissidenz gedrängt. Im "Adam-Müller-Guttenbrunn-Kreis", der nach einem Banater Heimatdichter benannt wurde, fanden sie erneut eine Möglichkeit, öffentlich aufzutreten und zu debattieren, jedoch mit der gebotenen Vorsicht.

Seit der Auflösung der "Aktionsgruppe" waren sie aber geheimdienstlich bekannt, ihr "Schatten" wurde zu ihrem zweiten Ich. Anfang der achtziger Jahre wurden die Zugriffe immer konkreter, die Verhöre immer häufiger, länger und penetranter. Das ging Hand in Hand mit dem Abstieg von der wirtschaftlichen Misere in den wirtschaftlichen Abgrund der Gesellschaft (leere Geschäfte, Grundnahrungsmittel nur noch "rationalisiert", verbunden mit Schlangestehen bis zu 48 Stunden, Strom, Wasser und Heizung nur noch zu bestimmten Zeiten am Tag).

1984 schlug der Geheimdienst erneut zu. Ein Schriftsteller, der zum Freundeskreis gehörte, verschwand für einige Tage, wurde verprügelt und bedroht (Todesdrohungen gehörten dazu). Der Freundeskreis schrieb einen offenen Brief an die Staatspartei und an den Schriftstellerverband, in dem er die Sicher-

---

99 vgl. auch Ernst Wichner (Hrsg.): Ein Pronomen ist verhaftet worden. Texte der Aktionsgruppe Banat. Frankfurt a. M. 1992

heit jedes einzelnen forderte. Daraufhin wurden einige entlassen, es wurde ihnen Publikationsverbot verhängt. Da einige der Unterzeichner/-innen, allen voran Herta Müller, im Ausland schon bekannt waren, sah die "Securitate" von Inhaftierungen ab, vermutlich, um international die letzten weißlichen Flecken ihrer Weste zu bewahren. Stattdessen rechneten sie damit (und legten es später den Leuten auch nahe), daß sie so schnell wie möglich auswandern würden. Und das war wohl der letzte Ausweg[100]. Mit der Arbeit hatte man ihnen auch die Existenzgrundlage genommen, einmal aus politischen Gründen entlassen, wurde man auch nirgends mehr eingestellt. Und so wurden sie ausgesiedelt, nach Deutschland, wo die (Mord-)Drohungen sie aber immer noch erreichten, bis zu Ceausescus Sturz. Als Beispiel ein Brief, den Helmuth Frauendorfer 1988 erhielt:

"Du hast veröffentlicht und hast Brot gegessen in diesem Land, das Du heute beschmutzt. SCHANDE DIR! ... Und wenn Du im Guten nicht verstehen willst, werden wir Dich umbringen, wenn Du es am wenigsten erwartest. Hör auf mit diesem Spiel, wenn Dir das Leben lieb ist!".[101]

Ähnliche Briefe erhielten zur gleichen Zeit alle anderen Schriftsteller dieser Gruppe, auch Herta Müller. Auf andere wurden sogar bezahlte Killer losgeschickt, wie zum Beispiel auf Paul Goma und Virgil Tanase, Dissidenten, die in Paris lebten. Goma und Tanase kamen mit dem Leben davon, weil der beauftragte Mann sich den Behörden offenbarte. Doch dieses Glück hatten nicht alle.

Dieses Beispiel - eines von vielen - soll verdeutlichen, wie das eiserne Netz der Securitate sich um das ganze Land gelegt hatte, jeden darin verfangen konnte und wie es darüber hinaus seine Ausläufer auch im Ausland hatte. Angesichts solcher Beispiele kann ich Rudolf Herbert nur teilweise zustimmen. Sicherlich gab es auch viele Opportunisten unter den Intellektuellen in Rumänien, viele sind aber auch in die Opposition gegangen, in der zweiten Hälfte der achtziger Jahre auch ehemalige Mitarbeiter Ceausescus. Ein kollektiver Widerstand konnte aber, so lange einzelne bestrebt waren, ihn zu organisieren, nicht erreicht werden, die "Hüter der Ordnung" waren viel zu gut organisiert und kamen allen und allem zuvor. Nur der <u>spontane</u> kollektive Widerstand, wie er am 17. Dezember 1989 in Temeswar anfing, vermochte es, die Securitate zu überraschen und - für einige Augenblicke zumindest - ratlos zu machen. Damit hatten sie nicht gerechnet, das war in ihr Kalkül nicht miteinbezogen, so hatten sie augenblicklich auch keine Strategie zur Hand. Es wurde wie immer auf die

---

100 Ähnliche Strategien sind dem Leser wohl bekannt: man denke nur an die Geschichte Deutschlands in den 30er Jahren
101 zitiert nach: Frauendorfer 1990 S. 72

wehrlosen Demonstranten geschossen und eingeprügelt, diesmal aber nicht hinter verschlossenen Türen, sondern öffentlich. Der brutale Terror, der sich immer im Hintergrund abgespielt hatte, stellte sich nackt und blank den Vielen. Und es war ein Ende und doch nicht das Ende.

Daß diese gesellschaftlichen Zustände, die "tatsächlichen Verhältnisse" laut Marx, mit Kommunismus nichts zu tun hatten, liegt auf der Hand. Die rumänische Wirklichkeit (Personenkult, Diktatur, Terror) und die kommunistische Ideologie klafften so weit auseinander, daß niemand, auch nicht die Dümmsten und Naivsten, die Kluft und den Abgrund, der sich auftat, übersehen konnte. Je offensichtlicher sie wurden, desto brutaler wurde der Terror, um die Aufmüpfigen in ihre Schranken zu weisen. An die Stelle der kommunistischen Ideologie trat eine Clan-Ideologie, deren höchstes Ziel es war, ihre Macht um jeden Preis aufrecht zu erhalten, alle Bereiche, auch die persönlichsten wie das Kinderkriegen unter Kontrolle zu haben. Dafür war jedes Mittel legitim, wurde eine unendliche Reihe von Dekreten erlassen (Ceausescu hatte sich zum Präsidenten ernennen lassen, nachdem er diese Funktion ins Leben gerufen hatte. Als Präsident hatte er die Möglichkeit, Dekrete zu erlassen, die, im Unterschied zu den Gesetzen, nicht vom ZK der RKP genehmigt werden mußten), die alles verboten, um auch bei jedem einzelnen die Möglichkeit zu haben, ihn einer illegalen Handlung zu beschuldigen, wenn man es für nötig hielt. Und es funktionierte, denn aus reinen Überlebensgründen mußte jede(r) das eine oder andere Gesetz/Dekret übertreten und machte sich dadurch schuldig, konnte somit, wenn man es wollte, verhaftet werden.

Und so, wie sich die soziale Wirklichkeit von der kommunistischen Ideologie weit entfernt hatte, wurde auch die Sprache der Öffentlichkeit entfremdet, nicht nur der sozialen Wirklichkeit, sondern auch der kommunistischen Ideologie. Grundstrukturen der kommunistischen Ideologiesprache hatte sie zwar beibehalten, der ideologische Inhalt war diesen Strukturen aber völlig abhanden gekommen, die so entstandenen Worthülsen wurden, wenn überhaupt, durch die neuen Inhalte der Clan-Ideologie besetzt.

Diese doppelte Entfremdung, sowohl von der Wirklichkeit als auch von der kommunistischen Ideologie, war in dieser Form in keinem anderen Ostblockland vorzufinden. Nirgends konnte die kommunistische Ideologie, die realsozialistische Gesellschaftsform so sehr in ihr Gegenteil umgekehrt werden, wie es in Rumänien geschehen war.

Doch so pervers es auch klingen mag, für die Schreibenden hatte die Zensur, die doppelte Selbstkontrolle, auch eine fördernde Seite. Dieter Schlesak, ein ebenfalls emigrierter rumäniendeutscher Schriftsteller, gibt in seinem Aufsatz

"<u>Bewußtseinsspaltung. Von der Krankheit des Kopfes während der Diktatur.</u>"[102] ein Gespräch mit Mariana Marin, einer Schriftstellerin der jungen Generation, die in die Opposition gegangen war, wieder:

"Sie sagte: 'Der Poet Nichita Stanescu war der Repräsentant dieser ceausistischen Epoche, hinter seinem breiten Rücken gab es das schöne Loslösungs-Spiel von der Realität. Als die Dinge waren, wie sie waren, schrieb er über die Wunderpferde...'.

Und doch wurde im Versteckspiel mit der Metapher damals die Diktatur attackiert, ihr innerer Zustand unterlaufen, sagte ich. Am deutlichsten wurde diese Bewußtseinsspaltung und der verwirrte Geisteszustand bei einer Verhaftung, bei der man zu Recht fürchtete, nun entlarvt worden zu sein, denn man versuchte ja mit allen Mitteln, seinen Haß zu verschleiern, doppelbödig 'schlau' zu denken. Aber ohne diese, <u>auch stilistische Vorbereitung in jenem doppelbödigen Schreiben, das zu einer erheblichen Verfeinerung des Stils beigetragen hat,</u> wäre auch die nachfolgende Literatur heute nicht möglich, jene ästhetische Vorbereitung in einer Zeit, in der nichts anderes möglich gewesen war, hat die rumänische Literatursprache verändert".[103]

Ist diese "Verfeinerung des Stils" ein Vorteil oder eher ein Nachteil?
Betrachtet man die engagierte, politische Seite von Literatur, könnte man sie als Nachteil sehen. Das "Versteckspiel in der Metapher" führt dazu, daß die Literatur ihre Offenheit einbüßt, nur für eine Elite zugänglich bleibt. Da das Verstecken in der Sprache aber die einzige Möglichkeit war, um überhaupt veröffentlichbare Texte zu gestalten, folglich der einzige Weg, auf dem man Leser überhaupt erreichen konnte, kann in diesem Punkt von keinem Manko der Literatur gesprochen werden. Der Gewinn an Poetik, an Intensität, an Souveränität im Umgang mit der Sprache kann durch den möglichen, durchaus zu erwägenden Nachteil nicht geschmälert werden. Doch diese Überlegungen leiten von der (sozialen) Wirklichkeit über in den Bereich Sprache, der Thema des nächsten Kapitels sein soll.
Vorher aber noch zwei Zitate, von Literaten aus Rumänien, die ihren Umgang mit der Wirklichkeit und mit deren Versprachlichung beschreiben. Sie sollen die These stützen, daß sich die Diktatur auf die Schriftsteller produktiv ausgewirkt hat:

"... Während der Diktatur hatten die Autoren ein Gefühl der Komplizität mit dem Leser, sie versuchten Formeln zu finden, um möglichst viel Wahrheit über die rumänische Wirklichkeit zu transportieren, besondere Formen dafür zu finden, um diese Wahrheit unter Bedingungen einer strengen Zensur bis zum Leser durchzuboxen. Eine Art <u>Hinweis-Sprache</u> wurde geschaffen, äso-

---

102 In: Halbjahresschrift, Heft 1, Mai 1994, S. 42 - 53
103 Schlesak 1994, S. 43 f.; Hervorhebg. von mir, H.H.C.

pischer Art. Und die narrativen Formen waren davon abhängig, so vor allem in der narrativen Prosa. Es waren Bücher, die mit einer Existential-Metapher arbeiteten, mit der Absicht, das Unterbewußtsein des Totalitarismus erkennbar zu machen. Aber im letzten Jahr war es furchtbar anstrengend, ein Buch zu veröffentlichen. Es gab eine Liste von Wörtern, die als inexistent, als tot anzusehen waren, nicht erscheinen durften, z.B. Kirche, Tod, Titte, Dissident, Diktatur, egal in welchem Kontext".[104]

Das erwähnte Verbot zeigt, wie weit sich Ceausescus Pseudowirklichkeit von der Realität entfernt hatte. Sie ging sogar so weit, ganze Lebensbereiche auszulöschen, denn indem man die Wörter, die sie bezeichnen als inexistent erklärt, wischt man den Inhalt, den diese Wörter/Zeichen transportieren aus dem Bewußtsein der Menschen. Doch wie soll das, angesichts eines so allgegenwärtigen Begriffs wie "Tod" noch funktionieren? Die Absurdität dieser Welt hat sie selbst ad absurdum geführt, hat aber zugleich hervorragende Literatur nach sich gezogen. Schlesak spricht über die besondere Form von Surrealismus, die sich in Osteuropa im allgemeinen, in Rumänien im besonderen entwickeln konnte.

"Wir kennen das sic et non besserer Literatur, und die brutale Diktatur lieferte für das Wissen von dieser Welt im Negativbild mehr Erfahrung als jede andere Wirklichkeit, wirklich schmerzhaft erlebbare "Zeit", förderlich einer Zeit-Erkenntnis unter Lebensgefahr; die Absurdität wird jedem samt der dazugehörigen Sprache eingeprügelt!".[105]

Ist diese Absurdität ein Auswuchs des Rumäniens Ceausescus, oder gehört sie zu den "Erbanlagen" dieser Gesellschaft? Man denke nur an Tzara und den Dadaismus oder an Ionesco und das absurde Theater! Der Frage kann hier nicht nachgegangen werden, der mögliche Zusammenhang erschien mir jedoch erwähnenswert.

Tatsache ist, daß die Ursachen, die Struktur des Absurden im Rumänien Ceausescus viel greifbarer waren als in anderen (westeuropäischen) Staaten. Die Widersprüche, die Übertreibungen hatten solche Ausmaße angenommen, daß das öffentliche Leben sich nur noch für eine Groteske eignete. Es gab genug Stoff für Literatur her, es galt nur, die Groteske poetisch zu verpacken, so daß sie der Zensur standhalten konnte. Und nur schreibend, indem man die Groteske als solche entlarvte, konnte man die Wirklichkeit wieder näher bringen, als sogenanntes Phantasieprodukt (Gegenentwurf zur grotesken Wirklichkeit) rekonstruieren.

---

104 Gabriel Dimiseanu, Literaturkritiker. In: Schlesak 1994, S. 45
105 Schlesak 1994, S. 47

Literatur, Sprache als ihr "Material" waren demzufolge nicht nur Kommunikationsmittel, dazu da, Ideen zu vermitteln. Sie, die Sprache, war zugleich ein Mittel der Objektivierung, des Zugangs zur verbauten Wirklichkeit, ein Mittel, mit dem man sich wehren konnte, gegen Angriffe aller Art, gegen das Nicht-Sein schlechthin. Sprache hatte „Wirklichkeit" konstituiert, die Pseudowirklichkeit der Machthaber. Wollte man die Wirklichkeit zurückgewinnen, sich „tatsächlichen Verhältnissen" annähern, so mußte man bei der Sprache ansetzen. Das hatten die Schriftsteller erkannt, sowohl die rumänischen als auch die rumäniendeutschen. Die Schwierigkeit bestand nur darin, die Zensur zu umgehen. In einem gewissen Maße mußte also die Sprache der Öffentlichkeit in den Texten erkennbar sein.

Wie löst Herta Müller das Problem? Im folgenden versuche ich, eine Antwort auf diese Frage zu finden.

2. Sprachliche Einflüsse

Es liegt auf der Hand, daß die Spuren der Sprache der Öffentlichkeit in Herta Müllers Texten nicht nur auf die Notwendigkeit, die Zensur zu umgehen, zurückzuführen sind. Das sprachliche Umfeld prägt den Sprachgebrauch einer Person, das gehört zum Allgemeinwissen sowohl der Linguisten als auch der Psychologen.[106]

Bei Herta Müller überschneiden sich zwei sprachliche Sphären: die des Dorfes, der Minderheit, und die der Öffentlichkeit. Da sie ihre Sprache im Dorf erworben hatte und der Kontakt mit dem Staat, der Sprache der Öffentlichkeit, viel später stattgefunden hatte, wage ich zu behaupten, daß der "utilitäre Jargon des Dorfes"[107], wie sie die Sprache der Minderheit nennt, ihre Sprache primär beeinflußt hat. Somit soll zunächst darauf eingegangen werden und dann auf die Sprache der Öffentlichkeit.

2.1 Der "utilitäre Jargon" des Dorfes

Es ist schwierig, diese Sprache zu beschreiben, da es ja kaum schriftliche Zeugnisse dafür gibt. Um das Kapitel nicht ganz der Empirie zu überlassen, habe ich zwei Texte ausgesucht, einen Leserbrief und einen Zeitungsartikel, in dem ein alter Mann aus seinem Leben erzählt (ein Erlebnisbericht). Beide Textsorten bieten den Vorteil, daß die Sprache, die verwendet wird, dem mündlichen Sprachgebrauch am nächsten steht. Der Leserbrief bringt darüber hinaus auch inhaltlich eine Bemerkung zum gängigen Sprachgebrauch und zur Auffassung von Sprache und Literatur in diesem Milieu. Deshalb möchte ich zunächst auf den Leserbrief eingehen. Er wurde bereits im Kapitel 1.1 zitiert, wegen seiner inhaltlichen Aussagen. Hier soll die Sprache unter die Lupe genommen werden.

---

106 Schütz/Luckmann (1984) setzen sich ausführlich mit der vielschichtigen gesellschaftlichen Bedingtheit von Sprache und anderen Zeichensystemen auseinander. Sie kommen zu dem Schluß: „*Der Gebrauch kommunikativer Mittel ist also sowohl von der geschichtlich verfügbaren Struktur der kommunikativen Mittel wie von der konkreten gesellschaftlichen Regelung kommunikativer Vorgänge bestimmt*" (Bd. 2, S. 211).

107 Herta Müller verwendet diese Bezeichnung sehr oft, zum ersten Mal in einem Interview mit Annemarie Schuller, in: Reichrath, E. (Hrsg.): Reflexe. Klausenburg 1984, S. 123

"Keine Sorgen, Herta!
Bin Elektriker in der SML Schag. Zu dem ganzen Hin und Her wie die Banater Schwaben sind, will ich einiges sagen. Von vornherein muß ich zugeben, daß ich sehr verblüfft war, als ich (in der Mittagspause, Speckbrot speisend) dieses <u>gegen die Schwaben</u> gedruckte, in "Satire" umgetaufte "Matador"-Stück gelesen habe... Die Schwaben sind 'schmutznudelig'! So verstehen wir <u>Unverstörte</u> das!... Nachdem sich dann meine 'Rage' gelegt hatte, habe ich die Sache von der humoristischen Seite geholt... Aber diese 'grauen Schmutznudeln' haben meinen Appetit verdorben... <u>Die Schwaben sind ein stolzes Volk</u>, <u>keine Herta Müller</u>, keine NBZ-Redaktion <u>wird sie ändern können</u>, wohl aber in Rage bringen! <u>Die Schwaben sind auch ein sehr praktisch veranlagtes Volk</u>... Herta braucht sich keine Sorgen um die Schwaben zu machen. Umso "härter ihre Umwelt sie berührt", desto mehr <u>sollte sie sich anpassen</u>. Sonst wird sie noch ganz verstört! Wäre sie mit 17-18 Jahren verschleppt worden wie andere Schwäbinnen, hätte sie mehr Recht, über Dinge zu sprechen, von denen sie so keine blasse Ahnung hat! <u>Natürlich mit der Feder ist es eine leichte Sache</u>... Was "Von der Sauberkeit und vom Dünkel" betrifft - dies ist in so einem Stil geschrieben, der nur Diplomaten zu eigen ist. Ein Schwabe (LPG-Bauer, Traktorist usw.) versteht die vielen Fremdwörter nicht! Fairness, Rage...? ... <u>Die deutsche Sprache wollt ihr ganz gefährlich mischen</u>. <u>Wir sind doch nicht im Westen</u>, und wir brauchen solche Hochstapelei nicht!"[108]

Was fällt dabei auf? Auf den ersten Blick sind es die Zeichensetzung, die Parallelität im Satzbau, die Art der Sätze (Ausrufe- und Aussagesätze), die Wortwiederholungen und nicht zuletzt die Fehler (Stilbrüche, grammatische Fehler).

Diesen Auffälligkeiten möchte ich nachgehen, ihre soziale Bedingtheit, den Zusammenhang zwischen den sprachlichen Erscheinungen und dem Normenkodex, dem Denkstil[109] des Dorfes untersuchen.

Allein schon die Anrede, "*Keine Sorgen, Herta!*", irritiert. Die Autorin wird mit Vornamen angesprochen. War das unter den Schwaben der normale Umgang? Hat der Leser sie persönlich gekannt? Es trifft wohl keines von beidem zu. Die Anrede mit Vornamen gibt Aufschluß über die Einstellung zur angesprochenen Person. Mit Vornamen spricht man Vertraute an oder Fremde, die man nicht respektiert, die man gering schätzt. Der letzte Grund trifft wohl für unseren Leser/Schreiber zu. Diesen Eindruck verstärkt der unvollständige Satz: "*Natürlich, mit der Feder ist es eine leichte Sache...*". Der Satz gibt, wie schon erwähnt, die Einstellung des Lesers und der Schwaben allgemein zu geistiger Tätigkeit wieder. Bücher lesen oder gar schreiben war Zeitverschwendung. Als "richtige Arbeit" war nur die harte, weil physische anerkannt.

---

108 vgl. Anm. 77
109 Ludwik Fleck setzt sich mit der sozialen Bedingtheit des Denkens, das eng an ein Denkkollektiv gebunden ist, auseinander (vgl. hierzu Fleck 1993, S. 130)

Doch nicht allein ihre geistige Beschäftigung brachte Herta Müller die Geringschätzung des Lesers ein. Die Tatsachen, daß sie jung war und noch dazu Frau, legitimieren in den Augen des Lesers/Schreibers die Anrede. Der Normenkodex des Dorfes umfaßte nämlich folgende Maximen:

> *1. Alte sind Jungen überlegen, folglich müssen die Jungen die Alten respektieren, nicht aber umgekehrt;*
>
> *2. Männer sind den Frauen überlegen.*

Diese Grundeinstellungen führen zu folgenden Aussagen:

"Wäre sie mit 17-18 Jahren (...) verschleppt worden wie andere Schwäbinnen, hätte sie mehr Recht, über Dinge zu sprechen, <u>von denen sie keine blasse Ahnung hat</u>!"

"<u>Ein Schwabe</u> (LPG-Bauer, Traktorist usw.) versteht die vielen Fremdwörter nicht!".

Und was ist mit den Schwäbinnen? Verstehen sie die Fremdwörter? Oder kommt es darauf gar nicht an? Wohl nicht, denn der Leser spricht nur von <u>DEM</u> Schwaben, nicht von <u>DER</u> Schwäbin, auch spricht er dort, wo er Herta Müller mangelnde Erfahrung bescheinigt (*"von denen sie so..."*) nicht von den Schwaben (die ja genau so verschleppt wurden), sondern nur von den Schwäbinnen, da Herta Müller als Frau ja mit den Männern sowieso nicht in einer Reihe steht. Frauen und Männer sind im Kopf des Lesers fein säuberlich getrennt, wobei die Männer für das *WIR* maßgebend sind (s. *"<u>Ein Schwabe</u> versteht..."*), die Frauen eine untergeordnete Rolle spielen

Ein weiterer moralischer Grundsatz des Dorfes/Lesers/Schreibers lautet:

> *Das Individuum bezieht seine Legitimation aus der Gemeinschaft. Es hat sich als (kleiner) Teil der Gemeinschaft zu verstehen.*

Diese Auffassung kann man am Gebrauch der Personalformen und Substantive ablesen. Schon im ersten Satz wird das Personalpronomen "ich" ausgespart, der Leser definiert/legitimiert sich über seinen Beruf.

"(Ich) <u>Bin Elektriker</u> in der SML Schag."

Dadurch, daß das Subjekt "*ich*" weggelassen wird, verlagert sich die Satzaussage auf das Prädikatsnomen "*Elektriker*", auch gewinnt die Lokalbestimmung an Bedeutung. Dieser Einstieg ist symptomatisch: Wichtig ist <u>WAS</u>

man macht und WO man lebt, WER man ist, ergibt sich daraus, erübrigt sich auch, da es für die Gemeinschaft nicht maßgebend ist.

In den nächsten fünf Sätzen kommt das "*ich*" fünfmal vor, der Leser spricht jetzt von seiner unmittelbaren, persönlichen Reaktion auf die Satire. Dann geht er plötzlich zur Verallgemeinerung über und spricht ab dann nur noch von "*den Schwaben*" (fünfmal), "*ein Schwabe*", "*Volk*" oder "*wir*" (dreimal). Dabei kommt "*den Schwaben*" dreimal als Subjekt vor, "*wir*" ebenfalls dreimal, "*ein Schwabe*" einmal. Es werden folglich nur Aussagen über das "*wir*" aneinandergereiht, sie sollen die Reaktion des Lesers auf die Satire, seine "Rage", legitimieren und sie zugleich als einen exemplarischen Einzelfall der allgemeinen, berechtigten Empörung hinstellen.

"*... Nachdem sich dann meine Rage gelegt hatte...*"

"*Die Schwaben sind ein stolzes Volk, keine Herta Müller, keine NBZ-Redaktion wird sie ändern können, wohl aber in Rage bringen!*" (Hervorhebg. von mir, H.H.C.)

Hier wird die persönliche Reaktion verallgemeinert. Als Argumente können nur Stolz und Pragmatismus "der Schwaben" gebracht werden, darüber hinaus hat der Leser nichts entgegenzuhalten. Im Leserbrief kommt kein einziger "*da*"- oder "*weil*"-Satz vor, nur Aussage- und viele Ausrufesätze. Was kann man aus dieser Syntax schließen? Argumentieren ist für den Verfasser des Leserbriefes ein Fremdwort, auch im übertragenen Sinne. Das beweist die Tatsache, daß im Text nicht ein einziger Kausalsatz vorkommt, als auch die vielen "...", die selbst dann gesetzt werden, wenn die Sätze davor und danach vollständig sind. Die Punkte stehen für nicht Ausgesprochenes, sie muten wie Hilflosigkeit an, z.B.:

"*So verstehen wir Unverstörte das! ... ⇓Nachdem sich dann meine Rage gelegt hatte, habe ich die Sache von der humoristischen Seite geholt... Aber diese grauen Schmutznudeln haben meinen Appetit verdorben... ⇓Die Schwaben sind ein stolzes Volk,...*"

Wenn der Leser/Schreiber keine Argumente hat, setzt er "..." und wechselt das Thema. Das kommt im oben zitierten Textauszug zweimal vor (siehe mit ⇓ gekennzeichnete Stellen).

Da er seinen Standpunkt nicht mit eigenen Argumenten stützen kann, greift er zu den ihm eingebleuten allgemeinen Floskeln, die er, im gleichen apodiktischen Ton, in dem sie ihm beigebracht wurden, hier aufzählt:

"Die Schwaben sind ein stolzes Volk..."
"Die Schwaben sind ein sehr praktisch veranlagtes Volk"
"Ein Schwabe versteht die vielen Fremdwörter nicht"
"Wir sind doch nicht im Westen und wir brauchen solche Hochstapelei nicht."

Auf die Bedeutung der Subjekte dieser Sätze ("*Schwaben*", "*wir*") bin ich oben bereits eingegangen. Betrachtet man diese Sätze genauer, so fällt noch einiges auf:

1. Tempus und Modus aller hier eingesetzten Verben sind gleich: Präsens und Indikativ. Nach dem sprachlichen Umfeld zu urteilen (s. Subjekte), steht der Präsens in seiner verallgemeinernden Funktion.

2. Alle Sätze folgen dem Satzbauplan S - P - O, wobei zwei Sätze dem Satzbauplan 6, S - P - GN, folgen[110].

Sätze, die diesen Satzbauplänen folgen, rangieren in der Alltagssprache ganz oben, auch bei Kindern[111]. Ihre Einfachheit verhilft ihnen wohl zu diesem Platz. Sie entsprechen darüber hinaus den einfachsten logischen Strukturen: Über einen Gegenstand wird etwas ausgesagt, es wird eine Behauptung aufgestellt. Die vorliegenden Sätze sind Behauptungen, die logisch nicht verknüpft sind, die nur ein gemeinsames Subjekt haben. Und das steht immer an erster Stelle im Satz, rückt dadurch und durch die Wiederholung in den Mittelpunkt der Aufmerksamkeit. Das WIR, die Schwaben, erneut als Mittelpunkt der Welt.

Betrachtet man die Sätze mit Brinkmann, so fällt auf, daß die Mitteilungssätze, wie sie hier stehen, sich weigern, sich der Situation, der Rede anzupassen[112]. Die Möglichkeit, die erste Stelle anders als mit dem Subjekt zu besetzen und so einen Satz an den anderen anzuschließen, wird nicht genutzt. Die Sätze stehen als reine situationsfreie Mitteilungen im Raum. Zusammenhänge, das Bestreben, etwas zu ergründen, Zweifel gibt es in dieser Denkweise nicht. Am Modus der Verben, die im Text vorkommen, kann man den Mangel an Zweifeln im Text ablesen: Es kommen in 19 Sätzen nur zwei Konjunktivformen vor, der Indikativ herrscht eindeutig vor, begleitet zuweilen von Imperativformen.

Die Art der Sätze zeigt ebenfalls, daß die Kategorie Zweifel in dieser Denkweise keinen Platz hat(te). Der Text besteht ausschließlich aus Aussage- und

---

110 s. Duden, Bd. 4; S. 635
111 vgl. hierzu Duden, Bd. 4, S. 634, Statistik, die besagt, wie häufig die verschiedenen Satzbaupläne bei Kindern vorkommen
112 Brinkmann 1970, S. 473

Ausrufesätzen, Fragen stellt man nicht, weder sich noch anderen. Schließlich ist alles eindeutig und sonnenklar. Doch der Leser/Schreiber begnügt sich nicht nur damit, diese Meinungen zu vermitteln, er schwingt sich auch zum "kollektiven Bewußtsein" auf und läßt sich von seiner "Mission" zu einer Reihe von Drohungen hinreißen, z.B.
"... desto mehr sollte sie sich anpassen! Sonst wird sie noch ganz verstört!"

Nachdem nun der Aufbau des Textes, seine Syntax untersucht wurden, soll abschließend noch der Wortschatz unter die Lupe genommen werden. Der Leser bezieht seine Legitimation aus der Gemeinschaft, aus deren Normenkodex, wie oben gezeigt. Er geht aber noch einen Schritt weiter, er grenzt sich und seine Gemeinschaft auch gegen andere ab, nicht nur gegen die "*verstörte*" Herta Müller (der er das "*wir Unverstörte*" gegenüberstellt), sondern auch gegen alles Fremde, das ihm bedrohlich erscheint:

"*Ein Schwabe ... versteht die vielen Fremdwörter nicht... Die deutsche Sprache wollt ihr ganz gefährlich mischen. Wir sind nicht im Westen...*" (Hervorhebg. von mir, H.H.C.)

Und das macht er nicht nur bewußt, sondern auch unbewußt, in seinem Sprachgebrauch. In seinem Brief kommen nur acht Fremdwörter vor, wobei vier davon zitiert werden: 'Satire', 'Matador', 'Fairness', 'Rage' und nur vier, sehr geläufige, ihm selbst unterlaufen: Elektriker, Redaktion, Stil, Diplomaten. Auch gehören alle anderen Wörter zum Grundwortschatz. Das entspricht wohl seiner "Rechtschaffenheit", zeugt aber auch, wie auch die Syntax, von Einfachheit, Spracharmut, mangelnder Bildung (ich denke, wenn ich das behaupte, an den köstlichen Stilbruch "Speckbrot speisend" und an einige grammatikalische Fehler im Text, auf die ich weiter nicht eingehen möchte)[113].

Zusammenfassend kann man sagen, daß der "utilitäre Jargon des Dorfes", wie er sich in diesem Brief zeigt, bestimmte syntaktische und lexikalische Vorlieben entwickelt hatte, die seiner Funktion entsprachen: allgemein Gültiges, nicht zu Hinterfragendes mitzuteilen, jemanden zu etwas aufzufordern, im Notfall Drohungen auszusprechen, um seine Aufforderung durchzusetzen. Dabei bleibt jeder Satz in sich geschlossen, besticht durch seine Eindeutigkeit. Die Eindeutigkeit bezieht er aber nicht allein aus der Stellung seiner Satzglieder, sondern auch aus den Wörtern, die semantisch immer klar definiert sind, zumindest innerhalb der Gemeinschaft. Diese Eindeutigkeit und Geschlossenheit

---

113 Diese Fehler sind nämlich „persönliche Eigenheiten" des Leserbriefschreibers, die vermutlich auf seinen Bildungsstand und den Einfluß des Dialekts zurückzuführen sind. Sie waren im Rumäniendeutschen der gebildeten Schicht nicht gängig, sind also keine Eigenheit des Minderheitendeutsch.

gewährt bis zu einem gewissen Grade Halt, die Sprecher wissen, was Sache ist, andererseits zieht sie Starre, Isolation mit sich, sowohl sprachlich als auch de facto.

Im Laufe der vorliegenden sprachlichen Analyse müßte dem Leser wohl aufgefallen sein, daß die Texte Herta Müllers sprachlich einiges mit dem Leserbrief gemeinsam haben:

- die Mitteilungssätze herrschen vor, Partnersätze haben Seltenheitswert;
- die Sätze sind kurz, folgen den grundlegenden Satzbauplänen;
- zwischen den Sätzen gibt es viele Lücken;
- der Wortschatz beschränkt sich auf den Grundwortschatz, Fremdwörter werden nicht gebraucht (bewußt oder unbewußt abgelehnt);
- bestimmte Wörter kommen immer wieder vor, werden zum Leitmotiv.

Worin bestehen die Unterschiede?

- bei Herta Müller fangen die Sätze nicht immer mit dem Subjekt an, sie nutzt die erste Stelle im Satz, um die Mitteilungssätze in die Situation einzubetten. Die erste Stelle ist oft durch Adverbialbestimmungen besetzt. Die Sätze gewinnen dadurch an Offenheit, Bewegung, sie sind sowohl nach vorne als auch nach hinten offen für Ergänzungen;

- die Lücken bei Herta Müller sind nicht ein Ausdruck von Hilflosigkeit und Spracharmut - wie im Leserbrief -, sie sind der notwendig eingebaute Raum für Assoziationen, für Erschließen im Rückblick. Das, wenn man sie von der Appellfunktion der Texte her betrachtet, wie Wolfgang Iser[114]. Doch m.E. ist die Ausdrucksseite, das Bemühen um die Nachricht als solche, folglich die „emotive" und „poetische" Funktion, wie Jacobson[115] sie nennt, bei Herta Müller primär. Ich erinnere nur an die „Dankrede" im Kapitel „Der ‚Diskurs des Alleinseins' und seine Wurzeln". Blickt man auf die These zurück, daß Herta Müllers Sprache die Wirklichkeit semantisiert (vgl. Kapitel „Stilistische Eigenheiten"), so stehen die Lücken für das Untergeordnete, Spontane, Nicht-Vorhersehbare der Wahrnehmung bzw. der Emotionen, die die sinnlichen Erfahrungen auslösen;

---

114 vgl. Iser, W.: Die Appellfunktion der Texte. Konstanz 1970, S. 18 - 23
115 Jacobson 1982, S. 152

- die leitmotivisch wiederholten Wörter unterliegen im Leserbrief nicht der Variation, eher dem Prinzip eines obsessiven Sich-Festklammerns an bestimmte Begriffe. Bei Herta Müller taucht ein Wort immer in einem anderen Zusammenhang, aus einer anderen Perspektive gesehen, wieder auf, dadurch werden seine verschiedenen Facetten aktualisiert.

Der Vergleich zeigt, daß Herta Müller einige sprachliche Strukturen, die im "utilitären Jargon" üblich waren, beibehalten hat, daß es ihr aber gelungen ist, ihn produktiv zu modifizieren. Wie, das wurde in Kapitel I schon gezeigt.

Es könnte nun der Einwand kommen, daß man von einem Text nicht auf den Sprachusus der Gemeinde schließen könne. Und er wäre auch berechtigt. Deshalb möchte ich ergänzend noch eine kurze biographische Erzählung sprachlich beschreiben.

Der Text ist eine sinnvolle Ergänzung zum Leserbrief, da er aus einer anderen Perspektive erzählt wurde. Es ist keine Reaktion auf eine Geschichte, sondern die eigene (Lebens-)Geschichte. Folglich ist der Text nicht polemisch, sondern narrativ. Der Erzähler (einer der Dorfältesten) erzählt Ereignisse aus <u>seinem</u> Leben in <u>seiner</u> Sprache, der Mundart. Und trotz dieser Unterschiede in Textsorte, Perspektive, Sprache sind einige syntaktische, lexikalische, logische Gemeinsamkeiten festzustellen. Welches sind diese?

Um diese Frage zu beantworten, genügt es, nur Auszüge der Erzählung zu zitieren und zu untersuchen. Der alte Mann schildert kurz sein Leben, von seiner Zeit im 1. Weltkrieg angefangen über die Zwischenkriegszeit, in der er und seine Frau mit großer Mühe und mit etwas Glück ihr Haus aufbauten, bis hin zum 2. Weltkrieg, in den beide Söhne ziehen mußten, und seine Zeit danach, nach dem 2. Weltkrieg, in der er als Gemeindediener und Amtsdiener arbeitete. Am Ende erwähnt er ein Buch, das er geschrieben hat, ein Buch über die Geschichte des Dorfes, die Bräuche usw. Das zeigt, daß der alte Mann im Erzählen geübt ist, es nicht radikal ablehnt, wie unser Leserbrief-Schwabe. Das macht sich auch im Text bemerkbar, er ist flüssig geschrieben/erzählt, der Autor ringt nicht um jeden Satz.

Doch so wie beim Leserbrief fällt auch bei der Erzählung auf, daß der Autor sich nur über seine Stellung in der Gemeinde, seinen Beruf und sein 'Hab und Gut' definiert. Er spricht nie von Gefühlen, nur von äußeren Umständen. Allerdings hat man bei diesem Autor, im Unterschied zum ersten, nicht den Eindruck, daß er dazu gar nicht fähig ist vor lauter Sturheit, sondern eher, daß er sie nicht zuläßt und immer auf die sachliche Ebene flieht, wenn ihn Emotionen bedrohen. Ein Beispiel dafür:

"Ich war vier Jahr im Weltkriech, an dr russisch Front, an dr italienisch Front. Ich war beim 21er Feldkanoneregiment ingrickt, un die han mich ausgeprowiert un han mich als Richtformmeister ingsetzt am Gschitz. Ohni Grad! Ich han ke Grad ghat, ich war eenfache Saldat. Nachher han se mich in die Steiermark in die Telegrafenschul geschickt im '16, no sin ich Morsetelegraf gen. Aa ohne Grad.

So sin ich zum Atleriebrigadekummando kumm for Morsetelegrafist, ich leenich. <u>War jo schwer, manchmal han ich gschwitzt.</u> Na ich hans awer dorchgmacht. Vier Johr Kriech. Un zruckkumm gsund. <u>Aso wie ich sin hemkumm, ich war wie abgedecktes Dach. Finfunzwanzich Johr alt - wuhin, wunaus?</u> Arm. Ich han jo 1400 Krone Waisegeld in der Waisekassa ghat, wie ich in de Kriech sin. Wie ich hemkumm sin, die Waisenkassa hat Kriegsanleihe gmacht ghat, un's Geld war fort. Han mei alti Motter derhem ghat - ich han jo tausend Krone gspart ghat, des han ich ihr gloßt ghat for lewe, bis ich ausm Kriech kumm.

Also jetzt sin ich derhem, arm. Un dann han ich mei Zukunft un mei Glick gsucht. Un han's aa gfun: Do sitzt se newe mir. Sie war grad so weit wie ich, aa arm. Mir han uns enaner gfun als Leidensgenossen. Un mir han uns noch em Johr verdingt, daß mer Kleidung han for uns heirate enaner.Verdingt bei de Baure, bei de greschte Baure. Zwanzich Johr han ich in eem Hof garweit! Siewe Johr als Knecht, sechs Johr vorm Kriech un's siewete Johr im 19er. Un nochher war ich der Summermann dort im Hof, Tensemann. Un no han mer erscht gheirat..."[116]

Die Sätze, in denen der Erzähler über seine Befindlichkeit spricht, habe ich unterstrichen. Im zweiten unterstrichenen Satz erwartet der Leser, durch das Bild des *"abgedeckte*(n) *Dach*(es)", daß der Erzähler darauf eingeht, wie er den Krieg erlebt hat, wie es ihm seelisch nach dem Krieg ging. Doch er muß sich in dieser Erwartung enttäuscht sehen, im folgenden wird nur von Geld- und materiellen Sorgen gesprochen und davon, wie diese überwunden wurden.

Auch wenn er von der Eheschließung erzählt, spricht er nicht von Liebe, sondern von der Armut, die ihn und seine zukünftige Frau verband (*"Sie war grad soweit wie ich, <u>aa arm</u>. Mir han uns enaner gfun <u>als Leidensgenossen</u>"* - Hervorhebg. von mir, H.H.C.). Folglich erscheint die Eheschließung auch hier, wie bereits in Kap. III.1.1 erwähnt, funktionalisiert. Ähnlich ist es an der Stelle, an der er über seine Kinder spricht. Der Schmerz, daß die Kinder nach dem 2. Weltkrieg nicht mehr nach Hause gekommen sind und weit fort, wahrscheinlich in der Bundesrepublik oder sogar in Amerika leben, wird nicht zugelassen. Anstatt darüber zu sprechen, wechselt der Erzähler erneut auf die materielle Ebene:

---

116 In: NW, 31.12. 1984, S. 6

"Na mir han zwei Kiner ghat, die han aa misse fort, so gut wie die anre han misse in de Kriech. Siebzehn Johr alt ware se. Ich sin gang, han gsaat, die Buwe sin doch noch so jung un sin noch in de Lehr. 'Der Führer brauch Soldaten!' Ab!' Alli zwei ingruckt - un nemi hemkumm. Awer sie lewe, des is aa noch's Glick.

Jetzt steh mer do; Des Haus han mer ufgebaut, mit was forcher Lascht han ich Eich jo gsaat. Awer zum Glick, 's brauch uns kener e Stick Brot gen, mir lewe vun uns selwer, vun der Pension..."

Er tröstet sich damit, daß sie finanziell auch ohne die Kinder über die Runden kommen. Die Kinder sind für ihn nicht nur räumlich weit weg, sondern auch die Beziehung zu ihnen gehört der Vergangenheit an (s. Verwendung des Perfekt im ersten zitierten Satz: *han ... ghat*).

Es ist somit wohl deutlich geworden, wie auch die persönlichsten Beziehungen funktionalisiert wurden, sei es aus Überzeugung, sei es aus der Not heraus. Utilitarismus beherrschte das Denken, das Leben und dadurch auch die Sprache. Wie schlägt sich dieses oberste Gebot sprachlich nieder?

Die Sätze sind kurz und knapp, es sind meistens Hauptsätze. Es wird nur das Wichtigste gesagt, in sachlichem Ton. So besteht z.B. der erste Absatz des obigen Zitates aus 13 Sätzen, davon sind 10 Hauptsätze und 3 Nebensätze (ein Modalsatz und zwei Objektsätze). Von den 10 Hauptsätzen sind 5 Kernsätze, bestehend aus Subjekt und Prädikat (Satzbauplan 1 laut Duden), 3 Hauptsätze folgen dem Satzbauplan 6 (S - P - GN), enthalten folglich auch nur Subjekt und Prädikat, hier aber ein nominales Prädikat, und zwei Hauptsätze folgen dem Satzbauplan 2 (S - P - O)[117].

Darüber hinaus steht das Subjekt, bis auf einen Satz (*"Siebzehn Johr alt ware se"*), an erster Stelle, die normale Wortstellung wird durchgehalten, ein Indiz für Sachlichkeit.

Die Sachlichkeit und Kargheit schlägt sich auch in der Lexik und Semantik nieder. Die verwendeten Wörter sind eindeutig, was ihre Bedeutung anbelangt. Sie gehören alle dem Grundwortschatz an, bezeichnen alltägliche Dinge, Tätigkeiten, Adjektive haben Seltenheitswert. Stellt man ein Schema der verwendeten Wörter auf und ordnet sie nach Wortarten, so ergibt sich folgendes Bild:

---

117 Duden, Bd. 4, S. 635

Substantive	Kinder; Krieg; Jahr; Buben; Lehre; Führer; Soldaten; Glück
Verben	haben (5x); müssen (2x); sein(5x)[118]; gehen; sagen; brauchen; einrücken; heimkommen; leben (jeweils 1x)
Adjektive	alt; jung
Numerale	zwei; siebzehn
Pronomen	wir; die(se); die anderen; sie; ich; das

Um die eben aufgestellte These zu stützen, bedarf es wohl keiner semantischen Analyse der aufgezählten Wörter. Weder durch sich selbst, noch durch die Art und Weise wie sie im Satz angeordnet sind oder Verbindungen eingehen, werfen sie Fragen auf. Die Aussagen sind klar und eindeutig, sowohl für den Erzähler, als auch für den Leser.

Zusammenfassend kann man sagen, daß der Utilitarismus auch in diesem Text die Syntax, Lexik und Semantik durchdringt - wie auch im Leserbrief. Die Texte weisen ähnliche sprachliche Strukturen auf, obwohl die Perspektive, die Autoren, die Textsorten verschieden sind.

Der "utilitäre Jargon" des Dorfes hat Durchschlagskraft, er formte nicht nur Menschen, die in der Gemeinschaft lebten, sondern auch solche, die sich davon distanzierten - wie z.B. Herta Müller. Ihr ist es aber gelungen - und das eben, wenn auch nicht nur, durch die nötige intellektuelle Distanz - die Kürze, Knappheit, aber auch die konkrete Anschaulichkeit dieser Sprache, ihre Einprägsamkeit, produktiv zu nutzen. Zu Hilfe kam ihr hierbei "die Begegnung" mit der Sprache der Öffentlichkeit, der Sprache der Diktatur, die mit ihren geschwollenen Sätzen, maßlosen Übertreibungen und schwammigen, nichtssagenden Wörtern/Schlagwörtern genau das Gegenteil von dem Sprachusus waren, den sie von zu Hause, aus dem Dorf mitgebracht hatte.

Diese Sprache soll im nächsten Kapitel analysiert und mit dem "utilitären Jargon des Dorfes" verglichen werden. Ich nenne sie 'Sprache der Diktatur', da die Begriffe 'Ideologiesprache' oder 'sozialistische Sprache' das Phänomen nicht genau erfassen. Warum, das habe ich in Kapitel III.1.2 schon erläutert. Was in diesem Land politisch vor sich ging, übertraf alle anderen Formen des Realsozialismus, hatte eigentlich mit der ursprünglichen sozialistischen und kommunistischen Ideologie nichts mehr zu tun. Der Sozialismus schlug in Diktatur und Personenkult um. Die neue "Clan-Ideologie", die die sozialistische verdrängte, machte sich natürlich auch in der öffentlichen Sprache bemerkbar. Wie - dem wird im folgenden nachgegangen.

---

118 „sein" ist zweimal ausgespart

2.2 Die Sprache der Diktatur

Das Phänomen Ideologiesprache ist schon seit den 60er Jahren ein Diskussionsthema, dessen sich Linguisten wie Colin H. Good[119] und Susanne Marten-Finnis[120] angenommen haben. Sie haben das 'DDR-Deutsch' untersucht wobei Good schwerpunktmäßig komparativ vorgeht, das 'BRD-Deutsch' zum Vergleich heranzieht, Marten-Finnis aber beschreibt und geschichtlich erklärt.

Die von Good und Marten-Finnis gewählten Methoden bieten sich auch für vorliegende Untersuchung an. Zunächst möchte ich die Pressesprache in Rumänien in den frühen 80er Jahren beschreiben, um dann Vergleiche heranzuziehen und folgenden Fragen nachzugehen:

Worin besteht der Unterschied zwischen Rumänien- und DDR-Deutsch?
Wie steht die Sprache der Diktatur im Verhältnis zur Sprache der Minderheit in Rumänien?
Welche Bezüge bestehen zwischen der Sprache der Diktatur und der Sprache Herta Müllers?

Es bietet sich an, die Zeitungen heranzuziehen, um die Sprache der Öffentlichkeit zu beschreiben, da sie, wie in allen sozialistischen Ländern und totalitären Staaten, ideologisch gesteuert sind. Sie und alle anderen Medien dienen einem einzigen Zweck: die herrschende Ideologie zu verbreiten und durchzusetzen. Es ist deshalb nicht verwunderlich, daß Ceausescu im Zuge des Personenkults und der Clan-Ideologie die Journalisten kaum noch zu Wort kommen ließ, sondern die Seiten der Zeitungen mit seinen Reden füllen ließ. Die Aufgabe der Journalisten bestand nur darin, Berichte über Betriebs-, Auslands- und sonstige Besuche des Führers zu verfassen, nach vorgegebenem Muster, nach Ceausescus Richtlinien!

Wie das konkret aussah, möchte ich jetzt zeigen. Zu diesem Zweck habe ich den "Neuen Weg", das Zentralorgan der Kommunistischen Partei in deutscher Sprache, untersucht. Es sind Zeitungen von Dezember 1984. Sie eignen sich m.E. dafür, da sich in der Zeit die Diktatur und der Personenkult in ihrer krassesten Form bereits offenbarten.

---

119 Colin Good 1985 und insb. 1975
120 Susanne Marten-Finnis 1994

Die untersuchten Zeitungen (21.-31.12. 1984) umfassen jeweils 4 oder 6 Seiten. Dabei ist mindestens die Hälfte, also 2-3 Seiten von Reden Ceausescus, Erfolgsberichten aus Unternehmen oder Berichten von Sitzungen gefüllt. Fast in jeder Ausgabe schmückt ein oder mehrere Bilder Ceausescus und seiner Frau die Seiten, bevorzugt die erste.

Wirtschaft und Politik werden nicht getrennt, sie fließen in allen Artikeln zusammen. Die Auslandsberichte sind kurz und knapp, nehmen höchstens eine Seite ein und dienen ausschließlich der Schwarz-Weiß-Malerei. Sie handeln allesamt von Arbeitslosigkeit, Wirtschaftskrisen und Unruhen in kapitalistischen Ländern. Eine Ausnahme machen die Berichte über sozialistische Länder. Die Berichte sind - mit wenigen Ausnahmen - bejahend. Als Beispiel die Überschriften der Auslandsseite (Ausgabe vom 30.12. 1984):

	Ostblock	andere Länder
1.	**Rumäniens Politik des Friedens erfreut sich einer breiten internationalen Wertschätzung.** Umfassende Berichte und Kommentare der ausländischen Presse über Rumänien	Bonn: Kanzler Kohl zum Verhältnis BRD - DDR (spricht Arbeitslosigkeit in der BRD an)
2.	**Beitrag zur Festigung der Freundschaft zwischen unserem Land und Bulgarien**	Protestkundgebung vor der US-Basis Al-Conbury (London)
3.	**Moskau: Rumänisch-sowjetische Gespräche.** Stand der Beziehungen und internationale Fragen geprüft	Hungersnot durch Dürre in Mosambik
4.	**China und Sowjetunion unterzeichnen Abkommen**	Kongreßpartei gewinnt Wahlen in Indien (einziger wertungsfreier Bericht)
5.	BEZIEHUNGEN AKTIV AUSWEITEN. Der XIII. Parteitag der RKP bekräftigt Politik der breiten internationalen Zusammenarbeit	**Hohe Arbeitslosigkeit in Lateinamerika.** Ein Viertel der Bevölkerung erwerbslos / Sinkendes Einkommen
6.		Revolte der Farbigen am Kap flammt wieder auf (Pretoria)
7.		EG will Stahlrohrexporte in die

		USA begrenzen (Brüssel)
8.		Syrisch-libanesische Konsultation beendet
9.		Prawda über die bevorstehenden Genfer Verhandlungen (die Artikel 8 und 9 beschäftigen sich mit dem Thema **Krieg**, dienen dazu, die Angst davor zu schüren)
10.		Kein Anglerlatein? (London)
11.		Weltreise - Fahrrad geklaut? (Den Haag)
12.		Windfachmann (Ottawa)

Kommentare in Klammern von mir, H.H.C.

Vergleicht man die Anzahl der beiden Artikel in den beiden Spalten, so gewinnt man den Eindruck, daß die Auslandsberichte tatsächlich vorherrschen (12 gegen 5 über Rumänien bzw. Bruder-Ostblockstaaten). Diese Zahlen täuschen aber, denn die 12 Kurzberichte nehmen nur ein Drittel der Seite ein, zwei von sechs Spalten.

Und das ist keine Ausnahme, wie man meinen könnte. In der Zeitung vom 31.12. 1984, die ebenfalls sechs Seiten umfaßt, wird den Auslandsberichten nicht einmal eine ganze Seite geopfert, sondern nur zwei Drittel insgesamt, d.h. vier von sechs Spalten.

Allein diese Verhältnisse, die Art der Auslandsberichterstattung (= "Feindbildillustration"[121]) beweisen, daß die Ideologie die Medien/die Zeitungen beherrschte, daß diese nur als Propagandamittel dienten. Die Presse, die Medien überhaupt, dienten schon lange nicht mehr ihrem ursprünglichen oder eigentlichen Zwecke, der Information. Das wird noch deutlicher, wenn man sich die Seiten ansieht, die den "inneren Angelegenheiten" gewidmet sind. Um die These zu stützen, soll die erste Seite der Ausgabe vom 31.12. 1984 untersucht werden.

Schon auf den ersten Blick fällt auf, daß Ceausescu die Seite ganz für sich einnimmt. Über zwei Spalten (von sechs) prangen zwei Bilder von ihm und seiner Frau. Auf einem stehen sie inmitten von Kindern, auf dem anderen sind sie mit den "Chefs der diplomatischen Missionen"[122] abgebildet. Die Bilder gehören zu Berichten mit den Titeln: "*Genosse Nicolae Ceausescu nahm die*

---

121 zu diesem Begriff vgl. Marten-Finnis, S. 32
122 die Formulierung steht in einer Überschrift auf der beschriebenen Seite

Glückwünsche der Jugend entgegen" und *"Präsident Nicolae Ceausescu empfing die Chefs der diplomatischen Missionen".* Die Berichte stehen jeweils links vom Bild (und werden auf Seite 2 und Seite 3 fortgesetzt). Unterhalb der Bilder stehen Ceausescus Reden: *"Rede des Genossen Nicolae Ceausescu"* und *"Rede des Präsidenten Nicolae Ceausescu"* (beide Reden werden auf Seite 3 fortgesetzt).
Auch mit den übrigen zwei Spalten der ersten Seite ist es nicht anders bestellt. Zwei Artikel schmücken sie:

"PRÄSIDENT NICOLAE CEAUSESCU gewährte der italienischen Tageszeitung 'Corriere della Sera' ein Interview".

"<u>Unsere Jugend meldet hervorragende Bilanz der politischen Arbeit.</u> Telegramm an Genossen Nicolae Ceausescu".

Beide Artikel werden auf Seite 2 fortgesetzt.
Womit sich die Berichte befassen, ist wohl klar geworden. Jetzt soll gezeigt werden, welche sprachlichen Eigenheiten sie aufweisen, wie sich der überspitzte Zentralismus und der Personenkult sprachlich auswirken.
An der Syntax fällt auf, daß (abgesehen von der einzigen Frage, die das Interview eröffnet) kein einziger Fragesatz auf der Seite steht, statt dessen folgt ein langer Aussagesatz auf den anderen. Ausrufezeichen stehen nur nach Anreden und nach Hochrufen des Sprechchors, die in die erste Rede eingebaut sind. Die Sätze sind - mit wenigen Ausnahmen - lang, verschachtelt, der Nominalstil feiert Triumphe, z.B.:

"All das <u>ist</u> das Ergebnis des Schaffens unserer <u>heldenhaften</u> Arbeiterklasse, der Bauernschaft, der Intelligenz, aller Werktätigen, ungeachtet der Nationalität, unseres <u>wunderbaren</u> Volkes - des <u>bewußten</u> Erbauers des Sozialismus."
(aus: "Rede des Genossen N. C.")

"Durch die <u>tiefgehende</u> Analyse des in den Jahren des <u>sozialistischen</u> Aufbaus <u>durchmessenen</u> Weges, durch die <u>großen</u> Perspektiven, die der <u>lichtvollen</u> Zukunft des Vaterlandes <u>erschlossen werden, geht</u> der XIII. Parteitag als ein <u>historisches</u> Ereignis von <u>entscheidender</u> Bedeutung in die Existenz des <u>rumänischen</u> Volkes, der <u>jungen</u> Generation <u>ein</u> sowie in die Gestaltung seines Geschickes, des <u>sozialistischen</u> und <u>kommunistischen</u> Werdegangs unseres <u>teuren</u> Vaterlandes."
(aus: "Telegramm an Genossen N. C.")

Der Armut an Verben steht eine Fülle von Adjektiven gegenüber, die alle Stufen der Übertreibung durchlaufen und alle sprachlichen Mittel einsetzen, die zur Verfügung stehen. Der Extremismus zeigt sich in verschiedener Form:

1. rein semantisch
    "_wunderbares_ Volk"
    "_hervorragende_ Leistungen"
    "_große_ Leistungen"
    "_heldenhafte_ Arbeiterklasse"
    "_großartigen_ Bericht"
    "_hohen_ Verantwortung"
    "_beispielhafte_ Erfüllung"

2. in der Doppelung von Adjektiven
    "_neue_ und _wichtige_ Leistungen"
    "_beharrlichen_ und _entschiedenen_ Handlungsweise"
    "_sozial-ökonomische_ Entwicklung"

3. in den Adjektiven in Steigerungsform, die noch durch Verstärkungspartikel ergänzt sind:
    "*stets größeren* Beitrag"
    "einen *immer höheren* materiellen und geistigen Lebensstand..."

4. in der Wiederholung desselben Adjektivs mit Verstärkungspartikel:
    "...wir haben _neue_ und aber _neue_ Objekte errichtet..."

Die "Adjektivitis", wie sie in Rumänien zurecht bezeichnet wurde, wenn man an ihren pathologischen Ursprung denkt, war, laut Marten-Finnis, ein Erbe der sowjetischen Neusprache. Ihre Funktion beschreibt Marten-Finnis wie folgt:

"Daß Zugehörigkeitsadjektive, Attribute mit Extremwertcharakter und Superlative in unmittelbarer Nähe stehen und aufgrund ihrer Indikatorenfunktion z.T. wichtiger sind als die Substantive selbst, ist typisch für die sowjetische Neusprache, wo kaum ein Substantiv allein bleibt, sondern ihm meist ein Attribut vorangestellt ist".[123]

Laut Marten-Finnis ist das ein Mittel, um Stabilität zu demonstrieren. Diese Funktion möchte ich der "Adjektivitis" auch nicht absprechen. Sie bewirkt aber viel mehr. Sie dient zur Emotionalisierung der Sprache und steuert die Rezeption. Die Substantive, die sich ständig wiederholen, deren Bedeutung oft nicht

---

123 S. 44, Hervorhebg. von mir, H.H.C.

greifbar ist[124], werden durch die Adjektive so konnotiert, daß der Rezipient weiß, wie er sie zu verstehen hat.

Z.B.
"wunderbare Lebensbedingungen" vs.
"unmenschliche Lebensbedingungen"[125]

Somit werden alle Zweifel ausgeräumt, die Rezeption ebenso wie die Produktion der Texte gesteuert.
Bezüglich der Doppelungen sagt Marten-Finnis:

"Koordinative Verbindungen des genannten Typs sind als tautologisch, d.h. als Doppelaussage oder Wiederholung mit anderen Worten zu werten und wahrscheinlich auf den Charakter von Lenins Rhetorik zurückzuführen, in der <u>der Aufbau mittels Wiederholung ein Prinzip war, jeden anderen Ausweg zu versperren</u>".[126]

Die aufgestellte Behauptung wird von der Autorin nicht weiter erläutert, geht aber wohl in die gleiche Richtung. Was kann mit "*...jeden anderen Ausweg ... versperren*" gemeint sein? Wahrscheinlich die Tatsache, daß der Rezipient dadurch auf <u>einen Weg</u>, eine einzige Art der Rezeption festgelegt wird, auf die, die der Ideologie entspricht.

Doch das Prinzip der Wiederholung beschränkt sich nicht nur auf die Adjektive, es ist ein grundlegendes Prinzip der Propagandasprache. Substantive, Phrasen werden genau so wiederholt wie Adjektive, sei es aufeinanderfolgend, sei es innerhalb eines Textes oder textübergreifend, z.B.:

"...ihr sollt lernen und wieder lernen...";
"...die das Aussehen unseres Landes bereicherten und veränderten" (aus: *"Rede des Genossen N. C.").*

Auch das Substantiv "Volk" folgt dem Prinzip, es kommt auf der besprochenen Seite 15 mal vor, von verschiedenen Attributen begleitet:

"rumänisches Volk" (6x)
"unser Volk" (3x)
"ganze Volk" (3x)

---

124 vgl. hierzu die Merkmale der Plastikwörter bei Pörksen 1988
125 NW 30.12. 1984
126 S. 45, Hervorhebg. von mir, H.H.C.

"unser ganzes Volk"
"des Volkes"
"wunderbares Volk"

Betrachtet man die Attribute, die bis auf einmal das Substantiv begleiten, so stellt man fest, daß sie keinerlei zusätzliche Informationen bringen, auch keine Spannung erzeugen. Sie folgen, wie das Substantiv, dem Prinzip der Wiederholung und sollen Zugehörigkeit, Konsens demonstrieren und, wie oben schon erwähnt, Stabilität vermitteln. Das Wort "*Volk*" wird zum Leitmotiv, es rückt in den Mittelpunkt und konzentriert alles um sich.

Ebenfalls den Gedanken der Zugehörigkeit illustrieren auch die Personalpronomen. In den Reden und im Interview Ceausescus, die auf der ersten Seite abgedruckt sind, kommt das Personalpronomen "*Wir*" sechzehnmal vor (man denke komplementär dazu an das Substantiv "*Volk*" und an das Possessivpronomen "*unser*"). Dazu muß noch gesagt werden, daß Ceausescu in seinen Reden von sich ausgeht, um dann seine Meinung oder Äußerung als allgemeingültige Einstellung des "rumänischen Volkes" hinzustellen, z.B.:

"Ich sage dies, weil wir der Ansicht sind, daß die Länder der beiden Militärblöcke eine größere Verantwortung übernehmen (...) Wir sind der Ansicht, daß unter den gegenwärtigen schwerwiegenden Bedingungen die Überwindung der Blockpolitik..." (aus "Interview").

(Die gleiche Vorgehensweise konnte auch bei unserem 'Leserbrief-Schwaben' beobachtet werden.)

Sprachlich wurde dem Leser "aber und abermal" vorgeführt, was er zu denken und sogar zu fühlen habe. Was hier entsteht, bezeichnet Marten-Finnis als einen "*einhämmernden Wiederholungsstil*", den sie von seiner generativen Seite betrachtet:

"Daß sich die Anweisungen weitgehend ähnelten, hatte ein hohes Maß an Gleichförmigkeit sowie einen einhämmernden Wiederholungsstil in allen Presseerzeugnissen zur Folge" (S. 22).

Darin kann man Marten-Finnis wohl zustimmen: je eindeutiger und starrer die Ideologie, desto eindeutiger, einhämmernder, unbeweglicher die Texte.

Meines Erachtens verdanken sie ihre oben genannten sprachlichen Eigenarten aber immer mehr der <u>Intention</u>, Gedanken, Einstellungen der Leser zu manipulieren, auf die gewünschte Richtung festzulegen. Das wurde um so nötiger, je mehr sich die Ideologie von der Wirklichkeit entfernte. Die ursprüngliche kommunistische Ideologie mußte der der Clan-Ideologie weichen (und das war sie 1984 bereits), die (soziale) Wirklichkeit erinnerte nur noch im entferntesten an die soziale Wirklichkeit, wie Marx und Lenin sie beschrieben hatten. Diese Kluft mußte sprachlich überbrückt werden, die Notwendigkeit, Stabilität und Konsens zu demonstrieren, wurde immer akuter, ebenso die Notwendigkeit, tatsächliche Verhältnisse zu verschleiern.

Aus der Notwendigkeit heraus, Stabilität und Konsens zu demonstrieren, wurden die sprachlichen Übertreibungen bis an ihre Grenzen getrieben. Verschleierung konnte man durch die unüberschaubare additive Syntax, die Nominalkonstruktionen erreichen. Sie hatten auch den Vorteil, Stabilität vorzutäuschen, da sie rein sprachlich (durch fehlende Verben) jeder Bewegung entbehrten.

Die langen Sätze, in denen praktisch Substantive und Adjektive aneinandergereiht wurden, bieten mehrere Vorteile:

- sie sind unübersichtlich, verwirren dadurch, sind schwer zu verstehen;
- dadurch, daß die Verben weitgehend fehlen oder substantiviert auftreten, wird die Aufmerksamkeit auf Folgen von Handlungen gelenkt, die Handlungen und Prozesse selbst verschwinden hinter den Folgen; so treten auch keine Akteure und Verantwortliche in Erscheinung. Ein Beispiel dafür:

"Durch die tiefgehende Analyse des in Jahren des sozialistischen Aufbaus durchmessenen Weges, durch die großen Perspektiven, die der lichtvollen Zukunft des Vaterlandes erschlossen werden, geht der XIII. Parteitag als ein historisches Ereignis von entscheidender Bedeutung in die Existenz des rumänischen Volkes, der jungen Generation ein sowie in die Gestaltung seines Geschickes, des sozialistischen und kommunistischen Werdegangs unseres teuren Vaterlandes."
(aus: "Telegramm an Genossen N. C.")

Was sagt dieser Satz aus? Die einzige Information, wenn man sie überhaupt als solche bezeichnen kann, ist, daß der XIII. Parteitag ein wichtiges historisches Ereignis sei. Alles andere sind nur Schlagwörter, die den Leser/Hörer überwältigen und die eigentliche Aussage, die auch nichts besagt, verhüllen. Durch die immer gleichbleibenden und an sich vertauschbaren Wörter sowie durch die Starre des Nominalsatzes wird grammatikalisch und lexikalisch Stabilität signalisiert (und es ist auch eine Stabilität darin: jene der Leere, die es natürlich zu übertünchen galt).

Dazu noch ein kleines Experiment, welches verdeutlichen soll, daß die Wörter fast x-beliebig austauschbar sind, ohne daß der Sinn des Satzes sich ändert. Im oben zitierten Satz vertausche ich die Attribute:

"Durch die große Analyse des in den Jahren des historischen Aufbaus entscheidenden Weges, durch die lichtvollen Perspektiven, die der sozialistischen und kommunistischen Zukunft des Vaterlandes erschlossen wurden, geht der XIII. Parteitag als ein tiefgehendes Ereignis von sozialistischer Bedeutung in die Existenz des teuren Volkes, der jungen Generation ein sowie in die Gestaltung seines Geschickes, des durchmessenen Werdeganges unseres rumänischen Vaterlandes."

Was soll dieser Versuch zeigen?

Er zeigt, daß nicht nur die Syntax, die Wortkombinatorik sehr arm und starr sind, die Armut zeigt sich auch in der Lexik. Der verwendete Formelvorrat (sehr gering) ist sinnentleert[127]. Diese Leere wird durch Aufblähung substantivaler Wortgruppen und Wörter mit Extremcharakter kompensiert. Zwischen die fast x-beliebig kombinierbaren Wörter werden leitmotivisch wiederholte gestreut, die jeweils das (scheinbare) Zentrum des Interesses bilden.

Betrachtet man diese Sprache der Übertreibungen, der Extreme, des Überschwangs einerseits und stellt ihr die "tatsächlichen Verhältnisse" in Rumänien in den 80er Jahren gegenüber, die Armut, Monotonie und Misere, so wird die Diskrepanz augenscheinlich. Doch auch sprachlich scheint die Armut, Monotonie, ja der Überlebenskampf (auch des Systems) durch, wenn man die sprachlichen Beziehungen unter die Lupe nimmt.

Das war sicherlich in allen sozialistischen Ländern in den 80er Jahren so, als ihre Krisen offensichtlich wurden. Trotzdem unterscheidet sich "die Sprache der Diktatur" in Rumänien von der Öffentlichkeitssprache in der DDR. Dieser Unterschied soll im folgenden beleuchtet werden, um zu zeigen, daß das Rumäniendeutsche der Öffentlichkeit ein Extremfall von Ideologiesprache darstellt, geprägt von Diktatur, vom Bildungsmangel des Diktators.

Rumäniendeutsch vs. DDR-Deutsch

Bei meiner Beschäftigung mit den beiden Ideologiesprachen sind mir vier Aspekte aufgefallen, in denen sich die beiden Sprachvarianten unterscheiden:

1. Gebrauch der Fremdwörter
2. Mittel zur Feindbildillustration
3. Eingriffe in die Semantik
4. Sprachlenkung

1. Gebrauch der Fremdwörter

---

127 vgl. auch mit den bei Pörksen (1988) beschriebenen Plastikwörtern

Sowohl Colin Good als auch Susanne Marten-Finnis untersuchen den Gebrauch der Fremdwörter im DDR-Deutsch, mit dem gleichen Ergebnis:

- die Fremdwörter werden als Mittel der Feindbildillustration eingesetzt, ihre deutschen Synonyme tauchen dort auf, wo es um sozialistische Belange geht,

- sie sind auch, da sie oft nicht klar definiert oder von der breiten Masse nicht verstanden werden, ein Mittel, um zu verschleiern oder um Eindruck zu schinden.

In der rumäniendeutschen Öffentlichkeitssprache, die ja eine Minderheitensprache war, kann man dem Fremdwortgebrauch nicht so eindeutige Funktionen zuweisen. Hier beschränkt sich ihr Usus meistens auf die Wörter, die zum Formelvorrat der marxistischen oder der realsozialistischen Ideologie gehören. Sehr viele Fremdwörter sind wohl auf die Übersetzung aus dem Rumänischen zurückzuführen, denn die Reden und Berichte wurden ja alle aus dem Rumänischen übersetzt.

So kann man davon ausgehen, daß die Übersetzer die näherliegenden Fremdwörter gebrauchten, z.B.

Aktionen - actiuni
Koexistenz - coexistenta
Revolten - revolte
Protestaktionen - actiuni de protest
Repressionskräfte - fortele represive

(NW, 31.12. 1984)

An einigen Stellen könnte man vermuten, daß die Fremdwörter auch hier zur Feindbildillustration hinzugezogen werden, z.B.:

"*innere Angelegenheiten*" - wenn es um Rumänien oder Bruderstaaten geht[128],

"*internen amerikanischen Verbrauch*" - in einem Artikel über die USA[129].

---

128 NW, 31.12. 1984
129 NW, 30.12.

Doch solche Beispiele tauchen nur selten auf, es handelt sich wahrscheinlich nicht um ein systematisch angewendetes Mittel zur Feindbildillustration. Die Feindbildillustration wurde auch nicht so extrem betrieben wie in der DDR, da Ceausescu ja nach außen hin das Bild des friedfertigen, toleranten Kommunisten aufrechterhalten wollte, teils der wirtschaftlichen Hilfen wegen, teils um die Weltöffentlichkeit von seiner Innenpolitik abzulenken.

2. Feindbildillustration

Trotzdem gehörte die Feindbildillustration zum Repertoire, wie bereits anhand der Auslandsseite gezeigt. Man bemühte sich aber nicht um ein sprachlich ausgefeiltes Bild, sondern begnügte sich mit einer einseitigen, extrem vereinfachenden, kurzen Darstellung, in die nur die Leitmotive Arbeitslosigkeit, Proteste, Unruhen, Krieg eingestreut wurden.

Diese Art der Feindbildillustration sollte möglicherweise demonstrieren, daß man sich mit dem Ausland wenig beschäftigt, daß die "inneren Angelegenheiten" das einzig Wichtige sind. Und dieser vorgegaukelten Einstellung sollten alle folgen.

Es gibt aber noch eine andere Erklärung für den Mangel an Sprachbildern und Metaphern, der nicht nur auf die Feindbildillustration zurückzuführen ist: der Mangel an Bildung und Sprachkompetenz des Diktators und seines Gefolges. In der Pressesprache der DDR fand Marten-Finnis eine Reihe von sprachlichen Mitteln, von Metaphern (Biologismen), Krankheits- und Fäulnismetaphern, Abfallmetaphern, Säkularisierung von Bibelmetaphern[130]. Solch sprachliche Subtilitäten fehlen in der Ceausescu-Presse, sie hätten ihn mit Sicherheit überfordert. Die Reden und Berichte wurden dadurch plump, extrem eintönig und simpel und zugleich bombastisch, überfrachtet, auch, um die eigene sprachliche Inkompetenz zu überspielen.

3. Eingriffe in die Semantik

Und damit sind wir auch an einem Punkt angelangt, wo es sich anbietet, die Texte semantisch kurz zu beleuchten.

Good behauptet bezüglich des DDR-Deutsch, daß es die Kluft, die angesichts einer sich immer verändernden Wirklichkeit und der sich gleichbleibenden Ideologie entsteht, mit Hilfe der Sprache überbrücke, indem es in die Semantik eingreife, die Wörter inhaltlich neu besetze.

---

130 vgl. Marten-Finnis, S. 32 ff.

Das wurde in Rumänien in einem gewissen Maße auch betrieben, jedoch sehr eingeschränkt. Es war zum einen nur beschränkt möglich, wegen der oben erwähnten sprachlichen Plumpheit, ja Inkompetenz, zum anderen auch nicht nötig, da Differenzierungen, Nuancen nicht gefragt waren. Auch hatten die Wörter, wie oben gezeigt, ihre ursprüngliche Funktion als Bedeutungsträger weitgehend eingebüßt, es kam allein auf das Konnotat 'gut' oder 'böse' an, auf den Gefühlswert, den sie transportierten. Und dazu waren ja die Adjektive da, alle anderen Wortarten verkamen immer mehr zu bloßen Statisten, zu Worthülsen, die den Blick in das Hinter-der-Bühne verstellen sollten.

Allein die emotional stark besetzten Wörter hatten noch eine Chance und wurden ernst genommen. Das zeigte sich am deutlichsten darin, daß einige nach und nach verboten wurden. Die extremste Form der Sprachlenkung war hier erreicht.

4. Sprachlenkung

Good behauptet 1975, daß Sprachlenkung im Kommunismus, so wie sie in der NS-Zeit betrieben wurde, äußerst selten sei. Von Rumänien, zumindest vom Rumänien der 80er Jahre, kann man das Gegenteil behaupten. Wie bereits in Kapitel III.1.2 erwähnt, wurden Wörter verboten, die dem Diktator gefährlich erschienen, so die Substantive "Tod" oder "Diktator"[131]. Auch gab es klare und eindeutige Anweisungen in allen Bereichen der Öffentlichkeit und auch für Schriftsteller, die den Sprachgebrauch regelten. Darauf möchte ich nicht weiter eingehen, da der genannte Beweis m.E. genügt.

Ich hoffe, hier verdeutlicht zu haben, daß die Sprache der Öffentlichkeit in Rumänien nicht (nur) eine Ideologiesprache, sondern vielmehr die Sprache einer Diktatur war, geprägt von Ceausescu. Er stand überall im Mittelpunkt, sein Bild und sein Name füllte Zeitungsseiten, seine (Sprach)armut, sein Hang zum Bombastischen vereinnahmten die Öffentlichkeitssprache und prägten m.E. den öffentlichen Diskurs und auch die Alltagssprache, obwohl sich ein Großteil der Bevölkerung dagegen abzugrenzen versuchte und Witze über Ceausescus Sprachfehler überall kursierten. Etwas, was einem über Jahrzehnte hinweg eingehämmert wird, kann aber nicht - ohne Schaden zu hinterlassen - an einem abprallen. Ein Beweis für mich ist die Tatsache, daß auch heute noch, 50 Jahre nach Kriegsende, NS-Wörter oder -Redewendungen im Umlauf sind. so z.B. "bis zum Vergasen", welche ich hierzulande in verschiedenen Bevölkerungsschichten öfter gehört habe.

---

131 s. Schlesak 1994, S. 43

Das öffentliche Rumäniendeutsch vs. Alltagssprache der Minderheit

Die Alltagssprache - und besonders die Sprache der (deutschen) Minderheit(en) - war wenig von der Sprache der Öffentlichkeit beeinflußt. Das lag wohl daran, daß sich die Minderheiten abgrenzten, ihren eigenen Normenkodex hatten und nicht zuletzt daran, daß sie auch räumlich abseits und isoliert lebten (das besonders im Fall der Banater Schwaben, deren Dörfer an der südwestlichen Grenze des Landes lagen). Die meisten sahen im kommunistischen Staat von Anfang an ein Feindbild, wie in Kapitel III.1.1 gezeigt. Ihr Interesse galt dem Deutschtum, dem Mutterland. Man hörte nur deutsche Radiosender, las - wenn überhaupt - nur deutsche Zeitungen und dann auch nur Berichte über deutsche Volksfeste oder Witze und Geschichten, die in der Mundart geschrieben waren.

In welchem Verhältnis stand nun die Sprache der Diktatur zum utilitären Jargon des Dorfes?

Führt man sich die Beschreibung der beide Sprachen vor Augen, so würde man auf den ersten Blick meinen, daß sie grundlegend verschieden sind. Auf der syntaktischen und lexikalischen Ebene stellen sie tatsächlich extreme Sprachvarianten dar. Den kurzen, knappen Sätzen des utilitären Jargons stehen in der Sprache der Diktatur die unendlich langen und unüberschaubaren Phrasen gegenüber. Ebenso finden wir in der einen wenig Adjektive, so gut wie keine Nominalkonstruktionen, während die andere geradezu daraus lebt. Das bewirkt auch, daß im utilitären Jargon des Dorfes viele Verben verwendet werden, in der Sprache der Diktatur die Verben aber Seltenheitswert haben.

Und trotz dieser augenscheinlich krassen Unterschiede, die sich mit den Begriffen 'Kargheit' gegenüber 'maßloser Aufblähung und Hyperbolisierung' zusammenfassen lassen, haben sie Grundlegendes gemeinsam.

Beide Sprachen sind eindeutig, lassen keinen Raum für Auslegungen, schon gar nicht für Zweifel. Sie sind eintönig und spannungslos (keine Fragesätze, kaum Ausrufesätze, Wiederholungen im Satzbau, Wortwiederholungen). Denn wenn auch sehr verschieden geartet, war ihr Ziel doch das gleiche: eine Ideologie durchzusetzen. Und das formte.

Herta Müllers Sprache vs. Sprache der Diktatur

Zwischen den augenscheinlichen Unterschieden und den etwas verdeckten Gemeinsamkeiten der Sprache der Diktatur bzw. des utilitären Jargons des Dorfes entstand ein Spannungsfeld, das dazu führte, daß sich für den kritischen Betrachter der Sprachusus und die dahintersteckenden Ideologien relativierten.

Für Herta Müller hat sich die sprachliche Diskrepanz zwischen dem öffentlichen Rumäniendeutsch und der Alltagssprache der Minderheit als produktiv erwiesen. Das, worin sich die Sprachen ähneln, die Monotonie und Spannungslosigkeit, hat sie an der Oberfläche beibehalten. Der Eindruck entsteht durch Mittel, die wir in beiden Sprachvarianten vorfanden:

- Dominanz der Aussagesätze
- kaum Frage- oder Ausrufesätze
- Wiederholungen im Satzbau
- Wortwiederholungen

Durch diese Mittel entsteht eine Atmosphäre, die die allgemeine Atmosphäre im Land heraufbeschwört. Weil aber Herta Müller, im Gegensatz zu den Rednern, etwas zu sagen hat, weil sie bloßlegen und nicht verschleiern möchte, muß sich ihre Sprache von der Sprache der Diktatur (auch) unterscheiden. Die Mittel der Verschleierung (unendlich lange Sätze, endlos aneinandergereihte Nominalkonstruktionen sowie die hyperbolischen Ausdrücke) finden wir in ihren Texten nicht. Die Einfachheit (im Wortschatz) und Knappheit (in der Syntax) des utilitären Jargons eignete sich besser, um etwas zu sagen, um sich mitzuteilen. Doch die Kargheit und Formelhaftigkeit dieser Sprache reichte auch nicht aus, wollte Herta Müller doch ihre Erlebnisse für den Leser sinnlich erfahrbar machen. Hierzu waren sprachliche Bilder nötig, die durch Eindringlichkeit, durch Intensität bestachen.

Daß Adjektive, Wortwiederholungen und Leitmotive nicht nur die Gefahr bargen, ins Lächerliche abzudriften (wie in Ceausescus Reden), sondern daß sie es vermochten, auch Bewußtsein zu formen, das zeigte die Sprache der Diktatur. Diese Mittel eigneten sich also - vom Ballast des Extremismus und der Worthülsen befreit - um Intensität zu erzeugen (ich erinnere nur an die Leitmotive „Messer" und „Pappeln").

Die Sprache der Diktatur fungierte folglich nicht nur als negatives Beispiel, das zeigte, wie man es nicht machen sollte, sondern sie zeigte auch sprachliche Möglichkeiten auf, um Wirkung zu erzielen.

Hatte ihr die Heimatsprache vorgeführt, wie Klarheit und Einprägsamkeit erzielt werden, so führte die Sprache der Diktatur vor, wie Sprache emotionalisiert werden kann. Beide Sprachvarianten zeigten auch zugleich, da sie die Extreme liebten, worin die Gefahren bestanden, wo sowohl für Knappheit und Prägnanz als auch für Emotionalität die Grenzen lagen. Herta Müller hatte es erkannt. Oder auch nicht?

Die Einflüsse hoffe ich klargelegt zu haben. Es bleibt nur die Frage: hat Herta Müller die Syntax, diesen Wortschatz bewußt eingesetzt, oder hat sie diese sprachlichen Strukturen verinnerlicht und gebraucht sie ohne ästhetische Absicht? So z.B. beim Gebrauch von Wörtern, die fast ausschließlich dem Grundwortschatz angehören: bildet sie hier schlicht und einfach den Sprachusus des Dorfes, des Alltags ab, oder steckt ein dichterisches Credo dahinter?

Einen gewissen Automatismus muß man ihrem Sprachgebrauch wohl zugestehen. Doch es ist nicht nur das: um zu zeigen, daß sie mit den Wörtern, mit der Sprache sehr bewußt umgeht, empfiehlt es sich, einen Abstecher in die Literatur zu machen, die sie beeinflußte, und in das kulturelle und literarische Umfeld, in dem sie als Dichterin/Schriftstellerin in Erscheinung trat.

Kritiker erwähnen häufig Bezüge zu Paul Celan, die Autorin selbst gibt besonders Thomas Bernhard an. Diesen möglichen literarischen Einflüssen soll nachgegangen werden, um abschließend auf das naheliegendste literarische und kulturelle Umfeld, die rumäniendeutsche Literatur zu kommen.

3. Literarische Einflüsse

3.1 Paul Celan

Auf die Frage, ob man von einem Einfluß Celans auf Herta Müller sprechen kann, kann man keine eindeutige Antwort in den Äußerungen Herta Müllers finden. Bei einer Staufener Lesung, August 1993, sagte Herta Müller, sie lehne es ab, von "literarischen Vorbildern" zu sprechen, gab aber an, daß sie bestimmte Autoren bevorzuge, unter anderen Paul Celan und Thomas Bernhard. Thomas Bernhard hat, wie sie es öfter in Interviews erwähnte, einen besonderen Eindruck auf sie gemacht.

Interessant ist, daß die Literaturkritik diese Beziehung nicht beachtet, hingegen Parallelen zu Paul Celan feststellt. Das ist wohl nicht verwunderlich, denn einige Parallelen zu Celan sind offensichtlich, während jene zu Thomas Bernhard verdeckter, komplizierter sind. Das Todesmotiv bei Celan und Herta Müller, das Dunkle in ihren Werken, die zahlreichen gemeinsamen Schlüsselworte 'Auge', 'Stein', 'Pappeln', 'Brunnen', 'Messer' wurden öfter erwähnt, es sind aber nur Gemeinsamkeiten an der Oberfläche. Denn die Schlüsselworte werden im Werk jedes einzelnen verschieden aktualisiert, ihre Bedeutung ist nicht statisch. Über die Vorlieben für bestimmte Wörter, für bestimmte Motive kann man spekulieren. Sind sie vom gesellschaftlichen Umfeld, von der Landschaft, von der kulturellen Umgebung geprägt? Oder sind das einfach Wörter, die sehr viele Aktualisierungsmöglichkeiten bieten? Beides mag wohl zutreffen, zumindest in einem gewissen Grade. Doch woher diese Wörter bzw. die daran gebundenen Bilder kommen, das läßt sich nicht eindeutig beantworten.

Was mir wichtiger erscheint, ist die Einstellung der beiden Autoren zu und ihr Umgang mit der Sprache. Das soll Thema dieses Unterkapitels sein. Dabei werde ich, da es dafür keine Anhaltspunkte gibt, nicht von "Einflüssen" sprechen, sondern die Begriffe 'Parallelen', 'Affinitäten', 'Gemeinsamkeiten' benutzen.

Für beide Autoren wird die Sprache zur Existenzgrundlage schlechthin. Für Celan ist sie etwas, was alles überdauert, was ihm erhalten blieb, über alle Verluste hinweg. Herta Müller spricht vom Schreiben, um sich zu vergewissern, daß es sie gab.

Bei allen Zweifeln und Verzweiflungen an den Möglichkeiten der Sprache, bleibt sie für beide doch die einzige Möglichkeit, um Unsagbares festzuhalten, um sich mitzuteilen und sich so selbst seine Existenz zu beweisen. Im Wort

"Sprachgitter", das dem Band seinen Namen gibt, aktualisiert Celan beide Bedeutungen. Ein Gitter ist nicht nur etwas, worin man sich verfängt, wie Harald Weinrich[132] es interpretiert, es ermöglicht gleichzeitig auch, daß etwas durchdringt. Das "Sprachgitter" im Kloster ist ebenfalls sowohl Ermöglichung als auch Beschränkung. Es grenzt die Nonne von der Welt ab, ist aber zugleich ihre einzige Möglichkeit, mit Weltlichen in Kontakt zu kommen.

In diesem Sinne beschreibt Celan auch den Stellenwert, den die Sprache für ihn hatte:

"Erreichbar, nah und unverloren blieb inmitten der Verluste dies eine: die Sprache. Sie, die Sprache blieb unverloren, ja, trotz allem. Aber sie mußte nun hindurchgehen durch furchtbares Verstummen, hindurchgehen durch die tausend Finsternisse todbringender Rede. Sie ging hindurch und <u>gab keine Worte her für das, was geschah</u>; aber sie ging durch dieses Geschehen. Ging hindurch und durfte wieder zutage treten, angereichert von all dem. In dieser Sprache habe ich, in jenen Jahren und in den Jahren nachher, Gedichte zu schreiben versucht: <u>um zu sprechen, um mich zu orientieren, um zu erkunden, wo ich mich befand und wohin es mit mir wollte, um mir Wirklichkeit zu entwerfen</u>.

Es war, Sie sehen es, Ereignis, Bewegung, Unterwegssein, es war der Versuch, Richtung zu gewinnen. Und wenn ich es nach seinem Sinn befrage, so glaube ich, mir sagen zu müssen, daß in dieser Frage auch die Frage nach dem Uhrzeigersinn mitspricht".[133]

Herta Müller faßt sich etwas kürzer, macht aber die gleiche Aussage über ihre Beweggründe zu schreiben:

"Als mein Vater gestorben war, dachte ich immer öfter daran, daß, es meine Kindheit <u>vor lauter Stummheit nicht gibt</u>, daß sie mir nicht gehört. Ich begann Erlebnisse aus meiner Kindheit aufzuschreiben, <u>um mir diese durch die Sprache anzueignen. Ich mußte wissen, was das Dorf in meinem Kopf aus mir gemacht hatte</u>".[134]

Beide Autoren sprechen von Schreiben als Folge und Antwort auf ein vorhergehendes 'Verstummen' oder eine 'Stummheit'. Die Ursachen sind zwar verschieden, jedoch weist das Verstummen in beiden Fällen auf Unheimliches, Dunkles hin, das sich nicht festhalten läßt oder nicht festgehalten werden soll. Deshalb weigern sich die Wörter, es zu materialisieren (Judenvernichtung und

---

132 „*Das lyrische Bewußtsein fängt sich im Netz, im Gitter, im Käfig der Worte, der Wörter.*" In: Weinrich, H.: Kontraktionen. In: Meinecke, D.:Über Paul Celan. Frankfurt a. M. 1973, S. 214 - 226, hier S. 218
133 Brierley, David: „Der Meridian". Ein Versuch zur Poetik und Dichtung Paul Celans. Frankfurt a. M. 1984, hier S. 186 f. - Hervorhebg. von mir, H.H.C.
134 NBZ 07.06. 1981, S. 2 f.

Tod der Eltern bei Paul Celan), oder die Personen weigern sich, es zu objektivieren (Nazivergangenheit und Verdrängtes im Dorfleben bei Herta Müller).

Sprache ist für Herta Müller sowie für Paul Celan existentiell, sie erfüllt mehrere Funktionen;

1. sie ist Beweis, daß es noch etwas gibt, etwas, was fortdauert bei aller Vergänglichkeit, ein Beweis auch, daß man selbst noch existiert

2. sie ist folglich auch ein Mittel der Selbstfindung[135], der Orientierung.

3. ebenso verhilft sie dazu, Unsagbares zu evozieren, dem "Gedärm unter der Oberfläche"[136] näher zu kommen. Sie ist zugleich auch ein Mittel gegen das Vergessen[137].

4. Sprache bietet nicht zuletzt die Möglichkeit, eine Wirklichkeit zu entwerfen, eine eigene, angesichts der unerträglichen äußeren Gegebenheiten (Krieg, Holocaust bzw. Diktatur, Verfolgung) erträglichere Wirklichkeit ("... *um mir Wirklichkeit zu entwerfen*" - Celan s.o.). Herta Müller spricht diesen Punkt indirekt an: "*Vielleicht war in den Jahren des Frosches das Erfinden der Wahrnehmung die*

---

135 Herta Müller in einem Interview: "*Ich sah plötzlich, da ist nichts greifbar. Da ist nichts, was nicht im nächsten Augenblick schon wieder nicht mehr da ist. Deshalb habe ich versucht, an dem Punkt, an dem ich angelangt war, mir selber eine Vergewisserung zu schaffen, indem ich das aufschrieb, um es für mich greifbar zu machen.*" (Schuller 1984, S. 124)
Celan im Meridian: "*Und vor einem Jahr ... brachte ich eine kleine Geschichte zu Papier, in der ich einen Menschen 'wie Lenz' durchs Gebirg gehen ließ. Ich hatte mich das eine wie das andere Mal von einem '20. Jänner', von meinem '20. Jänner' hergeschrieben. Ich bin ... mir selbst begegnet.*
Geht man also, wenn man an Gedichte denkt, geht man mit Gedichten solche Wege? Sind diese Wege nur Um-Wege, Umwege von dir zu dir? Aber es sind ja zugleich auch, unter wie vielen anderen Wegen, Wege, auf denen die Sprache stimmhaft wird, es sind Begegnungen, Wege einer Stimme zu einem wahrnehmbaren Du, kreatürliche Wege, Daseinsentwürfe vielleicht, ein Sichvorausschicken zu sich selbst ... Eine Art Heimkehr." (Zitiert nach Brierley 1984, S. 32/33)
136 Herta Müller: Der Teufel sitzt im Spiegel. Berlin 1991, S. 17
137 Axel Gellhaus stellt in seiner Interpretation des Gedichts "Tübingen. Jänner" von Paul Celan folgendes fest: "*... Worte sind es, die solche Vermittlung leisten, die Verbindung der zwei Welten, die sich letztlich als Reich des Lebendigen, der Lebenden und das Reich des und der Toten gegenüberstehen...*
Es sind tauchende, also zwei Welten vermittelnde Worte ... Worauf es wesentlich ankommt, ist das Vordringen der Worte in den anderen Lebenszusammenhang unter der (Wasser)-Oberfläche, wo es zur Begegnung mit den Vergessenen, mit den Toten kommen kann." (In: A. Gellhaus: Erinnerungen an schwimmende Hölderlintürme. Spuren 24. Marbach a. N. 1993, S. 14)

einzige Möglichkeit, die Welt zu verändern. Sie wurde noch bedrohlicher. Doch hatte zumindest der Zusatz mit mir selbst etwas zu tun".[138]

Das Erfinden der Wahrnehmung bedeutet, sich jenseits des Wahrgenommenen eine eigene Welt zu schaffen, jenseits der Dinge etwas anderes zu sehen, eine Welt, eine eigene Welt, eine andere Wirklichkeit. Und diese lebt in ihrer Dichtung (*"Das Dorf der Niederungen gibt es nur in den 'Niederungen', hab ich gesagt. Sie glaubten mir nicht"*).[139]

Und nun sind wir bei einem Punkt angelangt, an dem das Vertrauen in die Sprache, in ihre Fähigkeit, Unsagbares zu evozieren, es vor dem Vergessen zu bewahren und also weiterzugeben, bezweifelt werden kann. Literatur ist, wie es Herta Müller hier darstellt, das Ergebnis einer subjektiven Wahrnehmung, etwas Individuelles. Auch bei Celan finden wir diesen Gedanken:

"Dann wäre das Gedicht - deutlicher noch als bisher - gestaltgewordene Sprache eines Einzelnen - und seinem innersten Wesen nach Gegenwart und Präsenz..."[140]

Es ergibt sich hier ein Paradoxon, doch nur zwischen diesen beiden Polen ist Kommunikation überhaupt denkbar, zwischen dem subjektiven Ausdruck des Eigenen und dem Bedürfnis und der Notwendigkeit es mitzuteilen. In der Spannung, in der Bewegung, die sich daraus ergibt, kommt es dem Gesuchten näher. Celan beschreibt diese Bewegung in seiner Bremer Ansprache wie folgt:

"Das Gedicht kann, da es ja einer Erscheinungsform der Sprache und damit seinem Wesen nach dialogisch ist, eine Flaschenpost sein, aufgegeben in dem gewiß nicht immer hoffnungsstarken Glauben, sie könnte irgendwo und irgendwann an Land gespült werden, an Herzland vielleicht. Gedichte sind auch in dieser Weise unterwegs: sie halten auf etwas zu. Worauf? Auf etwas Offenstehendes, Besetzbares, auf ein ansprechendes Du vielleicht, auf eine ansprechende Wirklichkeit. Um solche Wirklichkeiten geht es, so denke ich, dem Gedicht".[141]

Celan spricht von "Wirklichkeiten", von subjektiv wahrgenommenen Lebenswelten. Die Nähe zur Phänomenologie als philosophische Grundlage ist erkennbar. In dem sozialphilosophischen Werk von Schütz/Luckmann, "Strukturen der Lebenswelt", heißt es nämlich:

---

138 Müller, Herta: Paderborner Universitätsreden, S. 15
139 ebd., S. 7
140 nach Brierley 1984, S. 29 - Hervorhebg. von mir, H.H.C.
141 Brierley 1984, S. 196 - Hervorhebg. von mir, H.H.C.

"Der Ursprung aller Realität ist subjektiv; alles, was unser Interesse hervorruft, ist wirklich".[142]

Auch Herta Müller steht dieser philosophischen Grundhaltung nahe, wie in der Einleitung bereits erwähnt. Dadurch, daß die Wahrnehmung sich "erfindet", die Grenzen des räumlich Wahrgenommenen dauernd überschreitet, kann es nur Wirklichke<u>iten</u> geben, auch wenn man so tut, als gäbe es <u>die eine Wirklichkeit</u>.

"Über dem Bett meiner Großeltern hing ein Heiligenbild. Es war ein Ölbild. Es hatte eine Dunkelheit in den Farben und einen Glanz, daß sich die Bäume bewegten, die Wolken zerwühlten, die zu schmale Brücke schwankte... Etwas war auf dem Bild, das draußen kein Leben zeigt: Steine. Große braune Steine. Sie allein wurden nicht ernsthaft. Sie wurden bedrohlich, weil sie die Grenzen der Steine überschritten. <u>Ich sah in diesen Steinen braune, reife Gurken</u>. Nur vor ihnen hatte ich Angst...

... Großmutter und ich haben in all den Jahren nicht für das gleiche gebetet. Sie hat für die Sünden des Tages gebetet. Ich hab gegen die Bedrohung der Gurken gebetet. <u>Da wir nicht für das gleiche gebetet haben, haben wir auch nie das gleiche Gebet gesprochen</u>. Es war wie gewöhnlich, von außen hat das keiner gemerkt."[143]

Doch Herta Müller spricht hier nicht nur von Wirklichkeiten (Steine vs. Gurken, Gebet der Großmutter vs. Gebet der Erzählerin), sondern sie erwähnt auch eine Überschneidung, eine Gemeinsamkeit in der Wahrnehmung ("Wolken", "Bäume", "Brücke"), bei allen möglichen Unterschieden. Daraus kann Hoffnung auf Verständigung erwachsen, die Hoffnung "auf ein ansprechbares Du", "auf eine ansprechbare Wirklichkeit", auf welche das Gedicht - laut Celan - sich hinbewegt und von der sowohl Celans als auch Herta Müllers Literatur lebt.

Auch Adorno baut darauf, wenn er die einzig legitime Wirkung eines Kunstwerks der Nachkriegszeit so beschreibt:

"alle schaudern davor zurück, und doch kann keiner sich ausreden, daß die exzentrischen Stücke und Romane <u>von dem handeln, was alle wissen und keiner Wort haben will</u>."[144]

---

142 Schütz, H./Luckmann, Th.: Strukturen der Lebenswelt. Bd. 1. Frankfurt a. M. 1979, S. 48
143 Müller, Herta 1990, S. 4
144 zitiert nach Antje Janssen-Zimmermann: Überall wo man den Tod gesehen hat... In: Literatur für Leser, 4/1991, S. 237 - 249, hier S. 246

Sowohl Herta Müllers als auch Celans Werke wirken auf ihre Leser, wie Adorno es von Literatur nach '45 fordert. Adorno zählt Celan auch, neben Beckett und Kafka, zu den Autoren, die seinem Anspruch an die Literatur nach '45 gerecht werden.
Antje Janssen-Zimmermann stellt, nachdem sie das Streitgespräch zwischen Adorno und H. M. Enzensberger bezüglich der Literatur nach Auschwitz bespricht, folgendes fest:

> *"Celan leistet - nicht nur mit der 'Todesfuge' - den Entwurf einer Literatur, die der Dialektik von Schweigen und Erinnern am Rande des Verstummens standhält, ohne die Schuld der Unterlassung auf sich zu laden" (ebd., S. 246).*

Das gleiche könnte man von Herta Müller behaupten, denn ihre Literatur lebt ebenfalls, wie oben gezeigt, aus Erinnern (= zur Sprache bringen) und Schweigen (= Lückentechnik). Das ist das Paradoxon der Nachkriegszeit, das sich sinngemäß in der Literatur widerspiegelt, auch in der Literatur der Nachgeborenen, wie Herta Müllers Texte es beweisen. Bei ihr wird es nicht nur vom Schicksal der Nachgeborenen, deren Vorfahren am Holocaust beteiligt waren, generiert, sondern auch vom Erleben einer Diktatur, die in vielen Punkten das Dritte Reich "nachlebte", wie in den Kapiteln III.1.2 und III.2.2 gezeigt. Es ist folglich ein anders Geartetes und doch das gleiche: ein versuchter Umgang mit dem Unfaßbaren, Unsagbaren, der Versuch, es zu fassen, mittels einer Sprache, die das Erbe der Verbrechen mittransportiert.
Angesichts dieses unauflöslichen Widerspruchs trägt die Sprache das Paradoxe mit. Es wird zu ihrem grundlegenden Strukturprinzip bei beiden Autoren.
Renate Böschenstein-Schäfer erkennt in ihrer Interpretation von Celans einzigem Prosastück, "Gespräch im Gebirg", etwas, was man auf sein Gesamtwerk beziehen könnte:

> *"Nur im Paradoxon kann sich ein Ausweg aus der Lüge der bebilderten Sprache, 'des Metapherngestöbers' andeuten: '(...) es wandert überallhin, wie die Sprache./Wirf sie weg, wirf sie weg,/dann hast du sie wieder (...)'.*
>
> *Etwas ähnliches scheint in diesem Text zu geschehen: ein Wegwerfen in vielen kleinen Stücken. <u>Das Zerbröckelnde seiner Syntax ist die verhältnismäßig genaueste Annäherung an das Sagende.</u>"*[145]

---

145 Renate Böschenstein-Schäfer: Anmerkungen zu Paul Celans "Gespräch im Gebirg". In: Meinecke 1973, S. 226-238, hier S. 237f.

In diesem letzten Satz schwingt als ein Fazit der Interpretation des Textes der Gedanke mit, der sich aus meinen obigen Darlegungen (von der Poetik her kommend) herauskristallisierte: die "Theorie von der poetischen Relevanz der Sprache als Mimesis der Welt"[146].

Monotonie, Dumpfheit, die Starre an der Oberfläche, unter der es brodelt, waren Herta Müllers "Welt", ihre Sprache trägt sie weiter, über das Verschwinden der Minderheit und den Tod Ceausescus hinaus (siehe besonders in Kapitel II). Celans Welt war "zerbröckelt", stand unter dem Zeichen systematischer Zerstörung und Vernichtung. Seine Sprache ist ein bruchstückhaftes Hinüberretten, in einer "zerbröckelnde(n) ... Syntax", mit Worten, die demontiert sind (häufig Negationspartikel: UN-, Niemands-...).

Was kann man hinüberretten aus solchen Welten, in denen der Tod lauert, in denen Leben zum Überleben wird? Es ist wohl nur das Leben selbst, das Noch-Wahrnehmen und das Sich-noch-Wahrnehmen. Der Mensch, das, was ihn umgibt, die Natur, kann nicht mehr als Ganzes erscheinen, nur bruchstückhaft. Haar, Auge, Mund, Stimme, Herz sind solche Teile, die wichtigsten eigentlich, weil sie ihm die Wahrnehmung und - bei allem Schmerz der damit verbunden ist - das Leben ermöglichen. Sie sind etwas, was keiner Zeitströmung, keiner Mode unterliegt, das Dauerhafte genauso wie die Sprache, wie Stein, Blumen, Brunnen oder das Wasser. Und in welchem Zusammenhang sie auch immer gebracht werden, das Attribut des die-Zeiten-Überdauernden haftet ihnen an. Und danach suchen m.E. Herta Müller und Paul Celan, nach dem Menschlichen, dem Kreatürlichen, das die Zeiten überdauert, "inmitten aller Verluste". Das wäre eine mögliche Erklärung für die Vorliebe beider für die einfache Sprache, für bestimmte Schlüsselwörter, für ein Vokabular, das dem Grundwortschatz der Sprache angehört, folglich von Strömungen und Moden am wenigsten beeinflußt wird.

Abschließend ließe sich noch einmal die Frage nach den Gründen dieser Einstellung zur Sprache und dieses Umgangs mit der Sprache stellen.

Ein Grund für die Ähnlichkeiten zwischen den Werken von Herta Müller und Paul Celan ist sicherlich die Tatsache, daß sie ähnliche Grenzsituationen erfahren haben, sie schrieben, um mit Celan zu sprechen, beide "*unter dem Neigungswinkel (ihres) Daseins, dem Neigungswinkel (ihrer) Kreatürlichkeit*"[147].

Die Erfahrung mit dem Tod, mit Verlusten, mit ständiger Bedrohung machten sie erst später, als junge Erwachsene. Sie wuchsen aber als Angehörige einer Minderheit auf, umgeben von mehreren Sprachen, mehreren Kulturen,

---

146 H. Weinrich: Kontraktionen. In: Meinecke, S. 214-226, hier S. 224
147 in: Paul Celan: Der Meridian. Zitiert nach Brierley 1984, S. 28

von denen man sich zwar abgrenzte, die aber doch da waren, besonders das Rumänische und die rumänische Kultur als Landessprache und -kultur. Aus Sprache und Kultur bezogen die Minderheiten die Essenz ihrer Identität. Sie waren sich aber zugleich ihrer Situation als Insel, bezogen auf den größeren Sprach- und Kulturraum, bewußt. In einem solchen Kontext erhält die Sprache einen hohen Stellenwert, wie auch Heinrich Stiehler feststellt:

"Einsichtig ist aber auch, daß einer Literatur zwischen den Sprachen die Sprache fast zwangsläufig zu einem Problem wird."[148]

Eine weitere biographische Gemeinsamkeit wäre auch die Tatsache, daß sowohl Paul Celan als auch Herta Müller in einer Grenzregion aufgewachsen sind, die Künstlichkeit dieser Grenzen und zugleich ihre Verschiebbarkeit erfahren haben. Auch haben beide die idyllisierbare ländliche Umgebung Rumäniens kennengelernt (Brunnen, Schafe, Maulbeerbäume, Pappeln, Tänze, Lieder). Doch all das reicht als Erklärungsmuster nicht aus. Andere hatten ähnliche Erfahrungen, haben Literatur geschrieben, sind aber trotzdem nicht zu "Sprachmagiern" oder zu "Meistern der Dunkelheit" geworden.

Celan und Herta Müller haben aus dem Nebeneinander von Sprachen und Kulturen gelernt, ihr Blick für Sprache und ihre poetischen Möglichkeiten wurden durch den Vergleich Deutsch-Rumänisch geschärft. Sie haben erkannt, daß das Rumänische – bedingt durch seine weniger festgelegte Struktur – mehr oder zumindest andere poetische Möglichkeiten birgt. Die Vergleichsmöglichkeiten kamen ihnen auf ihrer Suche nach Erneuerungsmöglichkeiten entgegen. Wie, das möchte ich kurz erläutern.

Das Rumänische ist – wie Harald Thun und Eugen Coseriu[149] feststellen – eine Dialogsprache, eine auf den Partner ausgerichtete Sprache, viel weniger Exaktheit anstrebend als das Deutsche. Harald Thun und Coseriu bezeichnen das Deutsche als eine „Satzsprache". Sie ist weniger auf Kontaktaufnahme ausgerichtet als auf möglichst exakte Wiedergabe und Informationsvermittlung. Das ergibt sich aus einem Vergleich mehrerer struktureller Eigenheiten der beiden Sprachen. Als Beweis möchte ich einige Aspekte herausgreifen, ein systematischer Vergleich würde über den Rahmen dieser Arbeit hinausreichen.

---

148 Heinrich Stiehler: Paul Celan, Oscar Walter Cisek und die deutsche Gegenwartsliteratur Rumäniens. Frankfurt a. M. 1979, S. 14
149 vgl. hierzu Thun, H,; Dialoggestaltung im Deutschen und Rumänischen. Tübingen 1984, S. 22ff.

Harald Thun stellt in seiner o.g. Arbeit fest, daß es im Deutschen erheblich mehr Existimatoren[150] gibt als im Rumänischen. Sie dienen dazu, einen Sachverhalt möglichst exakt auszudrücken. Demgegenüber hat das Rumänische erheblich mehr Modalpartikel vorzuweisen, die der Kontaktaufnahme dienen (z.B. „hai", „mäi"...). In die gleiche Richtung weisen auch der Vokativ im Rumänischen (z.B. „Joano", „Costele") und häufige Anreden wie *draga, iubito* [mein(e) Liebe(r)], die im Rumänischen geläufig sind. Das Rumänische konzentriert sich demzufolge (insbesondere in seiner mündlichen Form) mehr auf Kontaktaufnahme als auf exakte Informationsvermittlung. Daß das Deutsche letzteres Ziel anstrebt, zeigen außer den Modalpartikeln auch weitere Eigenheiten. Zum einen ist es die deutsche Syntax, die viel weniger Möglichkeiten bietet als das Rumänische. Durch den Satzrahmen ist sie schon mal sehr streng, auch haben die Satzglieder einer bestimmten Ordnung zu gehorchen. Nehmen sie diese, ihnen zugedachte Stellung im Satz nicht ein, so hat auch das eine bestimmte Funktion. So z.B. weiß man, wenn das Vorfeld nicht durch das Subjekt besetzt wird, sondern durch ein anderes Satzglied, so soll dieses hervorgehoben werden. Im Rumänischen ist das nicht so eindeutig, da die Stellung der Satzglieder freier ist, z.B.:

Rumänisch	**Deutsch**
Mira a venit ieri la ora nouă.	Mira ist gestern um neun Uhr gekommen.
Ieri la ora nouă a venit Mira.	Gestern um neun Uhr ist Mira gekommen.
Ieri a venit Mira la ora nouă.	Gestern ist Mira um neun Uhr gekommen.
Ieri la ora nouă Mira a venit.	*Gestern um neun Uhr Mira ist gekommen.
A venit Mira ieri la ora nouă.	*Ist gekommen Mira gestern um neun Uhr.

Information und Schwerpunkt der Aussage sind in den aufgeführten Sätzen natürlich verschieden. Die Möglichkeiten gibt es aber, und die jeweilige Bedeutung der Varianten ist nicht festgelegt, sie ergibt sich aus dem Kontext oder –

---

150 Thun definiert sie wie folgt: „Mit 'Existimatoren' bezeichne ich Wörter und fixierte Wortgefüge wie *eigentlich, ja, doch, in der Tat* und funktionsverwandte Wörter und Fügungen des Rumänischenn wie *chiar, si, mai, de fapt, macar, doar.* (...) Sie gehören zur größeren Gruppe der Dialogwörter, d.h. zu den Wörtern oder Wortgefügen, die auf die Bestandteile des Gesprächs und auf die am Gespräch Beteiligten Bezug nehmen" (S. 13f.). Weitere geläufige Bezeichnungen für Existimatoren sind „Modalpartikel", „Abtönungspartikel", „Satzadverb" (vgl. Thun 1984, S. 13).

insbesondere im Mündlichen – aus Intonation und nonverbalen Mitteln. Somit sinkt die Autonomie des Satzes auf der Bedeutungsskala der Kommunikation, jene des Kontextes, der Situation, nimmt einen höheren Rang ein. Andererseits gilt: wenn der Kontext, die Situation, Hinweise auf die nähere Bedeutung der Aussage, des Satzes (oder Wortes) verweigert, so bleibt seine Deutung dem Leser/Hörer überlassen. Darin besteht wiederum eine poetische Chance: einerseits wird der Leser mehr miteinbezogen, er muß aktiver sein[151], als wenn ihm relativ eindeutige Sätze vermittelt werden, andererseits gewinnt der Kontext an Bedeutung, Spannung wird erzeugt und aufrechterhalten, der Leser liest weiter, um die Bedeutung zu erschließen, um zumindest nähere Hinweise auf sie im Text zu finden.

Ähnlich wie die Syntax verhalten sich auch die Komposita in den beiden Sprachen. Im Deutschen wird ein Gegenstand, Sachverhalt durch die Zusammensetzung genau präzisiert, Abstrakta, metaphorische Ausdrücke werden „demotiviert". Anders im Rumänischen, das sich im Bereich der Komposita, ähnlich wie das Spanische, ähnlich wie alle romanischen Sprachen überhaupt, verhält. Es bildet nämlich die meisten Komposita nicht durch Zusammensetzung (die durch Zusammensetzung gebildeten sind sehr gering an der Zahl), sondern diese nehmen die Form von „wiederholter Rede"[152] an. Diese Struktur erhöht wiederum die Möglichkeit, Spannung zu erzeugen (insbesondere da zwischen Grundwort und Bestimmungswort noch weitere Attribute eingebaut werden können) und zudem wird das Grundwort auch nicht in dem Maße „demotiviert"[153] wie im Deutschen, z.B.:

Deutsch
„Blumenmeer"

Rumänisch
„mare (foarte fumoasă) de flori"

Auch an einem weiteren Aspekt aus dem lexikalischen Bereich läßt sich der Hang des Deutschen zur Exaktheit ablesen, die natürlich auf Kosten des Poetischen erreicht wird: gemeint ist der Reichtum an Synonymen. Wofür es im Deutschen spezifische Ausdrücke gibt, dafür verwendet man im Rumänischen Umschreibungen, z.B.:

---

151 zur Bedeutung der aktiven Beteiligung des Lesers für die Textrezeption und die Wirkung des Textes vgl. Iser, W.: „Die Appellstruktur der Texte". Konstanz 1970
152 Jürgen Lang bezeichnet damit Sätze, Wortgruppen und Wörter, die mit einem bestimmten Sinn gebraucht werden und illokutionäre Kraft haben (vgl. hierzu Lang 1986, S. 176ff.).
153 vgl. Fleischer/Barz 1992, S. 15, Kap. 1.4.3

Deutsch	Rumänisch
gehen	a merge
laufen	a fugi
rennen	a alerga
schlendern	a merge încet, agale
schleichen	a se furisa
hoppeln	a merge ca iepurele
watscheln	a merge ca rata
torkeln	a merge ca un om beat (a se clatina)[154]

oder

Deutsch	Rumänisch
häßlich	urît
abstoßend	respingator
ekelerregend	hidos
widerlich	respingator
unschön	urît
garstig	urît

Dem Reichtum an Synonymen im Deutschen kann das Rumänische eine Fülle von polysemischen Wörtern und Wendungen entgegenhalten, die auch der Poetik dienlich sind.

All diese hier aufgezählten grammatischen Eigenheiten des Rumänischen (die Liste ließe sich natürlich fortsetzen) führen dazu, daß die Sprache beweglicher, spannender, offener ist und dadurch der Poetik, der Bildhaftigkeit weitaus mehr Möglichkeiten eröffnet.

Das haben Celan und Herta Müller wohl erkannt, die Erkenntnis hat ihnen möglicherweise den Weg gezeigt, nach dem sie suchten: den Weg zur Wiederbelebung, Bereicherung des Deutschen, zur Eröffnung neuer Möglichkeiten. Es galt, die starren Formen aufzubrechen, die einengende Syntax, die festlegenden Komposita, die Exaktheit der Wörter. Es galt Raum zu schaffen für den Kontext, für Spannung, für Polysemie. Wie war das verwirklichbar? Indem die Wörter aus ihrem gewohnten Umfeld befreit wurden, wurde ihnen der Weg zur Polysemie, zu neu erschließbaren Bedeutungen, zu neuen Verbindungen gebahnt. Celan befreit die Wörter, indem er die Syntax aufbricht, Herta Müller – bedingt durch die Prosa als Gattung – löst die Syntax nicht auf, im Gegenteil,

---

154 das heißt aber auch schwanken, straucheln, sich hin- und herbewegen

sie befolgt ihre Regeln akribisch, bis zum Rande des Erträglichen. Dadurch fallen die Brüche auf der Ebene der Kombinatorik noch krasser ins Auge. Zusammenfassend gesagt, die Wörter werden bei Herta Müller auf dieser Ebene der Kombinatorik befreit, neuen Bedeutungen, der Polysemie zugeführt. Auf dem Hintergrund der normgetreuen Syntax erscheint ihr Verhalten nicht nur außergewöhnlich, sondern geradezu als Ausscheren, als abnorm (um ein bei Herta Müller gängiges, von ihr gehaßtes Wort zu gebrauchen).

Folglich: Worin liegt das Verbindende zwischen Herta Müller und Paul Celan? Es liegt u.a. in ihrem Bestreben, die Sprache zu erneuern, das aus dem Zusammenspiel paralleler, ähnlicher Erfahrungen erwuchs. Es war kein rein ästhetisches Ziel und erwuchs schon gar nicht aus dem Bestreben, um jeden Preis originell zu sein.

Bei beiden Autoren ergab sich das Bemühen um die Sprache aus dem Ineinandergreifen von politischen Erfahrungen (Holocaust bzw. Diktatur Ceausescus) einerseits, die ihnen die Sprache als eine pervertierte zuführten, und den sozial-historischen Erfahrungen als Angehörige einer Minderheit, der Existenz zwischen mehreren Sprachen und Kulturen andererseits.

Und zum Schluß noch ein Zitat von Horst Bienek, der in seinem Essay, "Narben unserer Zeit", von Celans Umgang mit Sprache spricht, um zu folgender Schlußfolgerung zu gelangen:

"Aber man beachte nur, wie hier <u>mit ganz einfachen Vokabeln eine poetische Welt beschworen wird</u>, keine modische Fremdwörtersucht, keine künstlichen Verschlüsselungen, keine abstrakten Konstruktionen - Elemente, die den Durchschnitt unserer heutigen Lyrik überwuchern. Das ist das Überraschende, was uns bei Celan bewußt wird: Sprache braucht nicht zerstückelt, zertrümmert, denaturiert zu werden, <u>wenn sie ein wirklich schöpferischer Dichter handhabt</u>" (Hervorhebg. von mir, H.H.C.).[155]

Und diese Aussage hat auch für Herta Müller ihre Gültigkeit. Ihre Texte beweisen heute, Jahrzehnte nach Celans Tod, nach dem Durchleben einer Diktatur, daß *"nicht allein Variation, sondern auch Innovation"*[156] der Sprache noch möglich ist. Das hatte auch Celan nach dem Dritten Reich bewiesen, als eine grundlegende Sprachskepsis und Skepsis gegenüber lyrischen Formen grassierten und durchaus ihre Berechtigung hatten. Er zeigte, daß sowohl Lyrik als auch eine Wiederbelebung der Sprache noch möglich waren. Rainer Guenter spricht diesen Verdienst in seinem Essay 'Meister der Dunkelheit'[157] an:

---

155 In: Meinecke, S. 43-46, hier: S. 44, Hervorhebg. von mir - H.H.C.
156 Hartmut Steinecke in: Vorwort zu Müller 1990
157 in. Meinecke 1973, S. 52-54, hier: S. 54

"In der Auflösung des ganzen 'tonalen' Wortsystems operiert Celan mit klassischen Kunstgriffen der musikalischen Anordnungstechnik, reduziert er das dichterische Sprechen auf kunstvoll geregelte Wort-, Vokal-, ja Satzzeichen - Wiederholungen, Motiv-Rhythmen, <u>um die Sprache von allem</u>, was sie bisher bezeichnete und meinte, <u>zu reinigen und in dieser Reinheit neuen Sinn, neue Bedeutungen anzubieten</u>".

Rainer Guenter sagt nicht nur, daß, sondern auch wie es Celan gelungen ist, die Sprache neuen Bedeutungen zuzuführen. Die "klassischen Kunstgriffe der musikalischen Anordnungstechnik", die er hier aufzählt, kennen wir schon: wir haben sie vielfach bei der Beschreibung der Texte Herta Müllers angetroffen.

Doch an dieser Stelle bietet es sich an, trotz aller festgestellten Affinitäten an einen wichtigen Unterschied zwischen Paul Celan und Herta Müller zu erinnern: Paul Celan schrieb (mit einer Ausnahme: "Gespräch im Gebirg") Lyrik, Herta Müller schreibt Prosa. Eine neue Art von Prosa, eine poetische, wie wir sehen konnten. Das Lyrische in ihren Texten ist eine Antwort auf die Frage nicht allein nach den Möglichkeiten der Sprache, sondern auch nach den Möglichkeiten des Erzählens.

Und jetzt, beim Punkt Musikalität der Texte, lyrische Prosa, bietet es sich an, Thomas Bernhard hinzuzuziehen.

3.2 Thomas Bernhard

Bei der Lektüre von Thomas Bernhard- und Herta Müller-Texten werden dem Leser - versucht er einen Vergleich - zunächst nur Unterschiede auffallen, sowohl inhaltliche als auch sprachliche. Verfeinerte Intellektuelle, Geistesmenschen, stehen Naturmenschen, einfachen Menschen, Bauern gegenüber, die einen denken, die anderen nehmen wahr und sprechen ab und zu. Sprachlich werden die Gedankengänge der Bernhard-Protagonisten von unendlich langen Schachtelsätzen getragen (Sverre Dahl[158] spricht von ihrer Tendenz, sich zu einem Satz zusammenzuschließen), die, hypotaktisch verbunden, die Grenzen syntaktischer Überfrachtung ausloten.

Ganz anders bei Herta Müller. Ihre Texte leben aus einfachen Sätzen, die meistens den grundlegenden Satzbauschemata entsprechen (oft Kernsätze, Satzbauplan 2 und 6[159]). Die Parataxe beherrscht die sprachliche Landschaft und trägt ihren Teil zum Eindruck der syntaktischen Kargheit bei. In diesen Texten finden wir keine Einschübe, keine Correctio oder andere Erläuterungen wie bei Thomas Bernhard. Im Gegenteil, die gedanklichen Sprünge von einem Satz zum anderen, die Lücken zwischen Sätzen, ja zwischen Satzgliedern, nehmen einen breiten Raum ein.

Nach dieser Gegenüberstellung zu urteilen, müßte man Herta Müller absichtliche Irreführung vorwerfen, denn sie hat des öfteren in Gesprächen und Interviews behauptet, Thomas Bernhard habe einen nachhaltigen Eindruck auf sie gemacht, habe sie beeinflußt. So z.B. bei einer Lesung im Rahmen der Staufener Kulturwoche im August 1993, als sie nach Vorbildern gefragt wurde. Sie lehne es ab, von Vorbildern zu sprechen, gab sie zur Antwort, sie könne aber einige Autoren nennen, die sie nachhaltig beeindruckt hätten. Und voran kam - wie in vielen anderen Gesprächen[160] - Thomas Bernhard.

Worin besteht nun dieser Einfluß?

Die Frage verfolgte mich lange Zeit, die Antworten, die ich finden konnte, waren nicht befriedigend. Sprache als Mimesis der Welt - das wäre ein gemeinsames Prinzip - das war aber zu allgemein. Dieses Sprachcredo finden wir auch bei Celan und auch bei anderen Autoren, mit denen Herta Müller nichts oder wenig verbindet. Ungenügend.

---

158 Dahl, Sverre: Anmerkungen zur Übersetzung von Thomas Bernhards Erzählung „Beton". In: Text und Kritik, H. 43, München 1982, S. 198 - 210, hier: S.203
159 vgl. hierzu Kap. II.
160 zehn Jahre davor in einem Interview mit A. Schuller In: Reflexe II, S. 124

Eine weitere Möglichkeit wäre die Monotonie der Texte Bernhards und Herta Müllers. Doch der Eindruck von Monotonie wird durch z.T. unterschiedliche Mittel erzielt (überfrachtete vs. karge Syntax, immer wiederkehrende Floskeln, Redewendungen, Komposita vs. immer wiederkehrende, aber einfache Wörter, die dem Grundwortschatz entnommen wurden) und weist auch auf unterschiedliche Welten/Lebensbereiche hin. Bei Thomas Bernhard suggeriert sie die innere Leere der Personen, ihre stets im Kreis sich bewegenden, nicht abbrechenden Gedankengänge, die letztendlich ins Nichts und zu nichts (oder höchstens in den Wahnsinn, wie in "Gehen") führen.

Herta Müllers Monotonie ist eine äußere, sie evoziert die Ereignislosigkeit, Starrheit, Dumpfheit der Lebenswelten ihrer Protagonisten. Diese sind nicht "blutleer" wie Bernhards Geistesmenschen, denen jeglicher direkte, sinnliche Kontakt zu ihrer Umgebung unmöglich, weil verbaut ist. Herta Müllers Protagonisten sind getrieben, gehetzt, nicht nur von äußeren Umständen, sondern von innen her. Sie sind ständig darum bemüht, ihre innere Bewegtheit, ihre Gefühle zu zügeln, zu verbergen, um zumindest den Schein von Anpassung zu wahren (es ist der Zwiespalt, den auch Kafkas Affe im "Bericht für eine Akademie" lebt). Die Monotonie ist eine Erscheinung ihrer Außenwelt, keine innere wie bei Thomas Bernhard.

So betrachtet kann auch die Monotonie der Texte nicht die Antwort sein. Mit diesem Merkmal im Zusammenhang könnte man noch auf weitere Gemeinsamkeiten kommen: die Wiederholung als Stilmittel und das Atmosphärische in den Texten beider Autoren.

Doch das ist auch zu wenig.

Eine (ich möchte nicht von DER Antwort sprechen, dafür ist es zu früh) zufriedenstellende Antwort fand ich erst im Laufe der Lektüre von Franz Eyckelers Dissertation[161]. Er vertritt die These[162], daß der Sprachsog der Bernhard-Texte auf ihre Musikalität zurückzuführen sei. Die Musikalität erzielt Bernhard, so Eyckeler, indem er die Kompositionsprinzipien der Musik auf die Sprache anwendet. Eine Äußerung, die diese These bestätigen kann stammt auch von Bernhard selbst, aus seinen Gesprächen mit Kurt Hofmann. Er behauptet von sich:

"Ich mach das so wie andere mit Tönen halt mit Wörtern".[163]

Bei aller gebotenen Skepsis im Umgang mit Bernhard-Aussagen kann man diese wohl für bare Münze nehmen. Zum einen legt seine intensive Beschäfti-

---

161 Eyckeler, Franz: Reflexionspoesie. Sprachskepsis, Rhetorik und Poetik im Prosawerk Thomas Bernhards. Dissertation. Freiburg 1993, S. 168
162 siehe Eyckeler 1993, S. 168
163 Hofmann, Kurt: Aus Gesprächen mit Thomas Bernhard. Wien 1988, S. 22

gung mit der Musik, sein Musikstudium es nahe, zum anderen beweist es Eyckeler in seiner Arbeit. Und das ist wohl auch das Entscheidende.
Welches sind nun diese Kompositions- bzw. Stilprinzipien? Was haben sie mit Herta Müller zu tun?
Zunächst die Antwort auf die erste Frage.
In Kapitel II.1 untersucht Eyckeler die sprachliche Gestaltung von "Gehen", "Alte Meister" und "Der Untergeher". Er kommt dabei zu folgendem Schluß:

"Die exemplarische Untersuchung von Bernhards Sprache sollte zeigen, daß er in verschiedenen Texten aus einem beträchtlichen Repertoire an rhetorischen Einzelfiguren und stilistischen Mitteln schöpft (von denen sehr viele hier noch nicht einmal zur Sprache kamen). In Hinsicht auf die Wirkung der Texte beim Leser, der in eine Art 'Sprachsog' gerät, ist allerdings - und damit läßt sich die Komplexität reduzieren - das Zusammenspiel nur weniger Grundprinzipien ausschlaggebend. Als solche wurden Wiederholung und Variation, Polarität und Steigerung namhaft gemacht. Innerhalb des dadurch abgesteckten Rahmens verfügt Bernhard noch über beträchtlichen Spielraum, der von ihm von Text zu Text unterschiedlich und variabel genutzt wird. Die genannten vier rhetorischen Grundprinzipien aber und ihr Wechselspiel sind maßgeblich für die Wirkung verantwortlich. Hinzu kommen insbesondere auf Klangassoziationen oder Bedeutungsähnlichkeiten beruhende Wortspiele, die Bildung ungewöhnlicher und außergewöhnlicher Neologismen (hier nicht en detail untersucht), die perseverierende Wortwiederholung, anstelle von Pronominalisierung und der wohldosierte Einsatz von verschiedenen inquit-Formeln und/oder Bekräftigungsfloskeln mit rhythmisierender Funktion. Darüberhinaus wird im makrostrukturellen Bereich der Eindruck der 'Musikalität' durch einen stark an den Motivbegriff der Kompositionslehre angelehnten Einsatz in sich abgeschlossener Motive verstärkt."[164]

Alle hier aufgezählten rhetorischen und stilistischen Mittel (Wiederholung und Variation, Polarität und Steigerung, Wortspiele beruhend auf Klangassoziationen oder Bedeutungsähnlichkeiten, perseverierende Wortwiederholung und Wiederholung der inquit-Formeln) standen auch am Ende jeder Betrachtung der sprachlichen Gestaltung von Herta-Müller-Texten (vgl. Kap. I; II). Folglich war Herta Müller im Bereich der sprachlichen Gestaltung, der Komposition der Texte (sowohl auf makro- als auch auf mikrostruktureller Ebene) bei Bernhard in die Lehre gegangen. Und somit haben wir auch die zweite Frage tangiert, die nach dem Bezug Herta Müllers zu Thomas Bernhards Kompositionsprinzipien fragt.

Stellt man fest, daß sie ihre Texte mit gleichen Mitteln wie Thomas Bernhard komponiert, so muß man weiter fragen: Warum? Warum ausgerechnet Mittel von Thomas Bernhard, dessen Welt, dessen Protagonisten den Gegenpol

---

164 S. 119 f. - Hervorhebungen von mir, H.H.C.

bilden, genauso wie seine Sprachskepsis ihrem Vertrauen in die Sprache gegenübersteht?

Um dieses Rätsel zu lösen, muß ein Umweg über die Wirkung der o.g. rhetorisch-stilistischen Mittel in Kauf genommen werden.

Eyckeler spricht, nachdem er die wichtigsten rhetorisch-stilistischen Mittel zusammenfassend darstellt, von ihrer Wirkung . In diesem Passus deutet sich eine Lösung unseres Rätsels an, deshalb möchte ich ihn - trotz seiner Länge - ganz zitieren.

"Alle diese rhetorisch-stilistischen Mittel erzeugen Stimmungen und begründen eine Lektüreerfahrung, bei der das WIE im Vordergrund steht und nicht nur zuweilen das WAS überlagert. Für Bernhards Prosa gilt mutatis mutandis, was für gewöhnlich nur in versifizierten lyrischen Gattungen und Formen vermutet wird und was in aller Allgemeinheit und Unverbindlichkeit - und gerade und nur darin treffend! - konkret über Stefan Georges Lyrik gesagt wurde ... Insbesondere geht es um die Vermittlung der Erfahrung von Intensität, die eben durch Wiederholung und Variation, Polarität und Steigerung evoziert wird. Inhaltlich ... vollzieht die quasi-musikalische Stimmung die sprachskeptisch und erkenntnistheoretisch fundierte Einsicht, daß es mit menschlichen Wahrnehmungs- und Erkenntnisinstrumenten keinerlei Gewißheit der Erkenntnis geben kann. Das aber heißt, daß jede sprachlich, diskursiv vermittelte Daseinsdeutung kraft fixer konventionalisierter Bedeutungen, die die Begriffe und Wörter des Lexikons einer Sprache, in denen einer solchen Deutung Ausdruck verliehen wird, nun einmal haben, die Illusion erzeugt, es gäbe immerhin vorläufige Sicherheit im Urteil. Bernhards Verfahren subvertiert jede Form solcher Pseudogewißheit, indem durch es eine Atmosphäre des Unbestimmten, des Ungefähren und des Diffusen erzeugt wird, in welcher jede herkömmliche, sichere Bedeutung aufgebrochen und in Zweifel gezogen wird. Vor allem auch durch permanente subtile Verstöße gegen die Regeln der Grammatik, vor allem aber gegen die der aristotelischen Logik wird jeder Deutungsgewißheit regelrecht der Boden unter den Füßen weggezogen."[165]

Der Umgang mit Sprache nach den Regeln der Musik bewirkt unter anderem - was uns aber vornehmlich interessiert - eine Annäherung an die Lyrik, sie führt zu einer lyrischen Prosa, in der die Wörter - wie in der Lyrik - aus ihrer Verkrustung und Erstarrung befreit und neuen Bedeutungen zugeführt werden.

Eine solche Prosa zu schreiben, in der die Sprache und auch die Gattung aus dem Kerker der Konventionen herausgeführt werden kann, war Herta Müllers Absicht, auch wenn sie das nirgends in dieser Form äußert. Ihre ästhetische Intention kristallisiert sich aus ihren Texten (vgl. Kapitel "Stilistische Eigenheiten") und indirekt aus ihren Aussagen heraus.

Für Herta Müller wie für Thomas Bernhard erwies sich die lyrische Prosa als die einzige adäquate literarische Form. Ihr Interesse galt nicht äußeren Zu-

---

165 S. 120, Hervorhebungen von mir, H.H.C.

sammenhängen, Handlungen, Geschichten, Lebensläufen oder gar der Unterhaltung, sondern allein oder vor allem der Selbsterkenntnis. Das Individuum, enger gefaßt das eigene Ego, waren nach Bernhards Ansicht noch das einzig Erkundenswerte in einer Gesellschaft, die multiphren, banal und absurd daherkam. Im Unterschied zu Herta Müller konnte er sich aber relativ ungestört und unbescholten diesem Erkenntnisobjekt widmen. Sie mußte stets darum kämpfen. Sie mußte sich und das Recht auf Individualität etablieren, dort, wo das Individuum durch übertriebene Normenzwänge, im Sinne des herrschenden Systems, auszulöschen drohte. Kein Wunder, daß ihre Texte, im Unterschied zu den Texten Bernhards, viel härter auftreten. Die Texte tragen die Spuren des ständigen Lebenskampfes, Gewalt (in allen Formen)[166] nimmt einen breiten Raum ein.

Dort, wo es bei Herta Müller sticht, schneidet, würgt, geht es bei Bernhard eher distanziert, kühl oder komisch bis grotesk zu. Bernhard verbreitet die Ruhe des Überlegenen, Gewalt erscheint nur in sehr abgemilderter Form, z.B. als Gewalt gegen sich selbst in "Beton". Erwartet man Szenen der Zerfleischung, spektakuläre Selbstmordversuche oder dergleichen, so ist man bei Bernhard schlecht bedient. Auch der Selbstmordversuch Rudolphs, des Protagonisten aus "Beton", ist ebenso absurd wie seine ganze Existenz. Er schluckt eine Überdosis Medikamente und erwacht am nächsten Tag. Er springt nicht vom Balkon, ertränkt sich nicht, stürzt sich nicht vom Felsen, nein, er schluckt Medikamente - und darin steckt die Absurdität: Nicht einmal mit dem Selbstmordversuch durchbricht er den Kreis seiner Existenz. Er hat bis zu dem Zeitpunkt Unmengen an Medikamenten geschluckt, um seine (vermeintliche) Krankheit im Griff zu haben. Auch läßt er sich an einer Stelle zu einem Lobgesang auf die Pharmaindustrie hinreißen, die lebenserhaltend sei: Um so absurder dann sein Selbstmordversuch, denn er schluckt gerade die Medikamente, die er bisher zur Lebenserhaltung eingenommen hat.

Nichts dergleichen bei Herta Müller. Schwermut, Bedrohung von allen Seiten sind allgegenwärtig. In diesem Punkt nähern sich ihre Texte an Márquez' Romane und Erzählungen an (was wohl eine Folge der ähnlichen politischen Situation sein könnte!?). Schwermut, Bedrohung werden nicht nur inhaltlich, sondern - und vor allem - sprachlich vermittelt. Als Beispiel ein Auszug aus ihrer Paderborner Universitätsrede. Sie behauptet eingangs, daß man beim Sprechen, beim Erzählen auf Erinnerungen angewiesen sei. Ihrer Meinung nach bleibt aber nur das im Gedächtnis, ist also später erinnerbar, was Emotionen ausgelöst hat, das, was INNEN stand. Es wird auch zum Erkenntnisobjekt in ihren Werken - wie bei Thomas Bernhard. Auch ihn interessiert das "Wesen"

---

166 vgl. hierzu: Reißfelder, Ulrike: „Fleischfressendes Leben..." Magisterarbeit. Freiburg 1993

(was immer das auch heißen mag: Persönlichkeitsstruktur, geistige Fähigkeiten, psychische Vorgänge?), jedoch mit einer anderen Schwerpunktsetzung. Der Unterschied wird deutlich, wenn man zwei Aussagen vergleicht, in denen die beiden Autoren über ihr Erkenntnisobjekt sprechen. Bernhards Ausführung ist 'naturgemäß' - um bei seinem Vokabular zu bleiben - viel länger als jene von Herta Müller.

In "Die Ursache", dem Roman, in welchem er Kindheitserfahrungen schildert, zitiert er Montaigne, um sich zugleich in dessen Tradition zu stellen:

"Montaigne schreibt, es ist schmerzlich, sich an einem Ort aufhalten zu müssen, wo alles, was unser Blick erreicht, uns angeht und uns betrifft. Und weiter: meine Seele war bewegt, über die Dinge meiner Umgebung bildete ich mir <u>ein eigenes Urteil</u> und verarbeitete sie ohne fremde Hilfe. <u>Eine meiner Überzeugungen</u> war, die Wahrheit könne unter keinen Umständen dem Zwang und der Gewalt erliegen. Und weiter: ich bin begierig darauf, mich erkennen zu lassen, in welchem Maße ist mir gleichgültig, wenn es nur wirklich geschieht. Und weiter: es gibt nichts Schwierigeres, aber auch nichts Nützlicheres, als die Selbstbeschreibung. Man muß <u>sich prüfen</u>, muß sich selbst befehlen und an den richtigen Platz stellen. Dazu bin ich immer bereit, denn <u>ich beschreibe mich immer und ich beschreibe nicht meine Taten, sondern mein Wesen</u>. Und weiter: manche Angelegenheiten, die Schicklichkeit und Vernunft aufzudecken verbieten, habe ich zur Belehrung der Mitwelt bekanntgegeben. Und weiter: ich habe mir zum Gesetz gemacht, alles zu sagen, was ich zu tun wage, und ich enthülle meine Gedanken, die man eigentlich nicht veröffentlichen kann. Und weiter: wenn ich mich kennenlernen will, so deshalb, damit ich mich kennenlerne, wie ich wirklich bin, ich mache eine Bestandsaufnahme von mir. Diese und andere Sätze habe ich oft, ohne sie zu verstehen, von meinem Großvater, dem Schriftsteller, gehört, wenn ich ihn auf seinen Spaziergängen begleitet habe. Montaigne hat er geliebt, diese Liebe teile ich mit meinem Großvater."[167]

Diesem Passus bescheinigt Eyckeler programmatischen Charakter. Der Wunsch, sich selbst kennenzulernen einerseits, und der, seine Erkenntnis der Mitwelt weiterzugeben, andererseits bilden den Kern dieses Programms. Das Interesse Bernhards gilt, wie bereits erwähnt, seinem "Wesen", nicht seinen "Taten", d.h. nicht äußeren Handlungen, sondern inneren Prozessen.[168]

---

167 zitiert nach Eyckeler, S. 56, Hervorhebungen von mir, H.H.C.
168 Die äußere Handlung ist zuweilen so spärlich, daß sie dem Leser fast nicht mehr ins Bewußtsein dringt. So z.B. in "Beton": Auf der einen Seite erfahren wir, daß Rudolph "schreibt", dann trifft er Vorbereitungen fürs Schreiben und frühstückt in der Küche. Auf S. 44 streckt er die Beine aus, auf S. 51 geht er zum Fenster, auf S. 74 tritt er hinaus ins Vorhaus usw. Dabei werden diesen Handlungen nicht einmal eigene, selbständige Sätze zugestanden, sie werden immer nur beiläufig, in 'Denksätze' eingebaut, z.B.: "<u>Ich streckte also</u>, im unteren Zimmer, das von meiner Schwester Salon genannt wird, was mich jedesmal zum Erbrechen reizt, <u>die Beine aus, streckte sie so weit als möglich</u> und versuchte, mich auf Mendelssohn Bartholdy zu konzentrieren" (Beton, S. 44)

Ähnlich präsentiert sich das Objekt der Erkenntnis bei Herta Müller:

"Ich begann Erlebnisse aus meiner Kindheit aufzuschreiben, um mir diese durch die Sprache anzueignen. <u>Ich mußte wissen, was das Dorf in meinem Kopf aus mir gemacht hat.</u>"[169]

Selbsterkenntnis lautet demzufolge auch hier das Programm. Doch, und das thematisiert sie erst später, in den Paderborner Universitätsreden, um etwas zu sagen oder erzählen zu können, ist man auf Erinnerungen angewiesen. Ihre Erinnerung brachte aber, wie sie in den Reden berichtet, keine Fakten oder "Taten" hervor, sondern innere Bilder, die sich - manchmal eng, manchmal lückenhafter - nebeneinanderstell(t)en. Sie stellt den Erinnerungsvorgang dar, indem sie zugleich auch eine Erklärung findet für die Tatsache, daß nur ganz bestimmte Bilder, Passagen, Sequenzen erinnert werden: Es sind jene, die vor dem inneren Auge standen, ausgelöst eventuell durch äußere Begebenheiten. Herta Müller schildert den Vorgang so:

"Das was man später mal von früher her erinnert, sucht man sich nicht aus. Es gibt keine Wahl für eine Auswahl, die sich <u>zwischen den Schläfen, hinter der Stirn</u> selber trifft.
Ich merke an mir, daß nicht das am stärksten im Gedächtnis bleibt, was außen war, was man Fakten nennt. <u>Stärker, weil wieder erlebbar im Gedächtnis</u>, ist das, was auch damals im Kopf stand, das, <u>was von innen kam</u>, angesichts des Äußeren, der Fakten.
Denn das, was von innen kam, hat unter den Rippen gedrückt, hat die Kehle geschnürt, hat den Puls gehetzt. Es ist seine Wege gegangen. Es hat seine Spuren hinterlassen."[170]

Herta Müllers Programm lautet also: Schreiben als Selbsterkenntnis, aber - und darin liegt der Unterschied zu Thomas Bernhard, der die gleiche Absicht

---

oder
"Tatsächlich hatte ich mich durch dieses urplötzliche Gelächter über mich selbst aus meiner Verkrampfung gelöst und <u>ich war aus dem Sessel aufgesprungen und zum Fenster</u>" (S. 51)
oder
"Ich ließ mich aber auf diese Spekulation nicht ein <u>und trat wieder hinaus in das Vorhaus</u>. Beim Anblick jenes Winkels, in welchem wir, als wir Kinder waren, einen Hund gehalten haben, hatte ich denken müssen, wenn ich mir wenigstens einen Hund halten würde..." (S. 74, Hervorhebungen von mir, H.H.C.).
Diese Beispiele beweisen, daß Bernhard sein Interesse für das "Wesen" (was immer das auch heißen mag - Persönlichkeitsstruktur, psychische Vorgänge, Gedankengänge einer Person) und parallel dazu sein Desinteresse für "Taten" nicht nur programmatisch verkündet, sondern daß es in die Struktur seiner Werke eingeflossen ist, in extremster Ausprägung (es erinnert an die stream-of-consciousness-Technik - vgl. auch Kap. II).
Eyckeler stellt ihn in die *"europäische Tradition der Bekenntnisdichtung"* (S. 56).
169 Müller, H.: Dankrede. In: NBZ, 07.06. 1981, S. 2/3
170 Müller 1990, S. 3, Hervorhebungen von mir, H.H.C.

vertritt - nicht, indem man "<u>Gedanken</u>", "<u>Urteile</u>", "<u>Überzeugungen</u>" versprachlicht, sondern Befindlichkeiten, Gefühle, Stimmungen, Bilder.

Sie schwingen sekundär auch bei Thomas Bernhard mit, doch, wie der oben zitierte Bernhard-Passus zeigt, fokussieren sich seine Exkurse um die Wiedergabe von Gedankengängen (z.B. "...*ein eigenes <u>Urteil</u>...*", "*...ich enthülle sogar <u>Gedanken</u>, die...*", "*...<u>prüfen</u>...*"), um die Suche nach (der) <u>Wahrheit</u>. Er konzentriert sich ganz und gar auf Kategorien der Logik, wie es die unterstrichenen Begriffe veranschaulichen.

Herta Müller setzt ein ganz anderes Vokabular ein, um ihr Erkenntnisobjekt zu umschreiben. Die unterschiedliche inhaltliche Schwerpunktsetzung wird auch - und dadurch potenziert - durch die sprachliche Darstellung hervorgehoben. Sie spricht von dem, was "*zwischen den Schläfen*" steht, dem, was "*unter den Rippen (ge)drückt*", "*den Puls (ge)hetzt*".

Mit diesen Redewendungen, durch die bei jedem Hörer/Leser eine Faser seiner Sinne, seiner Seele ins Schwingen gebracht wird, umschreibt sie das, wofür eine abstrakte Formulierung wie 'Ereignisse, die einen bewegten', nicht ausreicht. Sie macht das, was sie sagen will, <u>erfahrbar</u>, der Leser/Hörer muß stets seine Sinne offen halten.

Thomas Bernhard spricht vordergründig nur die Ratio an. Seine Geistesmenschen können sich anscheinend nur noch über diesen Kanal mitteilen, der Leser geht, läßt er sich nicht auf die Schwingungen der Sprache ein, diesem - oft sinnlosen - Gedankenkreisen auf den Leim. Seine Sinne werden nur auf einer zweiten, dafür aber m.E. nicht sekundären Ebene miteinbezogen, der Ebene der sprachlichen Gestaltung, der 'Musikalität'. Auf dieser Ebene kommt die ganze verzweifelte Aussichtslosigkeit und Sinnlosigkeit der dargestellten Existenzen zum Tragen, sie wird darauf - wenn man einen Begriff der Psychoanalyse verwenden darf - abgespalten.

Inhaltlich versucht Bernhard in seiner "Reflexionspoesie" Sinngebung, eine quasi-heile Welt vorzutäuschen. Dazu braucht er den Eindruck der Narrativik. Erzählung im herkömmlichen Sinne setzt nämlich eine relativ überschaubare Welt, eine Welt, in der Zusammenhänge und eine bestimmte Ordnung (chronologisch, moralisch, im Ablauf der Handlungen) erkennbar sind. Ein bestimmtes Ereignis (oder mehrere) soll(en) dargestellt werden, ein Happening, ein Handlungsablauf (auch, wenn es eine innere Handlung ist). Das WAS ist primär, was die Mitteilungsabsicht anbelangt, das WIE dient nur zur Unterstützung des WAS[171].

---

[171] Das Dargestellte strebt nach vorne, es hat eine bestimmte Richtung, in die es den Leser führt. Dieses Streben ist bereits etymologisch im Wort ‚Prosa' angelegt. Im Großen Duden, Band 6, 94, wird das Wort wie folgt erklärt: "<*lat. prosa (oratio), eigtl. = geradeaus gerichtete (=schlichte)*

Den Eindruck, daß etwas erzählt wird, vermitteln auch die Bernhard-Texte - auf den ersten Blick. Stellt man aber fest, daß sich (fast) nichts ereignet und daß man trotzdem am Ball bleibt, so folgt zwangsläufig die Frage: Warum? Eine nähere Betrachtung wird erforderlich, bei der man die Eigenart und Eigenständigkeit dessen entdeckt, was eigentlich nur als Mittel zum Zweck gedacht sein sollte, was aber weitgehend das WAS überlappt: die Sprache.

Herta Müller verzichtet auf diese Reminiszenzen aus der Gattung Prosa, Roman. Ihre innere Welt bedarf keiner logisch aufoktroyerten Ordnung, um sich einen Sinn zu geben. Sie hat ihren Sinn, ihren ureigenen, es kommt nur darauf an, ihn vor ihrer Umgebung zu retten.

Herta Müller bricht radikal mit den Konventionen der Gattung. Ihre Prosa ist eine Antwort auf das (literarische) Milieu, in dem sie aufgewachsen ist. Sie schreibt - auf inhaltlicher Ebene - gegen das an, was sie umgab, semantisiert die tatsächlichen Verhältnisse auf der Ebene der Komposition, des Umgangs mit der Sprache. Hieraus entsteht ein neues Spannungsfeld, welches zu dem hinzutritt, das zwischen Syntax (Anpassung) und Wortkombination (Ausscheren) zustande kam (vgl. Kap. II).

Um zu verstehen, wie eine solch widersprüchliche und spannnungsreiche Prosa entstehen konnte/kann, genügt es nicht, das soziale und sprachliche Umfeld zu kennen, in dem Herta Müller schrieb. Herta Müllers Literatur ist nämlich nicht nur eine Antwort auf ihr soziales Umfeld, sondern auch auf die literarische Tradition, in der sie steht, wenn auch opponierend.

Dieser soll - um das Feld der Einflüsse komplett abgesteckt zu haben - das letzte Kapitel gewidmet sein.

Rede, zu prosus = nach vorn gewendet]: nicht durch Reim, Verse, Rhythmus gebundene Form der Sprache: Poesie und P. ..."

3.3 Rumäniendeutsche Literatur der 70er und 80er Jahre

Herta Müllers Texte markieren sowohl inhaltlich als auch - und insbesondere - stilistisch den Höhepunkt einer Entwicklung zur Eigenständigkeit in der rumäniendeutschen Literatur, wie sie diese *"jüngste deutsche Literatur"*[172] noch nie vorher gekannt hatte. Doch - und darin besteht die Tragik, die auch in den Texten mitschwingt - dem Höhepunkt folgte bald das jähe Ende. Die rumäniendeutsche Literatur ist - noch kaum wahrgenommen - schon zur Geschichte geworden. Sie lebt noch weiter, solange die Autorinnen und Autoren, die sie europafähig gemacht haben, noch schreiben (Richard Wagner, Werner Söllner, Franz Hodjak...). Den Lebensraum, der sie hervorbrachte, gibt es nicht mehr, er lebt nur noch in der Erinnerung der Autoren. War es ein tragisches Ende? War es die Chance? Jetzt, noch nicht einmal 10 Jahre nach ihrem Verpflanztwerden, ist es zu früh für eine Antwort. Und außerdem ginge eine Auseinandersetzung mit diesem Problem über die Zielsetzung dieses Kapitels hinaus. Ich möchte hier nämlich das literarische Umfeld beschreiben, in dem Herta Müller debütierte und schrieb, um dann die direkten Bezüge zwischen ihrem Werk und dem literarischen Milieu herauszuarbeiten.

Da die rumäniendeutsche Literatur - wie ich im Laufe meines Studiums feststellen konnte - in Deutschland kaum bekannt ist, da viele (ich beziehe mich jetzt vor allem auf Germanisten) auch nichts von der Existenz einer deutschen Minderheit wissen/wußten, ergibt sich die Notwendigkeit, zunächst den Begriff "rumäniendeutsch" zu erklären und danach die Bedingungen, unter denen die rumäniendeutsche Literatur entstand, zu umreißen. Aus den Bedingungen lassen sich dann auch die Besonderheiten dieser deutschsprachigen Literatur herleiten.

Will man die Entwicklung der rumäniendeutschen Literatur in den 70er und 80er Jahren verstehen, führt kein Weg an der Literaturgeschichte vorbei. Da es aber nur eine umfassendere Studie dazu gibt, Peter Motzans *"Die rumäniendeutsche Lyrik nach 1944. Problemaufriß und historischer Überblick"*[173], war ich auf einige Artikel und Essays sowie auf Empirie angewiesen. Glücklicherweise faßt Peter Motzan seine Arbeit viel weiter, als das Thema es ankündigt. Obwohl die Lyrik im Mittelpunkt seiner Betrachtungen steht, setzt er sich mit der Entwicklung der rumäniendeutschen Literatur in ihrer Gesamtheit auseinander, mit ihren Dilemmata, ihrem Bezug zur Geschichte der Minderheit. Dieser scheint mir im Falle der Minderheitenliteratur noch enger und bedeutender

---

172 Nuber, Roxana: Die deutsche Literatur Rumäniens. Der epische Text. Temeswar 1990, S. 8
173 Klausenburg 1979

zu sein als bei Nationalliteraturen. Auf die Gründe möchte ich weiter nicht eingehen.

Die geschichtliche Bedingtheit zeigt sich auch am Begriff "rumäniendeutsch". Warum er entstand, ist umstritten, jedenfalls setzte er sich, wie Roxana Nuber[174] behauptet, erst in den 60er Jahren durch. Das entspricht den geschichtlichen Gegebenheiten. Die Deutschen lebten bis zum Krieg in räumlich und kulturell relativ isolierten Gruppen: Siebenbürger Sachsen, Banater Schwaben, Sathmarschwaben und Bukowinadeutsche (hier besonders deutschsprachige Juden). Ihre Geschichte, ihre Bräuche, Mundarten, ihre Lebensweisen waren verschieden, je nach Herkunftsort und Aussiedlungszeit. Alle Lebensräume/Gebiete gehörten bis 1918 der Habsburger Monarchie an. Die Siebenbürger Sachsen wurden aber im 12./13. Jahrhundert ausgesiedelt, die Schwaben erst im 18. Jahrhundert. Auch stammten sie aus verschiedenen Gegenden, sprachen demzufolge verschiedene Mundarten. Erst in der Nachkriegszeit fand - auch politisch gesteuert - eine allmähliche Annäherung, ein Austausch statt. So konnte sich der zusammenfassende Begriff "rumäniendeutsch" durchsetzen. Denn bei aller Verschiedenheit hatten sie vor allem etwas gemeinsam: die deutsche Sprache und die damit verbundene Denkweise, zu der sie standen.

Der Begriff "rumäniendeutsch" wurde zunächst nur im Zusammenhang mit dem Schrifttum verwendet, denn dieses war ja auch in der gemeinsamen Sprache, dem Hochdeutsch, verfaßt, ein - zunächst das einzige - verbindende Element. Allmählich entwickelte sich aber ein reger Austausch.

Eine gewisse Zusammengehörigkeit entwickelte sich auf der Grundlage der ähnlichen Erfahrungen, aber auch als Folge der Information und Mobilität, die die letzten Jahrzehnte mit sich brachten. In den 60er Jahren nahm die rumänische Regierung Abstand von Repressalien, denen sie die deutsche Minderheit nach 1944 ausgesetzt hatte. Es folgte eine Zeit, in der die Entstehung von Zeitungen, die Literatur und Kunst in deutscher Sprache (parallel zu denen in den Sprache anderer Minderheiten) unterstützt und gefördert wurden. Die "Minderheiten" wurden zu "mitwohnenden Nationalitäten", eine Umbenennung, die zunächst verheißungsvoll klang, die später aber auf Gleichschaltung und Assimilierung zusteuern sollte.

Und zu dem Zeitpunkt, Ende der 70er, vorwiegend aber in den 80er Jahren, wurde die Minderheit in die Defensive gedrängt. Sie mußte um jede Klasse mit Deutsch als Unterrichtssprache, jede Schule, jede deutsche Zeitung und Veröffentlichung kämpfen. Die Freiräume der "Rumäniendeutschen", wie sie mittlerweile genannt wurden, schrumpften, zum einen als Folge der Assimilie-

---

174 Nuber 1990, S. 8

rungspolitik Ceausescus, zum anderen als Folge der Auswanderungen, deren Zahl mit den Repressalien der Diktatur zunahm. Hatte Ceausescu das beabsichtigt? War die Assimilationspolitik ein Schachzug, um sich das Pro-Kopf-Geld, das er für die ausgewanderten Rumäniendeutschen kassierte, zu sichern? Eine Antwort darauf hat noch niemand gefunden, auch eine gründliche Archivarbeit brächte sicherlich nicht die erwünschte Erhellung. Zu vieles passierte mit Hilfe von "Dunkelmännern" und wurde nie erfaßt. Bezogen auf den Begriff 'Rumäniendeutsche' zwingt sich aber hier die Frage auf: Wo entstand dieser Begriff? Wurde er in Deutschland oder in Rumänien geprägt? Und weiter: Wozu benötigte man ihn? Diese Fragen tauchen in der Literatur, die ich durchgearbeitet habe, nicht auf. Vielleicht hatte man den gleichen Verdacht wie ich, scheute sich aber, ihn auszusprechen (in Büchern, die in Rumänien erschienen sind, wäre es auch unmöglich gewesen!). Der Begriff dient(e) m.E. nicht so sehr dazu, die Zusammengehörigkeit der Deutschen aus Rumänien zu bezeichnen, sondern er wurde erst dann benötigt, als die Deutschen aus Rumänien "exportiert" wurden, dann erfand man (wer immer das auch gewesen sein mag[175]), dieses "Markenzeichen". Das Grundwort ist immerhin "deutsche(r)", es ist einem Gütesiegel gleich und rechtfertigt den dafür gezahlten Preis, das Bestimmungswort "Rumänien" weist auf den Herkunftsort hin, ähnlich wie auf Tomatenkistchen "Made in Romania". Die Deutschen in Rumänien haben sich immer nur als Deutsche, nie als "Rumäniendeutsche" bezeichnet. Der Begriff ist folglich nicht ein natürlich gewachsener, sondern ein auferlegter. Immerhin muß man ihm zugestehen, daß er die Situation der Minderheit, die er bezeichnet, gut beschreibt. Ihre Sprache, ihre Bräuche und Lebensweise waren in Deutschland verankert, ihre Erfahrungen eng an den Lebensraum gebunden, der nach 1918 Rumänien angehörte.

Aus dieser Zwischenstellung ergaben sich für das Schrifttum einige grundlegende Schwierigkeiten, der nur die letzte Schriftstellergeneration Herr werden konnte.

Die rumäniendeutsche Literatur stand im Spannungsfeld zwischen der eigenen literarischen Tradition, der rumänischen Literatur und der binnendeutschen Literatur. Mit der binnendeutschen Literatur hatte sie die Sprache gemeinsam, nicht aber die Erfahrungen, den Lebensraum. Diesen teilte sie mit der rumänischen Literatur. Trotzdem kann man nicht von einem Austausch, von maßge-

---

175 es ist davon auszugehen, daß der Begriff in der NS-Zeit entstand, als Hitler die deutschen Minderheiten für sein Vorhaben 'wiederentdeckte'. Der Begriff taucht nämlich 1939 zum ersten Mal auf (soweit ich es zurückverfolgen konnte), bei Karl-Kurt Klein, im Titel eines Aufsatzes: Rumäniendeutsches Zeitschriftenwesen im Laufe seiner Entwicklung bis zur Gegenwart. In: Der Auslandsdeutsche 22, Nr. 6, 1939, S. 344

benden gegenseitigen Einflüssen sprechen, eher von einer Annäherung. Das liegt zum einen an der unterschiedlichen Sprache und damit auch am unterschiedlichen Denkstil, am verschiedenen Zugang zur Welt[176], und nicht zuletzt daran, daß es bis zu den 70er Jahren auch kaum zum Austausch gekommen war. Im folgenden sollen die wichtigsten Tendenzen der beiden Literaturen untersucht werden, um ihre Einflüsse auf Herta Müller deutlich zu machen.

Die rumänische und die rumäniendeutsche Literatur der 80er Jahre

Auf Berührungspunkte zwischen der rumänischen bzw. der rumäniendeutschen Literatur der 80er Jahre befragt, kamen rumänische Schriftstellerinnen und Schriftsteller zur Schlußfolgerung, daß es zwar Ähnlichkeiten gebe, daß die Unterschiede aber bedeutender seien. Die Zeitschrift "Neue Literatur" hat die jungen rumänischen Autoren 1982 befragt, nachdem eine Anthologie rumäniendeutscher Lyrik ins Rumänische übersetzt worden war.

Mariana Marin, eine der Befragten, begrüßte die Übersetzung sehr. Sie räumte ein, daß ihr die Literatur ihrer deutschschreibenden Kollegen nicht bekannt gewesen sei, nur auszugsweise und mittelbar:

"Da ich die deutsche Sprache nicht beherrsche, waren meine Begegnungen mit der Lyrik unserer deutschen Kollegen bisher eher sporadisch, durch vereinzelte Übersetzungen vermittelt, oder durch 'Nacherzählungen' (so wurde mir etwa der Gedichtband der hervorragenden Lyrikerin Anemone Latzina 'erzählt'). Vertrauter waren mir bisher die Namen Franz Hodjak, Richard Wagner, Rolf Bossert und Helmuth Britz"[177].

Die Aussage ist symptomatisch, sie beschreibt am Einzelfall die Beziehung zwischen den deutschen und rumänischen Literaten, wie sie sich allgemein darstellte (mit wenigen Ausnahmen). Jede Gruppe hatte ihre Kreise, ihre Anliegen, ihre Ziele und lebte - darin lag der grundlegende Unterschied - mit ihrer Sprache.

Alle befragten rumänischen Lyriker haben diesbezüglich die gleiche Meinung, ebenso die rumäniendeutschen[178]. Mariana Marin formuliert diese Einsicht sehr einprägsam:

---

176 W.v.Humboldt wußte bereits, daß der Mensch die Gegenstände so erlebt, wie die Sprache sie ihm zuführt
177 Marin, Mariana. In: Reichrath, E. (Hrsg.): Reflexe II. Aufsätze, Rezensionen und Interviews zur deutschen Literatur. Klausenburg 1984, S. 240
178 Richard Wagner bestätigte mir in einem Gespräch im März 1995, daß sie, die rumäniendeutschen Schriftsteller, mit den rumänischen nichts gemeinsam hatten außer dem Lebensraum

"Die Unterschiede sind bedeutender als die Ähnlichkeiten, wenngleich gesagt werden muß, daß sie lediglich zur Demokratisierung des literarischen Raumes beitragen, in dem wir alle leben. Vor allem haben diese jungen deutschen Dichter ein eigenartiges historisches Schicksal im Rükken. Sie <u>schreiben in einer Sprache, die den meisten Lesern des Landes</u>, zu dessen Literatur sie gehören, <u>kaum bekannt ist</u>, und tragen zugleich <u>Züge eines geistigen Wesens</u> an sich, das Tausende Kilometer weit weg, in einer großen europäischen Kultur beheimatet ist; ... Ich glaube auch, <u>daß hierbei die Eigenheiten der beiden Sprachen eine Rolle spielen</u>; wie alle romanischen Sprachen besitzt das Rumänische jene 'Ungenauigkeit', jene Geschmeidigkeit des Metaphorischen, die eine Ausweitung des poetischen Vermögens zur Folge hat; ... Die deutsche Sprache hingegen ist - soweit ich weiß - von größerer Exaktheit (wie tiefgründig sie ist, das verdeutlicht seit etlichen Jahrhunderten eine Literatur und Philosophie, wie das Rumänische sie nicht aufzuweisen hat). Geeignete Vergleichsmomente liefern auch die Wortspiele, da sowohl die rumänischen als auch die deutschen Autoren dieses Verfahren gerne verwenden... Das Spiel mit den Worten hat jedenfalls in den Texten der deutschen Lyriker jene genau umrissene Funktion und ist so geartet, daß der Leser beim Aufschlüsseln der Botschaft sicher zum Ziel gelangt, im Falle der rumänischen Gedichte fehlt solche Präzision, der Interpretationsraum ist größer..."

Und zusammenfassend:

"Sicherlich rühren alle erwähnten Unterschiede letzten Endes von der Verschiedenheit der Mentalität her, von den unterschiedlichen Möglichkeiten <u>zweier strukturell und historisch ungleicher Sprachen</u>, die chancengleich sind in ihrem Bestreben, eines Tages zu einer Lösung zu gelangen".[179]

Der kritische Leser wird hier einwenden, daß es sich um grobe Verallgemeinerungen und Vorurteile handele. Teils hat er damit auch recht, wenn er sich auf die „Verschiedenheit der Mentalität" bezieht. Daß die Sprachen (Deutsch und Rumänisch) strukturell verschieden sind, habe ich in Kapitel III.3.1 schon gezeigt. Wie steht es aber mit den Unterschieden in der Mentalität? Ist das ein Vorurteil? Sind wir hier dem gefährlichen Begriff „Volkscharakter" nahe? Solche „Volksattribute" bergen sicherlich eine Gefahr, trotzdem aber auch – wie ich im folgenden zeigen möchte – einen wahren Kern. Betrachtet man die regulative, normative Seite dieser Vorurteile, der Stereotype, wie Hofstätter[180] sie nennt, so sind sie durchaus ernst zu nehmen. Ihre normative, regulative Funktion in einer Gruppe führt nämlich dazu, daß sie durch Erziehung, durch Vorbilder vermittelt und als Ideale hingestellt werden. Ein Großteil der Individuen einer Gruppe wird sich daran orientieren und sie verinnerlichen.

---

179 Marin, in: Reichrath 1984, S. 241 f., Hervorhebg. von mir - H.H.C.
180 Hofstätter, Peter, R.: Das Denken in Stereotypen. Hannover 1959

Autostereotype[181] werden traditionell vermittelt und sind Bestandteil der nationalen Identität, die besonders bei Minderheiten einen hohen Stellenwert hat. Sie bedürfen zur Bestätigung der Stereotypen anderer Gruppen (Heterostereotypen[182]), und zur Abgrenzung der Heterostereotypen von anderen Gruppen. Diese Abgrenzung ist ebenfalls bei Minderheiten besonders ausgeprägt, auch bei verschiedenen Nationalitäten, die sich ein Land teilen. Hofstätter zeigt z.B., daß die Auto- und Heterostereotypen der Schweizer Deutschen und der Schweizer Franzosen besonders stark voneinander abweichen, während jene der Deutschen (aus Deutschland) und der Schweizer Deutschen sich als affin erweisen. Die Sprache ist, laut Hofstätter, ein wichtiger Grund für diese Abweichungen.

Auf M. Marin zurückkommend, muß ich ihr in großem Maße recht geben. Die Deutschen hatten auch in Rumänien ein Selbstbild, welches dem der Deutschen schlechthin entsprach (vgl. auch Leserbrief, Kap. III.1.1). „Arbeitsam" (diese Eigenschaft rangiert in allen durchgearbeiteten Publikationen zum Thema an erster Stelle: Roth, Peabody, Hofstätter), „intelligent", „tapfer" und „praktisch" hat ein richtiger Deutscher zu sein (vgl Hofstätter, S. 11). Leistung, Pragmatismus und Vernunft sind die Hauptbestandteile seiner Definition. Demgegenüber hat ein Rumäne gefühlvoll, hedonistisch und einfallsreich zu sein. Meines Wissens gibt es hierzu keine Untersuchungen. Da die Rumänen aber traditionell sehr frankophil waren, kann man davon ausgehen, daß sie Bestandteile aus deren Stereotypen übernommen haben[183].

Vergleicht man das von Peabody skizzierte französische Stereotyp mit dem rumänischen, wie es aus den Aussagen der befragten rumänischen Autoren hervorgeht, so erkennt man einige Gemeinsamkeiten. Dort, wo Peabody von der intellektuellen Elite spricht, erwähnt er unter anderem als grundlegendes Prinzip „*an emphasis on foresight before action*"[184], was dem Visionären, das Cartarescu (s.u.) den rumänischen Poeten bescheinigt, entspräche. Andererseits vergleicht Peabody den deutschen und den französischen Rationalismus und stellt fest:

---

181 laut Arnold/Eysenck/Meili (1987) beschreiben Autostereotype „das Bild einer Person von sich selbst oder einer Bezugs- und/oder Mitgliedschaftsgruppe".
182 laut Arnold/Eysenck/Meili (1987) sind Heterostereotype „relativ starre, änderungsresistente und meist vereinfachte Sichtweisen fremder Personen oder Gruppen".
183 Peabody zitiert Lipset, der behauptet, Deutschland sei das Gegenteil von Frankreich (S. 110)
184 Peabody 1985, S. 128

"First, at least in the last century, the Germans were more likely to carry out their ideas in action. (Significantly this is less true of accounts before 1871, where the Germans were held to seperate ideas from actions)"[185].

Daß Denken und Handeln, Theorie und Alltag nahe beieinanderliegen, scheint im Deutschen-Stereotyp schon angelegt zu sein, umgekehrt im Franzosen- bzw. Rumänen-Stereotyp. Die Komponente des Stereotyps geht aber Hand in Hand oder ergibt sich aus dem Verhältnis Individuum - Gesellschaft, wie es von den verschiedenen Sprachgemeinschaften aufgefaßt wird. So betonen die Franzosen das Individuelle, die Entfaltung der Persönlichkeit (ebenso die Rumänen), während die Deutschen eher dazu neigen, ihre Identität aus ihrer sozialen Rolle zu „beziehen" (s. auch Leserbrief-Schwabe). Peabody stellt bezüglich der Deutschen fest, daß ihre Arbeits- und Ordnungssucht nicht primär aus einem Streben nach ökonomischem Wachstum entspringen, nach persönlichem Reichtum. Er ergänzt:

„These ends - ...- tend to be seen by Germans as selfish. Instead, tere is a tendency to prefer supra-individual goals. Mc Clelland et al. (1958) emphasize this point in their German/American comparison, and argue, that German 'obedience' rather than beeing a seperate personality trait itself, reflects a commitment to an idealistic obligation to society as a whole". [186]

Über die Franzosen sagt Peabody, ausgehend von der Feststellung, daß dem Individuum auch innerhalb der Familie eine Privatsphäre zugestanden wird:

„This is consistent with a strong value that is placed on the development of a unique personality and style of life that we have called 'individuality'! (Compare the proposals of Pitts, mentioned above, regarding the 'aesthetic-individualistic' aspect of French culture.) This real 'self' of the individual is sharply distinguished from any official role". [187]

Peabody bzw. Pitts stellen als nationale Charakteristik der französischen Intellektuellen, die oft mit Deutschen oder Amerikanern kontrastiert werden, das fest, was die rumänischen Dichter von sich behaupten. Wie kommt es zu Ähnlichkeiten zwischen Franzosen und Rumänen, muß man sich hier fragen. Eine Erklärung wäre die ausgeprägte Neigung der Rumänen, sich an französischen Vorbildern zu orientieren, das französische „savoir vivre", den „esprit", die „politesse" zu bewundern. Doch woher diese Affinität zu den Franzosen? Liegt es an dem Bewußtsein, daß man (als Rumäne) auch zu den Nachfahren

---

185 ebd., S. 112
186 Peabody 1985, S. 113, Hervorhebg. von mir - H.H.C.
187 ebd., S. 130

der alten Römer gehört? Liegt es an den Sprachverwandtschaften (beide gehören in die Familie der romanischen Sprachen)? Peabody erwähnt nämlich des öfteren Ähnlichkeiten zwischen Franzosen und Italienern bzw. Spaniern (also Romanische-Sprachen-Sprechende) und setzt sie Deutschen und Anglo-Amerikanern gegenüber (den Germanische-Sprachen-Sprechenden). Dieser Frage kann hier leider nicht mehr nachgegangen werden. Ich hoffe aber, durch diese Querbezüge und möglichen Zusammenhänge gezeigt zu haben, daß Stereotype zwar Scheinwissen sind, Vor-Urteile, denen man aber, berücksichtigt man ihre normative Rolle in einer Sprachgemeinschaft, einen wahren Kern nicht absprechen kann. Die Gefahr besteht allerdings darin, daß sie zu groben Verallgemeinerungen und Voreingenommenheit führen können, und davor soll obige Auseinandersetzung warnen.

Doch nun zurück zu den rumänischen Autoren und ihrer Meinung über die rumäniendeutsche bzw. rumänische Literatur.

So problematisch die Polarisierung Deutsche = Verstandsmenschen, Rumänen=Gefühlsmenschen, 'Exaktheit' vs. 'Ausweitung des poetischen Vermögens' auch sein mag, formuliert Mariana Marin die wesentlichen Unterschiede zwischen den Literaten und Literaturen. Sie fußen in der Sprache, die eine bestimmte Denkweise ('Mentalität') zur Folge hat und nicht zuletzt darin, daß die deutschen Schriftsteller im Vergleich zu den rumänischen eine Randgruppe bildeten im Nationalstaat Rumänien. Diese Position, aber auch der verschiedene Denkstil bewirkten einen unterschiedlichen Umgang mit der Wirklichkeit. Dan Petrescu, einer der befragten rumänischen Dichter, bemerkt diesbezüglich:

"Im Unterschied zu ihren rumänischen Generationsgenossen zeigen die deutschen Lyriker weniger Bereitschaft zum Galgenhumor, ihre doppelte Marginalität (als Dichter und Deutsche) drängt sie in die Nähe des Tragischen;...".[188]

Doch bei allem Unterschied im Zugang haben die Dichter der 80er Jahre, unabhängig von der Sprache, in der sie schreiben, eines gemeinsam: ihr Bemühen um die Wirklichkeit, die hinter Ceausescus Pseudowirklichkeit verschwunden war. Es galt, sich selbst an die Wirklichkeit ranzuschreiben und darüber hinaus, sie ins "abgestumpfte(n) Bewußtsein unserer Zeitgenossen", wie Dan Petrescu nicht ohne Bitterkeit feststellt, einzuschmuggeln. Die ideologisch besetzte Öffentlichkeitssprache mußte folglich überwunden werden, die Überwindungsstrategien waren allerdings verschieden.

Diese verbindende poetische Absicht verlangte von den Dichtern eine "aufrechte moralische Haltung", "den Geist der Fronde", "die Unmittelbarkeit

---

188 in: Reichrath 1984, S. 246

des Selbstausdrucks, die weitgehende Ausschaltung überlieferter Filterungspraktiken" wie sie Ion Bogdan Lefter, ein weiterer befragter Dichter, seinen Generationskollegen, ob deutsch oder rumänisch, bescheinigt.[189]

Doch, um die Gegenüberstellung der beiden Literaturen abzurunden, muß noch ein wichtiger Unterschied genannt werden. Er bezieht sich auf die Vorbilder, die ebenfalls, zusätzlich zu Sprache und Denkstil, einen unterschiedlichen Wirklichkeitszugang zur Folge hatten.

Die jungen deutschen Dichter orientierten sich vor allem an Brecht, die "Aktionsgruppe Banat" war dafür wegweisend. Sie brachen mit der Tradition der stets bejahenden, aufbauenden und dadurch auch sehr engen rumäniendeutschen Literatur.

Die rumänischen Literaten hingegen waren weniger experimentierfreudig, vielmehr traditionsverbunden (im Gegensatz zu den deutschen Schriftstellern waren die rumänischen in der Regel sehr stolz auf ihre literarische Tradition), auch im Ausdruck. Den Unterschied in der Methode beschreibt Mircea Cartarescu sehr treffend:

"Die deutsche Lyrik unseres Landes ist der rumänischen gegenüber insofern moderner, als sie einer ausgeprägter programmatischen, experimentellen Haltung entspricht. Sie ist 'Sprechdichtung', die 'Rhythmusgruppe' spielt darin eine besondere Rolle. Die Verse werden mit der Kraft freier, schwarzer, schmuckloser Rede zum Publikum hin projiziert. Bedingt durch den heftig antirhetorischen Charakter dieser Lyrik kommt es zur poetischen Annexion der 'antipoetischen' Zonen des Daseins, des Banalen, Alltäglichen, welches ins Bewußtsein tritt, ohne den Umweg übers Unterbewußtsein zu nehmen; wie in einer Filmkamera. Es ist eine 'hyperrealistische' Dichtung, doch hyperrealistisch nicht so sehr im Bildbereich als vielmehr im Diskurs. Selbst als fotografierte Welt bleibt die Welt eine gesprochene, jemand 'erzählt' das Foto. Die rhythmischen, mündlich-sprachlichen, auditiven Tugenden werden auf Kosten der farblichen, bildlichen, visuellen entwickelt. Der unterschwellige, manchmal allerdings parodistische Realismus dieser Lyrik hat einen gewissen Moralismus im Gefolge (Moralismus im höchsten Sinne des Wortes), der manchmal parabolisch, ein andermal ironisch eingesetzt wird. Der Tradition gegenüber verhält sie sich meist ablehnend, hingegen zeigt sie, wie alle experimentellen Strömungen für die Zukunft geschärfte Sinne.

Umgekehrt ist für die junge rumänische Lyrik - so wie ich sie kenne - die Tradition geradezu eine Zwangsvorstellung.

Diese Lyrik baut vorwiegend auf die visionäre und beschreibende Sprache, ihr Diskurs ist schmucküberladen, meist rhetorisch, von Fall zu Fall wahrhaft pathetisch... Die Sprache ist 'geschrieben' und als solche oft hochgradig komplex (aber auch schwerfällig), ihr Sprechcharakter wird dadurch überwuchert. Die Metapher und das poetische Bild sind weiterhin die Stützpfei-

---

189 ebd., S. 248

ler dieser Lyrik. Die programmatischen Tendenzen sind bescheiden, die meisten Autoren lassen sich <u>beim Schreiben von der Intuition leiten</u> und sind weitgehend <u>theorieindifferent</u>. Es sind ausgeprägt visuelle Dichter, <u>eher sentimental als ironisch</u>, <u>für das Alltagsleben in höchstem Maße unempfindlich</u>, eingesponnen jeder in seine eigene Welt".[190]

Cartarescus Behauptung, die rumänischen Dichter seien *"für das Alltagsleben in höchstem Maße unempfindlich"* gewesen, scheint der oben aufgestellten These, die Dichter, sowohl die deutschen als auch die rumänischen, seien um das Zurückerobern/-gewinnen der Wirklichkeit bemüht, zu widersprechen. Cartarescus Aussage bezieht sich nicht auf Gleichgültigkeit den alltäglichen Zuständen, der Pseudowirklichkeit gegenüber. Diese erlebten die rumänischen wie die deutschen Literaten gleich schmerzlich[191]. Sie schlugen aber verschiedene Wege ein, um die Wirklichkeit - zumindest bruchstückhaft - zurückzugewinnen. Die deutschen Schriftsteller gingen direkt vor, sie griffen in die Pseudowirklichkeit, die sie umgab, ein, mit dem Mut und der Schonungslosigkeit des Seziermessers. Sie legten somit, im überbeleuchteten Detail, die Wirklichkeit dar. Wenn sie sich der Pseudowirklichkeit stellten, so ist es auch ganz natürlich, daß sie das in der Sprache taten, die sie vorfanden, der gesprochenen Sprache. Diese wurde - vornehmlich durch Wortspiele, Eingriffe in die Syntax - so zurechtgerückt, daß das Tatsächliche, das Verschleierte, Verkrustete, das, was Herta Müller das *"Gedärm unter der Oberfläche"* nennt, in Erscheinung trat.

Die rumänischen Dichter, von denen Cartaresu spricht, schlugen einen anderen Weg ein, um zur Wirklichkeit zu gelangen. Sie entwarfen kein Programm, um sich der Pseudowirklichkeit zu stellen, sondern zogen sich - jeder in seinen - Elfenbeinturm zurück. Dort entwarfen sie - im Versuch, dem Schmerz angesichts der bestehenden Verhältnisse nicht zu unterliegen - ein Wirklichkeitsbild, ein eigenes, "visionäres", wie Cartarescu es nennt. Diese Wirklichkeit, die als Gegensatz zur Pseudowirklichkeit und nicht auf deren Grundlage entstanden war, bediente sich auch einer anderen Sprache, einer, die im Gegensatz stand zur mündlichen, zur Alltagssprache und somit dem Gegenentwurf Wirklichkeit entsprach. Die so gewonnene Welt trägt aber den Charakter des Vermuteten, oftmals des Erwünschten. Sie läuft Gefahr, sich vom Seienden zu weit zu entfernen. Zuweilen kann dieser Weg in Eskapismus enden.[192]

---

190 ebd., S. 243 f., Hervorhebg. von mir - H.H.C.
191 das beweist auch Petrescus Aussage, S. 245
192 Zur Illustration der beiden Tendenzen 'banal' und 'visionär' vgl. Gedichte im Anhang von Anemone Latzina und Traian Cosovei

Herta Müller gelingt eine Synthese der beiden, im rumänischen Literaturbetrieb parallel laufenden Tendenzen.

Sie geht den Weg, den ihre deutschen Kollegen eingeschlagen hatten. Sie geht von der Alltagswelt aus, gestaltet sie in einer an das sprachliche Umfeld (utilitärer Jargon, Sprache der Diktatur) angelehnten Sprache, aufgrund derer sie den 'Metatext'[193] aufbaut. Dieser verweist auf das "Gedärm unter der Oberfläche", das aber nicht nur sachlich, analytisch dargelegt wird (wie bei Richard Wagner z.B.), sondern - und vor allem - sinnlich, eigenwillig, somit ein Stück weit "visionär". Die eigene, subjektive Wahrnehmung erhält ihre Berechtigung, durch sie verweisen Herta Müllers Texte in den Elfenbeinturm der rumänischen Dichter. Ihr ist nicht nur das Auditive, die Musikalität der Sprache wichtig, sondern die Bilder. Synästhetisch ziehen ihre Texte alle Sinnesregister: Rhythmus (Satzbau, Wortwiederholung, Parallelismen), Klang, Farben (Farbadjektive, Substantive, die mit einer bestimmten Farbe assoziiert werden), Gerüche (Adjektive) wirken synchron und vermitteln dem Leser die "erfühlte Welt" der Herta Müller, die aber im Unterschied zu der der rumänischen Dichter bar jeder Sentimentalität daherkommt. Wer versucht, ihr die sinnliche Qualität zu nehmen, tut ihr Gewalt an und versündigt sich an seinen eigenen Sinnen.

Um noch einmal auf Mariana Marins Gegenüberstellung der deutschen und rumänischen Sprache zurückzukommen: Herta Müller benutzt zwar die „exakte deutsche Sprache"[194], sie eröffnet in ihr aber die weite Interpretationsspanne, die sie möglicherweise in der rumänischen Literatur, an der rumänischen Sprache kennengelernt hat (Herta Müller hat auch Rumänistik studiert). Darin könnte ein weiterer Bezug zu Celan gesehen werden, der auch ein Kenner der rumänischen Literatur war, wie in Kapitel III.3.1 gezeigt.

Nachdem der Einfluß der rumänischen Literatur auf die rumäniendeutsche besprochen ist, muß nach den weiteren zwei Punkten gefragt werden, in deren Spannungsfeld sich die rumäniendeutsche Literatur befindet: nach dem Verhältnis zur eigenen literarischen Tradition und dem zu den deutschen Nationalliteraturen.

---

193 Der Begriff fiel im Gespräch mit einigen rumäniendeutschen Literaten. Er bezieht sich auf die Sematisierung der rumänischen Wirklichkeit auf der Ebene der Sprache, wie in Kap. II gezeigt

194 Den Ausdruck Mariana Marins übernehme ich, möchte aber nicht mißverstanden werden. Er soll hier nicht auf eine stereotype Denkweise, auf ein Autostereotyp bezogen sein. Vielmehr ist er das Ergebnis eines Vergleichs der sprachlichen Möglichkeiten der beiden Sprachen. Und ohne einem Vorurteil zu frönen, scheinen Deutsch und Rumänisch vom Sprachsystem her verschiedene Möglichkeiten der Präzision zu bieten. Vgl. hierzu Kap. III.3.1, S. 139ff.

Das Verhältnis zur eigenen literarischen Tradition war vornehmlich von Ablehnung bestimmt. Das war angesichts der engen Heimatdichtung nur allzu verständlich. Traditionsgemäß stellten sich die Schriftsteller, die aus den Minderheiten hervorgingen, in den Dienst des Gemeinschaftssinns, der Stärkung des Selbstwertgefühls und des Zusammenhalts dieser Gruppen. Höchstes Gebot war, wie oben, in Kap. III.1.1 schon gezeigt, das Erhalten ihres Deutschtums. Kein Wunder, daß die deutschen Tugenden darin immer hochgehalten wurden und daß Schönfärberei ein grundlegendes stilistisches Mittel war. Diese Funktionalisierung der Literatur ist, angesichts der Lebensbedingungen in einer Minderheit, ein Stück weit zu verstehen. Das beweisen auch Schriftsteller, die satirische Dichtung während ihrer Auslandsaufenthalte schrieben, die sie in Siebenbürgen aber geheimhielten. Zwei Beispiele gehen zurück in das 17. Jahrhundert, in die Zeit der Barockliteratur. Stefan Sienerth berichtet in seinen "Beiträge(n) zur rumäniendeutschen Literaturgeschichte"[195] von Johann Georgias und Andreas Pinxner, zwei Siebenbürgern, die während ihres Studienaufenthaltes in Deutschland satirische Romanschriften verfaßten, zu denen sie sich aber, nach Siebenbürgen zurückgekehrt, nicht bekannten.

Solche Beispiele zeigen, daß es auch unter den Schriftstellern der Minderheit durchaus kritisches Denken gab, daß sie es aber ihren Landsleuten nicht oder nur in Ansätzen offenbarten. Die Gründe dafür? Möglicherweise die Angst davor, aus der Gemeinschaft ausgestoßen zu werden und/oder auch die Einsicht, daß zu harte Kritik die Gemeinschaft gefährden könnte. Beide „Entschuldigungen" sind in der Sekundärliteratur zu finden. Stefan Sienerth kommentiert Johann Georgias und Andreas Pinxners Verhalten wie folgt:

"Vermutlich haben jedoch die Autoren selbst, aus verschiedenen Gründen, dieser Verbreitung[196] *entgegengewirkt. Johann Georgias, der um 1676 nach Siebenbürgen zurückkehrte, als Lektor am Kronstädter Gymnasium unterrichtete und bald zu dessen Rektor aufrückte, hatte wohl richtig erkannt, daß es für seine berufliche und gesellschaftliche Reputation wohl besser wäre, seine in Deutschland erzielten literarischen Erfolge vorerst zu verschweigen.*

Auch Pinxner mag es erklärlicherweise nicht sehr daran gelegen sein, die "Hitzige Indianerin", die er ebenfalls unter einem Decknamen publiziert hatte, unter die Leute zu bringen und sich als deren Autor zu erkennen zu geben. Auch diese Schrift, deren eindeutig pädagogisches und religiöses Anliegen ein mit ähnlichen Werken vertrauter Leser in Deutschland wohl ohne weiteres verstanden hätte, hätte hierzulande ihrem Verfasser allerhand Unannehmlichkeiten bereiten können".[197]

---

195 Klausenburg 1989, S. 116ff.
196 gemeint ist die Veröffentlichung in Siebenbürgen der oben zitierten satirischen Werke
197 Sienerth 1989, S. 116 f.

In diesen beiden Fällen ist es, will man Sienerth glauben, nur die Angst vor persönlichen Verlusten, die die Schriftsteller davon abhielt, ihre Meinung frei zu äußern, zu ihren satirischen Werken zu stehen.

Peter Motzan unterstreicht hingegen, auf die ganze Literatur bezogen, den zweiten Grund, die Absicht, die Gemeinschaft nicht zu gefährden, ja im Gegenteil, aufbauend zu wirken:

"... Auch die Literatur fühlte sich zum Fürsprecher der Minderheit berufen und paßte diesem Ziel Stoffwahl, Problemkonstellation und Sinngebung an. Bis weit ins 20. Jahrhundert hinein durchwirkt dieses ungeschriebene Gesetz (Unterdrückung des literarischen Geistes zugunsten der Einigkeit, Unterordnung des einzelnen) einen Teil der rumäniendeutschen Literatur, deren Einflußmöglichkeiten durch die Enge der Verhältnisse, durch fehlende Großstädte, durch eine an einheimischen Werken wenig interessierte Leserschaft ohnehin eingegrenzt waren".[198]

Peter Motzan spricht von einem Teil der rumäniendeutschen Literatur, der dem "ungeschriebenen Gesetz" folgte. Doch wo blieb der andere Teil? Diese Frage wird nicht direkt beantwortet. Vermutet wird aber, daß er entweder schwieg oder verschwieg (wie die oben genannten Beispiele) oder zum Schweigen gebracht oder einfach nicht beachtet wurde. Die zwei letzten möglichen Antworten legt Motzans Bemerkung nahe:

"Blickte man über die eigenen Werke hinaus - dabei rückte vor allem die Literatur Deutschlands ins Sichtfeld -, erwachten Minderwertigkeitskomplexe, aber - bei der jungen Generation um 1900 - auch das Gefühl einer notwendigen Erneuerung. Andererseits stand die konservative Führungsschicht auch zu Beginn des 20. Jahrhunderts der modernen europäischen Kunst ablehnend gegenüber, ihre Verbreitung, meinte man irrtümlicherweise, zerschneide der 'Eintracht Band'".[199]

Daß eine Öffnung für Neues die Gemeinschaft gefährde, war aber doch kein so großer Irrtum. Die kritische Literatur bewirkte ja, daß die Hohlheit, der Anachronismus der geltenden Normen dieser Gemeinschaft(en) allmählich bloßgelegt, und von immer mehr Leuten (wenn auch nicht von der Mehrheit) als überlebt erkannt wurden. Natürlich waren es vor allem die politischen Ereignisse, die Geschichte, die die Auflösung dieser Gemeinschaft bewirkten. Die Literatur der Nachkriegszeit hat aber bestimmt dazu beigetragen, sie zu destabilisieren, an ihrem künstlich und um jeden Preis aufrechterhaltenen Gleichgewicht zu rütteln. War sie dazu berechtigt? Ist sie dafür zu verurteilen?

---

198 Motzan 1980, S. 13
199 ebd., S. 14

Heute, einige Jahre nach der Auflösung dieser Gemeinschaft, kann man wohl behaupten, daß diese Literatur das ist, was - auch in oft negativer Ausformung von den Rumäniendeutschen herübergerettet wurde. Diese Schriftsteller haben sich nichts vorzuwerfen, sie haben die Gefahr erkannt, in der die Minderheit schwebte und hofften, daß man sie durch ein Umdenken, durch Modernisierung ihrer überholten Lebensformen retten könne. Sie brachten einen Mut auf, den keine rumäniendeutsche Schriftstellergeneration vor ihnen hatte. Die Werke Herta Müllers, Richard Wagners und anderer Dichter und Schriftsteller ihrer Generation ziehen ihre Aussagekraft, ihre Intensität aus dem kompromißlosen Willen zur Offenheit, zur Enttabuisierung. Diese Literaten (vor allem Herta Müller) schafften es wie kein Geschichtsbuch und kein Politiker, das Interesse für die Rumäniendeutschen in Deutschland und in Westeuropa überhaupt zu wecken (ein Buch wurde schon ins Französische übersetzt), paradoxerweise jetzt, wo es diesen Lebensraum nicht oder nur noch als spärliche Überreste gibt.

Und jetzt die Frage: war die Dichtergeneration der 70er und 80er Jahre von der rumäniendeutschen literarischen Tradition beeinflußt? Direkt wohl kaum, da es - was die künstlerische, kompositorische Seite anbelangt - wohl kaum beachtenswerte Leistungen gab (besonders in der Banater literarischen Tradition). In gewisser Weise führen aber Herta Müller und auch einige andere Schriftsteller und Dichter die Thematik der Heimatliteratur weiter: sie setz(t)en sich mit dem Dorf, den Lebensbedingungen, den zwischenmenschlichen Beziehungen auseinander, bei aller Unvergleichbarkeit des gewählten Zuganges und vor allem der Handhabung der Sprache. Waren die Dichter bis dahin streng dem Realismus verpflichtet, den traditionellen literarischen Konventionen, so lebt Herta Müller im Metatext, wie oben vielfach gezeigt. Die Grenzen zwischen Lyrik und Prosa fließen in ihren Texten ineinander, wichtig bleibt allein die in der Minderheitenliteratur über Jahrhunderte unterdrückte Authentizität der Wahrnehmung und die Absicht, das Wahrgenommene so unverfälscht wie möglich zu vermitteln. Herta Müllers Debütband, "Niederungen", kann man wohl als Demontage der gängigen Heimatliteratur bezeichnen.

Den Umgang mit der Sprache, mit dem Medium, das ihr zur Verfügung stand, um das Wahrgenommene zu vermitteln, mußte Herta Müller an Autoren schulen, die zum dritten Bezugspunkt, zur deutschen Nationalliteratur gehören.

Diese hatte wohl seit jeher den höchsten Stellenwert für die deutschen Schriftsteller aus Rumänien. Man eiferte ihr nach, war aber gleichzeitig von Minderwertigkeitskomplexen gequält. Das zwiespältige Verhältnis führte dazu, daß sich der Einfluß dieser Literatur von Ablehnung über billige Nachahmung bis zu produktiver Aufnahme erstreckte. Die Literaten, auch jene der 80er Jahre, waren sich dessen bewußt, daß sie mit grundlegenden Problemen zu kämpfen hatten, die sie im Vergleich zu binnendeutschen Autoren benachteiligten. Das erste und schwierigste war das Problem der Sprache, an zweiter Stelle rangierte das der Adressaten.

Das Problem der Sprache

In der Sprache spiegelte sich - wie sollte es anders sein - dieses Zwischen-den-Grenzen-Dasein der Rumäniendeutschen am deutlichsten und für die Schriftsteller, die sich ihrer als Medium bedienten, am spürbarsten wider.

Das Rumäniendeutsche wies, historisch und räumlich bedingt, mehrere Besonderheiten auf. Es mangelte ihm an Flexibilität, syntaktisch und vor allem lexikalisch und semantisch. Die syntaktische Starre ist u.a. dadurch bedingt, daß starre Normen in allen Lebensbereichen einen apodiktischen Grundton zur Folge hatten. Dieses Phänomen wurde in Kapitel 2.1 ausführlich beschrieben.

Im lexikalischen und semantischen Bereich kommen zur Haltung der Sprecher, die sehr am Altbewährten orientiert waren, die Neues (und somit auch die Wörter, die Neuerungen transportierten) ablehnten oder zumindest nur nach und nach zuließen, noch weitere objektive Bedingtheiten hinzu. Durch die räumliche und politische Isoliertheit verlief der Austausch mit den deutschen Sprachräumen stets verzögert, ja schleppend. Neue Wörter und Wendungen, die im binnendeutschen Sprachraum schon längst einem Bedeutungswandel unterzogen oder gar als Sprachklischees abgenutzt und deshalb abgetan waren, lebten im Rumäniendeutschen weiter, ohne den Wandel mitgemacht zu haben. Das lag einerseits an der Entfernung vom Sprachraum, andererseits aber auch an den Lebensumständen, die nicht die gleiche Entwicklung durchlaufen hatten wie in Deutschland. So wie die Lebens- und Umgangsformen waren auch die Wörter und Idiome in ihrer Entwicklung stehengeblieben, erstarrt. Hat man auch in der Presse und im Schrifttum - wo man sehr um die Annäherung an den deutschen Sprachraum bemüht war - die Neuerungen übernommen, so wirkte sie oft künstlich, oft hatten die Rumäniendeutschen Schwierigkeiten mit ihrer Bedeutung, da ihnen die entsprechenden Erfahrungen fehlten (so z.B. 'Normalverbraucher', 'Freizeitangebot', 'Reisewelle' - um nur einige zu nennen).

Umgekehrt tauchten im rumäniendeutschen Alltag Erscheinungen auf, für die die Bezeichnungen in der bestehenden Sprache fehlten. Man behalf sich, indem man die entsprechenden Wörter und Wendungen aus dem deutschen Sprachraum übernahm. Im politischen und wirtschaftlichen Bereich bot sich logischerweise das DDR-Deutsch an (z.B. 'Planvorhaben', 'Planrückstand', 'Nationalfeiertag', 'Landwirtschaftliche Produktionsgenossenschaft' u.a.), in anderen Lebensbereichen orientierte man sich mehr an der BRD. Wörter wie

'Tiefkühltruhe', 'Kühlschrank', 'pflegeleicht'[200] beweisen das. Waren keine Wörter zur Hand, die übernommen werden konnten, so prägte man Wörter, oft in Lehnübersetzung aus dem Rumänischen, so z.B.: 'Arbeitsbesuch' (vizita de lucru), 'Blockwohnung'(locuinta de bloc), um nur einige zu nennen.

Die Sprachinterferenzen, denen das Rumäniendeutsche ausgesetzt war, führten aber nicht nur dazu, daß bei Bedarf Wörter lehnübersetzt wurden. Oft kam es auch zu Lehnübersetzungen, die - setzt man als Maß die Sprachnorm des binnendeutschen Sprachraums an, die in Rumänien als solche anerkannt wurde - zu Fehlern führten. So z.B. "ein Telefon geben" - anrufen; "jemanden über den Fuß nehmen" - hereinlegen; "eine Prüfung geben" - eine Prüfung ablegen. Viele Fremdwörter wurden unter dem Einfluß des Rumänischen mit einer anderen Bedeutung verwendet (z.B. "Buletin" - Personalausweis; "Konkurs" - Wettbewerb; "Syndikat" - Gewerkschaft; "promovieren" - fördern, voranbringen)[201]. Diese Sprachsituation führte bei Schriftstellern zwangsläufig zu einer Unsicherheit im Sprachgebrauch, die sie nur schwer, wie einige von ihnen mir bestätigten, durch sehr viel Lektüre und durch bewußten Gebrauch des Hochdeutschen abbauen konnten. Manchen, so wie Herta Müller, ist es gelungen, aus der Not eine Tugend zu machen. Sie setzt die als Folge der Interferenz oft auftretenden Abweichungen, insbesondere jene von der Valenz und Distribution des Verbs, als Stilmittel ein, eröffnet der Sprache dadurch neue, nicht erahnte Dimensionen (siehe Kapitel I und II.).

Zudem gelingt es ihr auch, die andere "Fehlerquelle" des Rumäniendeutschen, die Mundart, produktiv in ihre Sprache einfließen zu lassen, wie in Kapitel I, II und III.2.1 gezeigt. Die Rumäniendeutschen waren mit wenigen Ausnahmen Mundartsprecher, was allerdings auf viele Gebiete des deutschen Sprachraums auch zutrifft. Der große Unterschied zwischen dem Rumäniendeutschen und dem deutschen Sprachraum besteht aber darin, daß im letzteren die offizielle Sprache Deutsch, d.h. Hochdeutsch ist, während in Rumänien die offizielle Sprache das Rumänische war, für die Angehörigen der Minderheit eine Fremdsprache. Sie hatten damit (abgesehen von der Schule und den wenigen kulturellen Veranstaltungen) kaum die Möglichkeit, das Hochdeutsch zu hören und es sich so natürlich anzueignen. Sie waren auf das Lesen angewiesen, mußten sich das Hochdeutsch anlesen, mit wenigen Möglichkeiten zum Austausch in dieser Sprache. Wer im Alltag Schriftdeutsch sprach, wurde als hochnäsig, als arrogant abgestempelt. Allein in den Publikationen in Rundfunk- und Fernsehsendungen in deutscher Sprache, die in den 70er Jahren über kurze Zeit sehr gefördert wurden, um nachher wieder nach und nach zu verschwin-

---

200 die Beispiele aus: Johann Wolf: Literatur und Sprachpflege. In: NW, 7.1. 1978, S. 3f.
201 ebd.

den, bemühte man sich um das Hochdeutsch, bei allen Schwierigkeiten, die ich oben beschrieben habe. Doch auch wenn diese günstige Zeit für die rumäniendeutsche Kultur und ihre Sprache nicht sehr lange gedauert hat, hat sie trotzdem ihre Früchte getragen. Hätte die Schriftstellergeneration der 70er und 80er Jahre das nicht erlebt, hätte sie es wahrscheinlich nicht zum Durchbruch gebracht, zu einer Literatur von Weltrang.

Das Problem der Adressaten

Und wenn wir von einer Literatur von Weltrang sprechen, so sind wir auch beim zweiten großen Problem angelangt, mit dem sich die rumäniendeutschen Schriftsteller von jeher herumschlugen. Sahen sie nämlich die Minderheit als Adressat, mußten sie sich zwangsläufig in Inhalt und Form bescheiden, sich deren Erwartungen, die sehr eng waren, anpassen. In einer funktionalisierten, pragmatischen und prüden Gemeinschaft hatte das Schrifttum sowieso keinen hohen Stellenwert. Wie der Leserbrief in Kapitel III.2.1 zeigt, wurde geistige Tätigkeit sowieso von den meisten "Landsleuten" abgelehnt, ja war sogar verpönt. Was blieb einem Schriftsteller da übrig? Entweder er ging den Kompromiß ein und erging sich - je nach historischer Situation - in Schönfärberei, in Lamenti oder in sozialistischem Realismus oder er/sie begnügte sich mit einem sehr kleinen Leserkreis und hoffte auf einen - auf den großen - Durchbruch, darauf, im deutschen Sprachraum entdeckt und gelesen zu werden.

Das gelang sehr wenigen. Paul Celan wäre ein Beispiel. Führt man ihn als Beispiel an, so wäre mit Johann Wolf[202] zu fragen: Hätte er es zu dichterischem Weltrang gebracht, wenn er seinen Lebensraum nicht verlassen hätte? Bei Celan finden wir einen wichtigen Hinweis, um es zu bejahen: sein bekanntestes und auch eines seiner schönsten Gedichte, die "Todesfuge", ist noch in Rumänien entstanden. Herta Müller beweist ebenfalls, daß Literatur auch in dieser provinziellen Enge möglich war. Allerdings hat die rumäniendeutsche Literaturgeschichte nur wenige Glanzpunkte vorzuweisen, was an ihrem hemmenden Umfeld liegen mag. So paradox das hier auch klingt, der Kommunismus, Ceausescu, zunächst mit seiner Kulturpolitik, dann durch seinen Personenkult und das System der Diktatur, hat der rumäniendeutschen Literatur zum Ausbruch aus ihrer provinziellen Enge verholfen.

---

202 Johann Wolf. In: NW, 7.1. 1978, S. 4

Der Auf-/Durchbruch (in) der rumäniendeutschen Literatur und seine Ursachen

Der Kommunismus, die Enteignung nach 1944 hatte zur Folge, daß die jahrhundertealten Lebensformen der Rumäniendeutschen ihre Grundlage verloren: ihren Besitz. Er führte zu mehr Beweglichkeit, zu einer erzwungenen Öffnung der bis dahin hermetisch geschlossenen Gemeinden. Das führte dazu, wie Richard Wagner in seiner Laudatio auf Herta Müller feststellt, daß verhältnismäßig viele Jugendliche höhere Schulen besuchten und studierten. Sie hatten die Möglichkeit, ein anderes Weltbild kennzulernen. Die Aufbruchstimmung, die in Rumänien auf die stalinistische Zeit folgte, ging an der Literatur nicht vorbei.

Nach 1948 wurde programmatisch eine Umorientierung der Literatur eingefordert. Die neue Welle griff auch auf die rumäniendeutschen Schriftsteller über, die, realsozialistisch orientiert, den Schwerpunkt in ihren Werken auf den Inhalt und auf das agitatorische Moment verlagerten. In der Zeit entwickelte sich, politisch gefördert und aufgrund des einheitlichen sozialistischen Programms eine rumäniendeutsche Literaturkritik. Ihre Wertungsprinzipien hatten normativen Charakter und waren mobilisierend und restriktiv zugleich. Motzan beschreibt diese Phase der Kritik und ihre Wirkung bezogen auf die Lyrik:

"Das Kriterium ist hier - wie in zahlreichen späteren Rezensionen - ein strikt inhaltsbezogenes; Lyrik 'wird beim Wort genommen'; ihre Botschaft soll aufrüttelnd und optimistisch sein und die Eindeutigkeit eines politischen Manifests haben.

Die Entfaltung des Subjektivität wird als 'Subjektivismus' abqualifiziert, Stimmungs- und Erlebnispoesie als 'Intimismus', stilistische Vielfalt als 'Formalismus'.

Den festgesetzten Topoi in der Lyrik entsprachen vulgär-soziologische Klischees in der Kritik. Man richtet Aufrufe an die rumäniendeutsche Literatur, allgemeingesellschaftliche und dringliche Sonderprobleme zu behandeln, die spezifischen schreibpsychologischen und historisch-kulturellen Determinanten bilden noch nicht den Gegenstand kritisch-theoretischer Debatten. Das Dekretieren ersetzt allzuoft das Argumentieren, Zweifel an der eigenen kritischen Position kennt man keine".[203]

Doch so restriktiv und selbstgenügsam diese Kritik auch war, die nur den Gebrauchswert der Literatur vor Augen hatte, so wirkte sie doch fördernd. Zum ersten Mal wurden die rumäniendeutschen Schriftsteller mobilisiert, in die gesamtgesellschaftlichen Anliegen miteinbezogen, durch die "Aufrufe", die an sie

---

203 Motzan 1980, S. 41

gerichtet wurden. Literatur, wenn zunächst auch nur sehr restriktive, wurde im sozialistischen Rumänien bewußt gefördert, galt es doch, ein neues, sozialistisches Bewußtsein zu entwickeln. Man versprach sich eine Formung dieses Bewußtseins mit Hilfe der Literatur und Kultur überhaupt, mit Hilfe von Publikationen und von Kritik. Letztere sollte die Umorientierung der Literatur bewirken, indem sie die oben erwähnten Maßstäbe ansetzte.

Und die Kulturpolitik sollte Recht behalten. In den 60er Jahren wurden, wie Motzan in seiner Studie feststellt, Kritikerstimmen laut, die (insbesondere auf das Banat bezogen) behaupten:

"Eine authentisch revolutionäre Dichtung könne nur dann entstehen, .. wenn sie sich von der Tradition des schwäbischen Dorfes und aus der 'kleinbürgerlichen Atmosphäre' befreie, eine Forderung, die von der jüngeren Kritikergeneration Ende der 60er Jahre immer wieder erhoben wurde".[204]

Die jungen Schriftsteller, unter ihnen später auch Herta Müller, nahmen diese Aufforderung beim Wort, ja sie taten noch mehr. Sie gingen noch einen Schritt weiter, befreiten sich von ihrem engen Milieu, indem sie es schonungslos kritisierten. Es war eine Distanzierung, die aber zugleich die enge Bindung an diese Gruppe, an die Minderheit bewies. Man konnte sich nicht befreien, indem man auf andere, realsozialistische oder metaphysische Themen auswich, es war nur über die konkrete Auseinandersetzung mit der Umgebung möglich, mit der die Schreibenden eine Haßliebe verband. Vorbilder dafür fanden sie in der österreichischen Literatur, wie Richard Wagner mir bestätigte. Sie lasen Thomas Bernhard, Franz Innerhofer, Gert Jonke, Autoren, die sich mit dem dörflich-provinziellen Österreich auseinandersetzten. Ästhetisch und besonders wirkungsästhetisch und im Programm wurde Brecht zum großen Mentor der Literatur der 70er Jahre. Die "Aktionsgruppe Banat", entstanden 1972, offiziell aufgelöst 1975, hatte auch ein Programm entworfen. Die Schriftsteller gingen gezielt, gemeinsam an die ihnen selbst gestellte Aufgabe heran.

Die Forderung der Kritiker der 60er Jahre trug demzufolge Früchte, aber nicht die politisch gewollten. Es entstand eine "authentisch revolutionäre Literatur", aber nicht jene, die dem sozialistischen Wertesystem entsprach. Die neue Literatur schlug weit über die Stränge: nachdem sie sich mit dem Dorfmilieu kritisch auseinandergesetzt hatte, wandte sie sich dem bestehenden System, dem Ceausescu-Staat zu.

Doch vom Realsozialismus bis zur Auseinandersetzung mit dem Ceausescu-Staat durchlief die rumäniendeutsche Literatur mehrere Phasen, die sie in den

---

204 ebd., S. 42

80er Jahren zur "engagierten Subjektivität", der bedeutendsten Tendenz dieser Literatur, führte.

Die Entwicklung der rumäniendeutschen Literatur ist eng an die Politik und die sie bestimmende Kulturpolitik gebunden. Ende der 50er, Anfang der 60er Jahre, mit dem Ende des stalinistischen Einflusses, wenden sich die Kritiker und Literaten allmählich von dem "Schematismus" und der "Schönfärberei" der realsozialistischen Literaturproduktionen ab und richten ihr Augenmerk verstärkt auf die ästhetische Qualität ihrer Werke. Zum Programm wurde diese Tendenz erst nach 1965, als Ceausescu, beim IX. Parteitag, kurz nach seiner Machtübernahme, eine Kursänderung in der Literatur ankündigte. Motzan spricht von einer "ästhetischen Phase" der Kritik. Die Schriftsteller und Dichter wandten sich neuen Formen zu, experimentierten. Der Einfluß Brechts und des Surrealismus, Expressionismus waren maßgebend. "Die Bewahrenden", wie Motzan die vornehmlich Bildungspoeten der älteren Generation bezeichnet, standen der neuen Literaturkritik ebenso wie der experimentellen Literatur skeptisch gegenüber.

Wolf von Aichelburg stellt 1974 in einem Artikel fest:

"Es ergibt sich ein komisches Bild. Wehe dem Privatistischen, Intimen, Seelenhaften, Naturpreisenden, Liebesschwärmenden, Wohlgeformten, Feiernden, wehe Traum und Erinnerung. Ein Hoch allem Harten, Nüchternen, Alltäglichen. Wachen, Zukünftigen, Deutlichen, Unterkühlten, Kecken und Kurzen. Wir sollten diesem Schema entwachsen sein".[205]

Und ab Mitte der 70er Jahre gelingt es auch den meisten rumäniendeutschen Literaten, diesem Schema zu entwachsen. Angefangen mit Anemone Latzinas Gedichten dieser Zeit, nimmt das Subjektive, das Hermetische in der Dichtung immer mehr Raum ein. Der Grund ist nicht nur die Erkenntnis, daß der plakative, lakonisch-agitatorische Ton seine Grenzen hat, sondern - und vor allem - die Notwendigkeit der immer engeren Zensur, dem Druck auszuweichen. Diese ästhetischen Einsichten und gesellschaftlichen Notwendigkeiten bewirkten aber nicht einen völligen Kurswechsel, eine Hinwendung zum Subjektivismus. Deshalb lehnen die Kritiker (Motzan, Reichrath) den Begriff "neue Innerlichkeit", den Annemarie Schuller in einem Aufsatz[206] für diese Literatur verwendet, auch ab.

---

205 In: Motzan 1980, S. 52
206 Schuller, Annemarie: Vom Gebrauchswert zur Besinnlichkeit. In: Reichrath, E. (Hrsg.): Reflexe II. 1984, S. 25 - 30

Obwohl das Individuum mit seiner Sichtweise, seinem Blick auf die Dinge im Mittelpunkt steht, ist es nie ein Rückzug. Es begreift sich stets als gesellschaftlich, ist nie von der gesellschaftlichen Realität abgewandt. Im Gegenteil, je mehr das staatlich entworfene und propagierte Weltbild sich von den tatsächlichen Verhältnissen entfernt, desto größer das Bedürfnis und die Notwendigkeit, diese zurückzuführen in den Bereich der Wahrnehmung.

Daß die Wirklichkeit aus subjektiver Sicht, oft einer sehr eigenwilligen, beleuchtet wurde, tat dem keinen Abbruch, im Gegenteil: Durch die eigenen Erfahrungen, die in die Texte einflossen, gewannen sie an Authentizität und an Aussagekraft, weil die Wirklichkeitsauszüge von innen kamen.

Doch obwohl das Individuum im Mittelpunkt steht, ist sein Lebensraum stets mitgedacht, er scheint in den Verhaltensweisen, den mechanischen, zwanghaften, in der Gedichtatmosphäre durch. Und insofern blieb die Literatur der 80er Jahre gesellschaftlich, politisch. Sie gewann durch die subjektive, verschlüsselte Darstellungsweise an Tiefe und Aussagekraft, vergaß aber nie, daß sie für etwas und - immer mehr - gegen etwas schrieb. Peter Motzan hatte schon 1979 für die neuere Tendenz in der rumäniendeutschen Literatur den Begriff "engagierte Subjektivität" übernommen.

Auf die Lyrik bezogen führt er den Begriff in dem letzten Kapitel seiner Arbeit ein. Überschrift des Kapitels: "Vom polemisch-präskriptiven Engagement zur engagierten Subjektivität". Von dem Wandel in Richard Wagners Schreibweise ausgehend bemerkt er:

"Unabhängig von Richard Wagner empfanden auch Werner Söllner und Franz Hodjak die Notwendigkeit, in stärkerem Maße als bisher von einer verifizierbaren Erfahrungsgrundlage und von den eigenen Befindlichkeiten auszugehen. Autoren wie William Totok..., Rolf Bossert und Klaus Hensel... schrieben an den neuesten Modifikationen der rumäniendeutschen Lyrik ebenfalls mit, für deren Kennzeichnung eine Vielzahl von Schlagworten in Umlauf gesetzt wurde. Am brauchbarsten scheint uns Walter Fromms operative Formel engagierte Subjektivität[207] zu sein; in ihrer einprägsamen Kürze signalisiert sie Verbindendes mit dem polemisch-präskriptiven Engagement und hebt auch das Unterscheidende hervor.

So sehr das Ich nun in den Vordergrund rückt, so bleibt es doch immer gesellschaftlich situiert. Die engagierte Subjektivität ist keine Fluchtpoesie, die sich ein autonomes Reich aufbaut; sie verarbeitet Geschautes und Erinnertes, Gefühltes und Gedachtes; die Sprache gewinnt an Expressivität, ohne sich jemals zu verselbständigen. Sie ist weiterhin 'verständlich', alltäglich, nachvollziehbar, auch dann, wenn sie Träume, Phantasien und Augenblicksempfindungen reproduziert."[208]

---

207 Hervorhebung von Motzan
208 S. 151f.

Motzan beschränkt seine Bemerkungen auf die Lyrik, dem Leser werden aber einige Gemeinsamkeiten mit Herta Müllers Prosa aufgefallen sein, bezüglich der Erzählhaltung, bezüglich des Umgangs mit Sprache und nicht zuletzt, was das Engagement anbelangt.

Kann man Herta Müller der „engagierten Subjektivität" zuordnen? Allgemein gesehen sind ihre Texte in dieser Richtung, der letzten und produktivsten der rumäniendeutschen Literatur, verankert, noch mehr, ich könnte wagen zu behaupten, daß es ihre Texte ohne die Entwicklung der rumäniendeutschen Literatur in der Nachkriegszeit, besonders in den 70er und 80er Jahren so nicht gegeben hätte. Ohne den Austausch mit den vornehmlich Banater Autoren, ohne das Programm, welches auch nach der Auflösung der "Aktionsgruppe Banat"[209] seine Gültigkeit behielt, ohne zum Dogma zu werden, ohne die gegenwärtige Unterstützung und den Zusammenhalt in Zeiten, die immer bedrohlicher wurden, wären Herta Müllers Texte nicht das, was sie heute sind.

Es fällt dem Leser wahrscheinlich auf, daß ich hier literarische nicht von persönlichen Einflüssen trenne. Eine rein methodische Trennung würde die Tatsachen verzerren. Denn im Schreiben unter den Bedingungen einer Minderheitenliteratur, dazu noch einer Diktatur, war Zusammenhalt sowohl auf ästhetischem als auch auf persönlichem Gebiet eine Voraussetzung für Schriftsteller, um sich zu entfalten, um zur Kenntnis genommen zu werden, um nicht "mundtot" gemacht zu werden.

Doch, um mit Emmerich Reichrath zu sprechen[210], hängt die "Unverwechselbarkeit des Ausdrucks" (und das kann man Herta Müller bescheinigen) nicht nur "mit den Dingen zusammen, die einem die Anlässe zum Schreiben liefern" und "mit der Art, wie man sich dazu stellt", sondern von persönlichen Voraussetzungen ab, die "für den schöpferischen Umgang mit dem Wort" wichtig sind: Erlebnisfähigkeit, Sprachkönnen, Stilbewußtsein, Gestaltungsvermögen. Herta Müllers Stilbewußtsein und Sprachkönnen haben sich mit Sicherheit im Umgang mit ihren Dichterfreunden geschärft. Ein Vergleich der sprachlichen Mittel, die ich im I. und II. Kapitel aufgezeigt habe, mit den Techniken der modernen Lyrik in Rumänien, die Motzan aufzählt, beweisen das. Allgemein spricht Motzan[211] von: Parabeltechnik, Prinzip der Reduktion,

---

209 Herta Müller kam erst nach seiner Auflösung in den weiteren Freundeskreis der ehemaligen Mitglieder
210 Reflexe II, S. 125
211 S. 148

ironischer Sentenz, Wortspiel und Wortwitz. Auf die Banater Autoren bezogen hebt er folgende Mittel hervor[212]:

1. Auflösung syntaktischer Zusammenhänge
2. methodische(r) Destruktion tradierter Gedichtgestalten
3. Beim-Wort-Nehmen sprichwörtlicher Redensarten
4. Bezug zur konkreten Poesie.

Alle hier aufgezählten Techniken finden wir auch bei Herta Müller. Trotzdem gehen ihre Texte über die Grenzen der literarischen Gruppe hinaus. Herta Müller entwickelt eine eigene, magische Welt. Naturelemente erhalten einen Stellenwert, den sie bei keinem der anderen Autoren einnehmen. Im Umgang mit Natur könnte ein Bezug zu Wolf von Aichelburg gesehen werden, über den Motzan meint:

"In Naturdingen sieht Aichelburg eine Galerie von Sinnbildern: in jeder Pflanze, jedem Tier, die der Dichter gestalterisch hervorhebt, entziffert und deutet er die Sinnbildlichkeit, die durch Gegensatz oder Einklang den Bereich menschlicher Existenz erhellt"[213].

Daß die Parallelen nicht zufällig sind, beweist die Tatsache, daß Herta Müller ihre Diplomarbeit zum Thema *"Die Naturlyrik Wolf Aichelburgs. Sprachliche und formale Mittel"*[214] geschrieben hat.

Wollte man die Einflüsse auf ihre Texte weiter untersuchen, böten sich noch viele Anhaltspunkte. Tatsache ist aber, daß sie es zu einer "Unverwechselbarkeit des Ausdrucks" gebracht hat wie kaum einer ihrer Vorgänger. Ihre Texte leben aus dem Metatext, so einfach, knapp und karg sie auch anmuten mögen, so vielfältig und tiefblickend sind die Zusammenhänge, die sich hinter den Worten, auf der Ebene der sprachlichen Kombination verbergen. Sie transportieren das Wahrhaftige, das Eigene, das Sinnliche. Ähnlich wie Thomas Bernhards Prosatexte eigentlich "Reflexionspoesie" sind, können Herta Müllers Werke als eine "Poesie der Sinne" gesehen werden. Ihre Einmaligkeit hat Emmerich Reichrath bereits nach dem Erscheinen ihres Debütbands "Niederungen"[215] erkannt:

---

212 S. 150
213 Motzan 1980, S. 128
214 Temeswar 1976
215 Kriterion, Bukarest 1981

"Aber gerade das spricht ja für das enorme ästhetische Engagement der Herta Müller, daß sie ihre Geschichten, ohne irgendwelche Kompromisse, wachsen und werden läßt, wie sie müssen; und darin gründet die zwingende innere Logik, die Ausstrahlungskraft und die moralisch-poetische Wahrhaftigkeit ihrer Prosa: in der völligen Übereinstimmung von Milieu, Menschen und Sprache."[216]

Und diese Übereinstimmung hofft vorliegende Arbeit aufgezeigt zu haben.

---

216 in: Reflexe II., S. 126

PRIMÄRLITERATUR

I. Texte

Müller, Herta: Die Naturlyrik Wolf Aichelburgs. Sprachliche und formale Mittel. Temeswar 1976
Müller, Herta: Niederungen. Bukarest 1982
Müller, Herta: Drückender Tango. Bukarest 1984
Müller, Herta: Der Mensch ist ein großer Fasan auf der Welt. Berlin 1986
Müller, Herta: Barfüßiger Februar. Berlin 1987
Müller, Herta: Reisende auf einem Bein. Berlin 1989
Müller, Herta: Wie Wahrnehmung sich erfindet. Paderborner Universitätsreden. Paderborn 1990
Müller, Herta: Der Teufel sitzt im Spiegel. Berlin 1991
Müller, Herta: Eine warme Kartoffel ist ein warmes Bett. Europäischer Verlag 1992
Müller, Herta: Der Fuchs war damals schon der Jäger. Hamburg 1992
Müller, Herta: Der Wächter nimmt seinen Kamm. Hamburg 1993
Müller, Herta: Herztier. Hamburg 1994
Müller, Herta: Hunger und Seide. Hamburg 1994

II. Sekundärliteratur zu H. Müllers;

(nach Erscheinungsdaten geordnet - aufgenommen sind die Texte, die direkt oder indirekt in die Arbeit eingeflossen sind; umfangreiche Literaturangaben siehe bei Eke 1991)

Wagner, Richard: Laudatio Herta Müller. In: Neue Banater Zeitung (Temeswar), 07. Juni 1981, S. 2 f.
Leserbriefe In: Neue Banater Zeitung, Temeswar, 19.07. 1981
Leserbriefe In: Neue Banater Zeitung, Temeswar, 16.08. 1981
Löw, Adrian: Schmetterling spielt Vespe. Zu Herta Müllers "Niederungen" - Kriterion 1982. In: Volk und Kultur (Bukarest), 3/1982, S. 32 f.
Motzan, Peter: "Und wo man etwas berührt, wird man verwundet." Zu Herta Müller: Niederungen, Prosa, Kriterion Verlag, Bukarest 1982. In: Neue Literatur (Bukarest), 3/1982, S. 67 ff.
Herbert, Rudolf: Die Einsamkeit der Sätze. Zu Herta Müller: Niederungen, Prosa, Kriterion Verlag, Bukarest 1982. In: Neue Literatur, 4/1983, S. 67 ff.
Wagner, Richard: Die Frösche auf dem Tisch. Das Temeswarer "Thalia-Studio" des Studentenkulturhauses zeigt eine Montage mit Texten von Herta Müller. In: Karpatenrundschau (Brasov), 22. April 1983, S. 4 f.
Henke, Gebhard: Poetischer Ausdruck aus dem engen Banat. Herta Müllers Prosa-Debüt "Niederungen". In: Neue Literatur (Bukarest), 7/1984, S. 4 f.
Schuller, Annemarie: Und ist der Ort, wo wir leben. Interview mit Herta Müller. In: Reflexe II, Klausenburg 1994
Delius, Friedrich Christian: Jeden Monat einen neuen Besen. Über Herta Müller: "Niederungen". In: Der Spiegel, 30. Juli 1984, S. 119 ff.

Totok, William: Das Dorf irgendwo in der Heide. Bemerkungen zu Herta Müllers zweitem Prosaband: "Drückender Tango". Kriterion Verlag, Bukarest 1984. In: Neue Banater Zeitung, 9. Dezember 1984, S. 2 f.

Schneider, Herbert: Eine Apotheose des Häßlichen und Abstrusen. Anmerkungen zu Herta Müllers "Niederungen". In: Banater Post (München), 23/24. Dezemberheft 1984, S. 19 ff.

Heinz, Franz: Kosmos und Banater Provinz. Herta Müller und der unliterarische Streit über ein literarisches Debüt. In: Beiträge zur deutschen Kultur. Forschungen und Berichte, 2/1985, S. 80 ff.

Reichrath, Emmerich: Ein Buch und fünf Preise. Gespräch mit der Temeswarer Schriftstellerin Herta Müller. In: NW, 16.03. 1985

Frauendorfer, Helmuth: Das Dorf ist eine schwarze Krähe. Die Dimensionen eines kleinen Dorfes. Herta Müllers Prosa der schönen Sätze. In: Die Woche (Sibiu), 5. April 1985, S. 5

Schuller, Annemarie: Ihre Mittel: arm und reich zugleich. Zur Prosa von Herta Müller. Drückender Tango. In: Karpatenrundschau, 14. Juni 1985, S. 4 f.

Brantsch, Ingmar: Unendlich und undankbar. In: Feder, 6/1986, S. 6 und S. 36

Bormann, Alexander von: Herta Müller: "Der Mensch ist ein großer Fasan auf der Welt". Rundfunkmanuskript. RBZ: "Journal am Morgen - Aus Kultur und Gesellschaft", 18. Juni 1986

Ayren, Annie: Lakonischer Satz, komplexe Welt. Eine Erzählung von Herta Müller. Herta Müller: "Der Mensch ist ein großer Fasan auf der Welt". In: Stuttgarter Zeitung, 19 Juli 1986, S. 50

Michaelis, Rolf: Angekommen wie nicht da. In: Die Zeit, 20. März 1987, S. 51 f.

Anonym: Ricarda-Huch-Preis für Herta Müller. In: Die Zeit, 27. März 1987, S. 66

Schoeller, Wilfried F.: Es wird alles erstickt. Ein Gespräch mit der rumäniendeutschen Autorin Herta Müller. In: Süddeutsche Zeitung am Wochenende, 09./10. 05. 1987

Cramer, Sibylle: Provinz als mentaler Zustand. Herta Müllers neue Prosa "Barfüßiger Februar". In: Frankfurter Rundschau, 7. Oktober 1987, S. 10

Vogl, Walter: Bewohner mit Handgepäck. Aus dem Banat nach Berlin ausgewandert - Die Schriftstellerin Herta Müller im Gespräch. In: Die Presse, 07./08. 01. 1989

Schmierer, Joscha: Von der Sprachinsel zum breiten Strom. Zu Büchern von Herta Müller und Richard Wagner. In: Kommune, 5/1989, S. 1 f.

Heirnichen, Helga: Sätze jagen sich selbst in die Flucht. Ein starker Eindruck. In: Südwestpresse (Tübingen), 7. Juni 1989

Huther, Christian: Kalt klirrende Sätze. Herta Müllers Erzählung "Reisende auf einem Bein". In: General-Anzeiger (Bonn), 11. Oktober 1989, S. 2

Becker, Barbara von: Brüchig, ungesichert, ungreifbar. Leben in einem anderen Land. In: Basler Zeitung, 24. November 1989

Gabrisch, Anne: Kaltes Land und kalte Herzen. Alle Beziehungen sind unsicher: Herta Müllers Roman "Reisende auf einem Bein". Stuttgarter Zeitung, 9. März 1990, S. 26

Eke, Norbert Otto [Hrsg.]: Die erfundene Wahrnehmung. Annäherung an Herta Müller. Paderborn 1991

Panic, Ira: Kampflustige Dissidentin. In: Stern 43/1992, S. 320 - 322
Doerry, Martin/Hage, Volker: Spiegel-Gespräch. „So eisig, kalt und widerlich". Die Schriftstellerin Herta Müller über eine Aktion deutscher Autoren gegen den Fremdenhaß. In: Der Spiegel 46/1992, S. 264 - 268
Matt, Peter von: Diktatur und Dichtung. Herta Müllers Gedanken über Fuchs und Jäger. In: Frankfurter Allgemeine Zeitung, 29.09.1992
Motzan, Peter: Fuchsjagd durch die Straßen der Nacht. Herta Müllers Roman über Rumänien. In: Die Welt. 28.11.1992
Hartung, Harald: Ausscheren, Einscheren. Herta Müllers apokryphe Postkarten. In: Frankfurter Allgemeine Zeitung, 28.08.1993
Hellmich, Wolfgang: Kritik am Weltgeist. Herta Müller attackiert Grass auf dem PEN-Kongreß. In: Neue Ruhr Zeitung, 21.05.1994
Kill, Reinhard: Schlag-Worte. PEN-Diskussion in Düsseldorf über „Sprache ist niemals unschuldig - Schreiben in gewalttätiger Welt". In: Rheinische Post, 21.05.1994
Schacht, Ulrich: Schreiben ist nie unschuldig. PEN-Kongreß in Düsseldorf. In: Welt am Sonntag, 21.05.1994
Nolte, Jost: Der Streit ist die Wahreit. In: Die Welt, 21.05.1994
Nolte, Dorothee: Was sagen Sie zu einem Neonazi in der Straßenbahn? Hilflos wie alle, aber immerhin selbstkritisch: Die Mitglieder des westdeutschen PEN-Zentrums trafen sich in Düsseldorf. In: Der Tagesspiegel, 24.05.1994
Lamp, Ida: Falsche Worte verweigern. Lesung zur PEN-Tagung in der Kunsthalle. In: Rheinische Post, 24.05.1994
Geißler, Cornelia: Der P.E.N. hat das Streiten gelernt. Jahrestagung in Düsseldorf zum Thema „Sprache ist niemals unschuldig". In: Berliner Zeitung, 24.05.1994
Voge, Ursula: Deutschland - so ganz allgemein. In Düsseldorf tagte das deutsche PEN-Zentrum West zum Thema Sprache und Gewalt. In: Hannoversche Allgemeine Zeitung, 24.05.1994
Siemes, Christof: Falsche Bescheidenheit. Die deutschen PEN-Mitglieder suchen nach ihrem Selbstverständnis. In: Die Zeit, 27.05.1994
Lenhardt, Dieter: Die Sprache der Quitten. Wie das tausendfach verschlissene Erzählen aus der Kind- und Vergangenheit beim tausendundersten Mal wieder atemberaubend sein kann: zu Herta Müllers Roman „Herztier". In: Spectrum, 01.10.1994
Kolbe, Uwe: Kosmos der Angst. In: Wochenpost, 14.10.1994
Apel, Friedmar: Kirschkern Wahrheit. Inmitten beschädigter Paradiese: Herta Müllers „Herztier". In: Frankfurter Allgemeine Zeitung, 14.10.1994
Hinck, Walter: Das mitgebrachte Land. Zur Verleihung des Kleist-Preises 1994 an Herta Müller. In: Sinn und Form, H. 1/1995, S. 141 -146

III. Allgemeine Literatur

Auerbach, Erich: Mimesis. Bern 1982
Bernhard, Thomas: Gehen. Frankfurt a. M. 1971
Bernhard, Thomas: Die Ursache. Eine Andeutung. Salzburg 1975
Bernhard, Thomas: Beton. Frankfurt a. M. 1982
Bernhard, Thomas: Einfach kompliziert. Frankfurt a. M. 1986
Bernhard, Thomas: Claus Peymann kauft sich eine Hose und geht mit mir essen. Drei Dramolette. Frankfurt a. M. 1990
Bienek, Horst: Narben der Zeit. In: Meinecke, D.: Über Paul Celan. Frankfurt a. M. 1973, S. 43 - 46
Böschenstein-Schäfer, Renate: Anmerkungen zu Paul Celans „Gespräch im Gebirg". In: Meinekke, D.: Über Paul Celan. Frankfurt a. M. 1973, S. 226 - 238
Buchka, Peter: Die Schreibweise des Schweigens. München 1974
Buck, Theo: Bildersprache. Celan Motive bei Laszlo Lakner und Anselm Kiefer. Aachen 1993
Butzlaff, Wolfgang: Die Schlüsselwortmethode. In: Der Deutschunterricht. 1964, S. 93 - 120
Brierley, David: „Der Meridian". Ein Versuch zur Poetik und Dichtung Paul Celans. Frankfurt a. M. 1984
Brinkmann, Hennig: Die deutsche Sprache. Gestalt und Leistung. Düsseldorf 1962
Brinkmann, Hennig: Sprache als Teilhabe. Düsseldorf 1981
Bukarester Celan Kolloquium (Hrsg.): Texte zum frühen Celan. Bukarester Celan-Kolloquium 1981. In: Zeitschrift für Kulturaustausch, H. 3/1982
Celan, Paul: Gesammelte Werke in fünf Bänden. Frankfurt a. M. 1983
Csejka, Gerhardt: Bedingtheiten der rumäniendeutschen Literatur. In: Neue Literatur 8/1973
Dahl, Sverre: Anmerkungen zur Übersetzung von Thomas Bernhards Erzählung „Beton". In: Text und Kritik, H. 43, München 1982, S. 198 - 210
Eyckeler, Franz: Reflexionspoesie. Sprachskepsis, Rhetorik und Poetik im Prosawerk Thomas Bernhards. Dissertation. Freiburg 1993
Fährmann, Rudolf: Elemente der Stimme und Sprechweise. In: Scherer, K.R. (Hrsg.): Vokale Kommunikation. Weinheim 1982, S. 138 - 165
Fleck, Ludwik: Entstehung und Entwicklung einer wissenschaftlichen Tatsache. Frankfurt a. M. 1993
Fleischer, Wolfgang/Barz, Irmhild: Wortbildung in der deutschen Gegenwartssprache. Tübingen 1992
Frauendorfer, Helmuth/Wagner, Richard (Hrsg.): Der Sturz des Tyrannen. Hamburg 1990
Gauger, Hans Martin: Die Wörter und ihr Kontext. In: Neue Rundschau 1972, S. 432 - 499
Gellhaus, Axel: Erinnerungen an schwimmende Hölderlintürme. In: Spuren 24. Marbach a. N. 1993
Glinz, Hans: Die innere Form des Deutschen. Bern und München 1973

Giles, Howard: Interpersonale Akkomodation in der vokalen Kommunikation. In: Scherer, K.R. (Hrsg.): Vokale Kommunikation. Weinheim 1982, S. 253 - 279

Good, Colin: Die deutsche Sprache und die kommunistische Ideologie. Frankfurt a. M. 1975

Good, Colin: Presse und soziale Wirklichkeit. Düsseldorf 1985

Good, Colin: Zeitungssprache im geteilten Deutschland. München 1989

Göres, Melitta: Der Prozeß der Aussiedlung aus dem Banat. Eine familienpsychologische Studie. München 1990

Guenter, Rainer: Meister der Dunkelheit. In: Meinecke, D. (Hrsg.): Über Paul Celan. Frankfurt a. M. 1973, S. 52 -54

Helbig, Gerhard/Schenkel, Wolfgang: Wörterbuch zur Valenz und Distribution deutscher Verben. Leipzig 1969

Herbert, Rudolf: Geschichtsverweigerung oder die Kunst der Verdrängung. In: Halbjahresschrift für südosteuropäische Geschichte, Literatur und Politik. Heft 2/1992, S. 27 - 44

Hofmann, Kurt: Gespräche mit Thomas Bernhard. Wien 1988

Hofstätter, Peter, R.: Das Denken in Stereotypen. Hannover 1959

Iser, Wolfgang: Die Appellstruktur der Texte. Konstanz 1970

Jacobson, Roman: Linguistik und Poetik. In: Ihwe, Jens (Hrsg.): Literaturwissenschaft und Linguistik. Bd. II/1. Frankfurt a. Main 1982, S. 143 - 153

Janssen-Zimmermann, Antje: Überall wo man den Tod gesehen hat... In: Literatur für Leser 4/1991, S. 237 - 249

Jurgensen, Manfred (Hrsg.): Annäherungen an Thomas Bernhard. Bern 1981

Kloepfer, Rolf: Poetik und Linguistik. München 1975

Lang, Jürgen: Wortbildung und wiederholte Rede (anhand spanischer und deutscher Beispiele). In: Gauger, H. M. (Hrsg.): Grammatik und Wortbildung romanischer Sprachen. Tübingen 1986, S. 171 - 183

Marten-Finnis, Susanne: Pressesprache zwischen Stalinismus und Demokratie. Tübingen 1994

Moses, Paul G.: Die Stimme der Neurose. In: Scherer, K.R. (Hrsg.): Vokale Kommunikation. Weinheim 1982, S. 172 - 188

Motzan, Peter: Die rumäniendeutsche Lyrik nach 1944. Cluj-Napoca 1984

Müller-Guttenbrunn, Adam: Meister Jakob und seine Kinder. In Gesammelte Werke, Bd. III, Freiburg 1977

Nuber, Roxana: Die deutsche Literatur Rumäniens. Der epische Text. Temeswar 1990

Oerter, Rolf/Montada, Leo (Hrsg.): Entwicklungspsychologie. Frankfurt a. M. 1982

Peabody, Dean: National Characteristics. Cambridge 1985

Pörksen, Uwe: Plastikwörter. Die Sprache einer internationalen Diktatur. Stuttgart 1988

Pütz, Herbert: Einige textlinguistische Bemerkungen zu „Beton". In: Text und Kritik 43/1982, S. 211 - 236

Reichrath, Emmerich (Hrsg.): Reflexe I. Kritische Beiträge zur rumäniendeutschen Gegenwartsliteratur. Bukarest 1977

Reichrath, Emmerich (Hrsg.): Reflexe II. Aufsätze, Rezensionen und Interviews zur deutschen Literatur in Rumänien. Cluj-Napoca 1984
Roth, Rainer: Was ist typisch deutsch? Image und Selbstverständnis der Deutschen. Freiburg 1979
Scherer, Klaus R. (Hrsg.): Nonverbale Kommunikation. Weinheim 1979
Scherer, Klaus R. (Hrsg.): Vokale Kommunikation. Weinheim 1982
Schlesak, Dieter: Bewußtseinsspaltung. Von der Krankheit des Kopfes während der Diktatur. In: Halbjahreschrift für südosteuropäische Geschichte, Literatur und Politik 1/1994, S. 42 - 53
Schuller, Annemarie: Vom Gebrauchswert zur Besinnlichkeit. In: Reichrath, E. (Hrsg.): Reflexe II. 1984, S. 25 - 30
Schütz, Alfred/Luckmann, Thomas: Strukturen der Lebenswelt. Bd. I u. II. Frankfurt a. M. 1979
Sienerth, Stefan: Beiträge zur rumäniendeutschen Literaturgeschichte. Klausenburg 1989
Solms, Werner: Nachruf auf die rumäniendeutsche Literatur. Marburg 1990
Stiehler, Heinrich: Paul Celan, Oscar Walter Cisek und die deutsche Gegenwartsliteratur Rumäniens. Frankfurt a. M. 1979
Thun, Harald: Dialoggestaltung im Deutschen und Rumänischen. Tübingen 1984
Wagner, Richard: Ausreiseantrag. Darmstadt 1988
Wagner, Richard: Begrüßungsgeld. Frankfurt a. M. 1989
Wagner, Richard: Mythendämmerung. Berlin 1993
Wagner, Richard: Die Bedeutung der Ränder oder vom Inneren zum Äußeren und zurück. In: Neue Literatur 1/1994, S. 33 - 50
Weinrich, Harald: Semantik der kühnen Metapher. In: Deutsche Vierteljahresschrift für Literaturwissenschaft und Geistesgeschichte. 1963, S. 325 - 344
Weinrich, Harald: Linguistik der Lüge. Heidelberg 1966
Weinrich, Harald: Linguistische Bemerkungen zur modernen Lyrik. In: Akzente 15/1968, S. 29 - 47
Weinrich, Harald: Tempus. Stuttgart 1971
Weinrich, H.: Kontraktionen. In: Meinecke, D.: Über Paul Celan. Frankfurt a. M. 1973, S. 214 - 226
Wichner, Ernst (Hrsg.): Ein Pronomen ist verhaftet worden. Texte der Aktionsgruppe Banat. Frankfurt a. M. 1992
Wichner, Ernst (Hrsg.): die horen. Zeitschrift für Literatur, Kunst und Kritik. 3/1987
Wolf, Johann: Zu den sprachlichen Voraussetzungen der deutschsprachigen Literatur im rumänischen Sprachraum. In: Neuer Weg, 17.12. 1977; 24.12. 1977; 7.1. 1978; 14.01. 1978

IV. Nachschlagewerke

Arnold, Wilhelm/Eysenck, Hans Jürgen/Meili, Richard (Hrsg.): Lexikon der Psychologie. Bd. I - III. Freiburg 1987

Duden. Bd. IV u. V. Mannheim 1984
Großer Duden. Mannheim 1994
Ulrich, Winfried: Linguistische Grundbegriffe. Kiel 1975

V. Zeitungen

Neue Banater Zeitung. Temeswar 1981 (Ausgaben v. Juni - August)
Neuer Weg. Bukarest 1984 (Ausgaben v. Dez. 1984)

ANHANG

[Anonym]
Gegen unsere Erniedrigung Anti-Niederungitis

(Dem „Erzschwaben" sei in Ehre gedacht,
Sein Widersacher hat uns viel Schande gebracht)

... „Von diesem Land laßt deutsch und treu uns reden,
Verachtet den, der's nicht in Ehren hält!"
Sein Werk lebt fort, erfreuet von uns jeden,
Der Menschenwürde kennt auf dieser Welt.

Der's nicht in Ehren hält! - Du großer Gott!
Schon fand sich jemand, treibt mit uns allen Spott.
Mit Pornosprache bis zum Gehtnichtmehr;
„Verachtung?" Ja - hier schwindet alle Ehr'.

Ein Tröpfchen Blut in Deiner Namensgleichen
Verhindern tät's, daß es nicht konnt erreichen
Solch schändlich, schmutzig Wort vom Banater Lande,
Daß aus der feder fließt nicht solche Schande...

Die Eignen selbst durch tiefsten Schmutz gezogen,
Vom ganzen Dorf und Land erniedrigt und gelogen,
Wer schreibt, daß Volksbrauch ist „faschistisches Fest"
Beschmutzt in niegekannter Art das eigne Nest
(Das Beste wär's, daß er es bald verläßt...)

Kein Mensch, kein Brauch, kein Friedhof ist ihr heilig,
Alles voller Flecken, Schleim, Sex... alles ist abscheulich,
Welch Spott und Hohn über Volkszugehörigkeit.
Brüder und Schwestern, es geht zu weit, es geht zu weit.

Man höre und man staune: Welch ein Hohn!
Dem ganzen Geschmiere aufgesetzt eine Kron:
„Prämierte Heimatdichtung...". Geht's nicht zu weit?
Menschenskind, was ist das für eine Zeit!!!
Wenn Charakter nicht mehr in die Waagschale fällt.

Muß man sich fragen: Wie besteht noch morgen diese Welt?
Wenn alles Ehrwürdige mit Füßen getreten,
Schreien wir „Nein" in unseren Gewissensnöten!
(und sagen wie die Ahnen: Arbeiten, kämpfen und beten!)

Ein Mensch, der Ethik und Ästhetik in seinen Werken nicht kennt,
Der sollte nie verlangen, daß man ihn
„Künstler" oder „Schriftsteller" nennt;
Der nie verfolgt ein ehrlich, edles Ziel,
Der lasse doch viel besser die Hände aus dem Spiel!!!

Der einzige bin ich nicht, der so den Stab gebrochen,
Viel Donauschwaben sind's, die letztes Wort gesprochen
Für jene, die es angeht: Eine Umkehr um 180 Grad,
Um wahr und treu zu schreiben von unserem Banat!

Fäkaliensprache, wie vorher nie gelesen
(Es sträubt sich die „Banater Hymne", paßt nicht mit ihr zusammen),
hier fehlt nur eins: Ein eisern harter Besen,
Der solchen Kehricht fegt in helle Flammen,
Denn dort gehört sie hin, die Hirnverbranntheit - Amen!

Anemone Latzina
Widerliche Erkenntnis

Ich habe noch nie ein Fenster zerbrochen
und noch nie an frischen Toten gerochen.

Ich hab noch nie Schildkröten gegessen
und hab noch nie im Kittchen gesessen.

Ich bin noch nie unter Bäumen aufgewacht
und hab noch nie Liebe im Meer gemacht.

Ich hab noch nie einem Neger die Hand gedrückt
und noch nie einen Menschen in den Tod geschickt.

Ich hab mich noch nie am 13. Mai verliebt
und noch nie vier blonde Kinder gekriegt.

Ich bin noch nie restlos lustig gewesen
und hab noch kein albanisches Buch gelesen.

Ich hab noch nie Absinth getrunken
und noch nie nach Motorin gestunken.

Ich bin noch nie mit der Fünfer Terminus gefahren
und hab noch keine kleine Illusion begraben.

Ich hab noch nie LSD genommen
und hab noch nie einen Orden bekommen.

Ich hab noch nie Polonaise getanzt
und noch nie eine Dattelpalme gepflanzt.

Ich hab noch nie eine Katze erschossen
und hab noch nie Überfluß genossen.

Ich hab mich noch nie von innen gesehn
und werd - wahrscheinlich - nie Selbstmord begehn.

P.S.
(Irgendwann werd ich ganz sicher sterben.
Dieser Text kann gekürzt und verändert werden)[217]

Traian Cosovei

---

[217] In: die horen. Zeitschrift für Literatur, Kunst und Kritik. 32. Jahrgg. 3. Quartal 1987, H. 147, S. 163

DIE SIAMESISCHEN GEDICHTE

V.

Ich lebe in einer Lichtgeißel.
Auf den Stern eines Wortes schlage ich ein, der Schmerz bringt ihn zum Blühen.
Ich lausche. Unter dem Gras wabert das Blut der traurigen Toten.
Meine Finger gehn in die Tiefe, raufen die Zungen aus,
die aufsingen wollten. Meine Finger, die sich gemeinsam
mit dem gefühllosen Dunkel aufs Schweigen verstehen.

Ich lebe zwischen der Beschattung ausgelieferten Leibern.
Ausgestreckt unter einer Formoldecke,
warte ich auf die Abwärtsbewegung des Strahls, der schon
einen Knoten, einen verdammten Lichtschein befingert.

Riesige Gefäße, darin schwimmen eng beieinander
Schrecken nachbarlichen Nichts und Projektionen jenseitigen Lebens,
zusammengestoppelt aus verdreckten Wickeltüchern, aus Papp- und Gipsverbänden
geblendet von frostigem Neongeflimmer,
im Dunkeln tappend nach einem Notausgang, nach einem Seil,
das irrtümlicherweise im Schwimmbecken schlenkert.
(„Morgen" lautet unsere Anschrift seit jeher, die man aus den
Augen verlor, schwer wird's ihnen fallen, uns dort aufzustöbern.)[218]

---

[218] In: Neue Literatur 37 (1986), H. 3, S. 53 - Aus dem Rumänischen übersetzt von Peter Motzan

Ich danke allen, die mich bei der Entstehung der Arbeit unterstützt haben.

Herta Müller im Igel Verlag

Roxane Compagne:
„Fleischfressendes Leben"
Von Fremdheit und Aussichtslosigkeit in Herta Müllers
Barfüßiger Februar.
Br. 96 S., 24,90 €

Norbert Otto Eke (Hrsg.):
Die erfundene Wahrnehmung. Annäherung an Herta Müller.
Br. 159 S., 16,- €
ISBN 978-3-927104-15-0

Olivia Spiridon:
Untersuchungen zur rumäniendeutschen Erzählliteraur der Nachkriegszeit.
Br. 356 S., 44,- €
ISBN 978-3-89621-150-7

Carmen Wagner:
Sprache und Identität.
Literaturwissenschaftliche und fachdidaktische Aspekte zum Werk von Herta Müller
Br. 305 S., 49,- €
ISBN 978-3-89621-156-9

www.ingramcontent.com/pod-product-compliance
Lightning Source LLC
Chambersburg PA
CBHW031552300426
44111CB00006BA/282